Lev Gutman / Gerd Treppner

Schachweltmeisterschaft 1987
Garri Kasparow – Anatoli Karpow

Verlag Deutsche Schachblätter / Schach-Report GmbH
Thomas Beyer Verlags GmbH – 8607 Hollfeld

Fotos: Umschlagbild für Aboband: Juan C. Cazalla
Umschlagbild für Buchausgabe: Hans Rupp, Zürich

Sonstige: Archiv Schach-Report

Herausgeber, Verleger und Vertrieb: Verlag Deutsche Schachblätter/Schach-Report GmbH, Postfach 12 68, 8607 Hollfeld, Tel. (09274) 401.

Chefredakteur: Günter Lossa, Kantstraße 19, 8600 Bamberg, Tel. (0951) 33779.

Redaktion: Karl-Heinz Hein (Landesverbände), Gerd Treppner (Bundesliga, Turniere, Partien und Veranstaltungen).

Montage und Graphik: Gisela Hohensee

Korrespondenten: Mathias Riel und Karl-Heinz Saffran (Baden), August Helldörfer und Hans Hüter (Bayern), Klaus Aepler (Berlin), Hans Adolf Krützfeld (Bremen), Heinz-Joachim Schmidt (Hamburg), Gerald Laschek und Erich Heilig (Hessen), Jörg Zimmermann (Niedersachsen), Hans-Werner Luft und Erhard Voll (Nordrhein-Westfalen), Heinz Fischer (Pfalz), Reinhold Kasper (Rheinland-Pfalz), Dieter Roth (Saarland), Peter Wehl (Schleswig-Holstein), Hajo Gnirk, Martin Miller und Dr. Günter Tobien (Württemberg).

Mitarbeiter: Alfred Diel (Großkrotzenburg), Johannes Eising (Köln), Hans-Joachim Hecht (München), Jerzy Konikowski (Dortmund), Dr. Werner Lauterbach (Heidelberg), Dr. Helmut Reefschläger (Hamburg) u. v. a.

Bedingungen: Namentlich gekennzeichnete Beiträge geben ausschließlich die Meinung des Verfassers wieder. Einsender stimmen redaktioneller Bearbeitung zu. Alle Rechte der Weiterverarbeitung vorbehalten!

Erscheinungsweise: Jeweils im ersten Monatsdrittel. Redaktionsschluß ist jeweils der 15. des Vormonats.

Bezugspreis: Einzelheft 5,– DM, Abonnement ab 1.1.1988 12 Hefte DM 48,– frei Haus

Bankverbindungen: Volksbank Hollfeld (BLZ 773 900 00) Konto-Nr. 127 000.

Satz: Offsetdruckerei Kurt Urlaub, Hegelstraße 26 a, 8600 Bamberg.

Druck: Beyer-Druck, Langgasse 23, 8607 Hollfeld.

ISBN 3-89168-006-6

Von Leningrad bis Sevilla

Leningrad, 6. Oktober 1986: Zum zweiten Mal steht Garry Kasparow als Weltmeister fest – Remis in der 23. Partie des Revanchematchs. Daß es diese Revanche überhaupt gab, von Kasparow wie vom größten Teil der Weltpresse als „Lex Karpow" geschmäht – es hat dem Ex-Champion nichts genutzt.

Weltmeister Garry Kasparow

Ende einer Ära und Beginn einer neuen? Machtwechsel im Sowjetschach und im Weltverband FIDE? Für viele steht das in diesem Moment fest. Doch die Entscheidung wird praktisch nochmals vertagt, fast genau um ein Jahr. Der Beschluß, das nächste „reguläre" WM-Match, das nach dem alten Zweijahreszyklus schon 1986 fällig gewesen wäre, noch 1987 anzuhängen, dann aber bis 1990 Pause zu machen, schafft klare Fronten: Er macht erst dieses vierte Duell 1987 zum Entscheidungskampf, quasi um den „Gesamtsieg" aus allen Matches seit 1985; vier in drei Jahren. Wer dann oben ist, hat Zeit, wirklich zu „regieren" und die Schachwelt in seinem Sinn zu prägen – er muß nicht schon wieder nach ein paar Monaten ins Trainingslager, um sich auf die nächste Ausgabe des K&K-„Evergreens" vorzubereiten.

So sieht auch die Bilanz des Jahres zwischen Leningrad und Sevilla aus: Es ist ganz zweifellos zunächst einmal ein Jahr Kasparows. Wo er seinen alten Rivalen trifft, hat er die Nase mehr oder weniger deutlich vorn, und wo sie getrennt auftreten, gehören dem Weltmeister die wichtigeren Turniersiege, die spektakuläreren Shows. Karpow gelingt nur ein einziger echter Triumph: der Kantersieg über Sokolow im Kandidatenfinale, der zumindest seinen Anspruch bestätigt, daß er und Kasparow noch immer gemeinsam eine Art Extraklasse für sich sind.

Doch alles, was meist auf Initiative Kasparows bzw. mit ihm als Zugpferd in der Schachwelt in Gang kommt, bleibt in diesem knappen Jahr vielfach unfertig; die Zeit dafür kommt erst nach Sevilla. Ob Großmeister-Vereinigung, Weltcup, eigener Spielbetrieb im publicityträchtigen Schnellschach oder auch reine Showveranstaltungen – alles hängt irgendwo und irgendwie am Ergebnis dieses Matchs. Ohne den WM-Titel im Rücken erwartet man, daß es selbst Kasparow schwer fallen dürfte (und sei es mit der GM-Vereinigung hinter sich), den machtpolitischen Umschwung zu schaffen. Und auch seine besten

Propagandisten, die zumeist auf ihn eingeschworenen Medien in aller Welt, zögern vor Sevilla vielfach, sich auf konkrete Planungen einzulassen – erst einmal wollen sie wissen, ob ihr Superstar auch wirklich nicht unsanft vom Sockel purzelt. Ganz abgesehen davon, daß natürlich auch Kasparow selbst dies alles weiß und von sich aus nahezu sämtliche Projekte erst einmal bis 1988 auf Eis legt.
So lassen viele Ereignisse und Ansätze dieses Jahres Fragen offen, die erst durch das Match und seine Folgen zu beantworten sind.

Erstes großes Turnier nach der Revanche: Karpow in Tilburg

Eine pikante Note: Wie im Jahr zuvor (damals die Mannschafts-WM in Luzern) spielt nicht der kraftstrotzende Kasparow, sondern der allgemein physisch schwächer eingeschätzte Karpow gleich nach einem WM-Match das erste schwere Turnier! Und dieses, benannt nach dem Sponsor „Interpolis", einem Versicherungskonzern, war in der Tat ein „harter Brocken": doppelrundig mit acht GM des ELO-Schnitts 2619, d.h. Kategorie 15, die zweithöchste bislang erreichte. Karpow war erkennbar auf Stabilisierung aus; von 14 Partien machte er 11 remis, schlug einmal mit minimalen Vorteilen im Endspiel Portisch und einmal seinen alten Rivalen Kortschnoi, als dieser gerade im Sumpf einer „schwarzen Serie" von sechs(!) Niederlagen en suite festsaß (das Verhältnis der beiden wirkte im Gegensatz zu früher übrigens zumindest äußerlich korrekt). Fast hätte das sogar zur Spitze gereicht; doch in der 11. von 14 Runden stellte ihm ausgerechnet ein Landsmann ein Bein: Beljavsky schlug den Exweltmeister (gar noch mit Schwarz), zog dann durch und behielt die alleinige Spitze. Karpow landete auf Rang 3 (bei einem Remis in ihrer Partie wären beide zusammen mit Ljubojevic Co-Sieger geworden...). Für ihn wohl eher eine kleine Enttäuschung, auch wenn er sich offiziell mehr oder weniger zufrieden geäußert haben soll.

Portisch - Karpow
Damenindisch (E 18)
1. d4 Sf6 2. c4 e6 3. Sf3 b6 4. g3 Lb7 5. Lg2 Le7 6. 0–0 0–0 7. Sc3 Se4 8. Se4: Le4: 9. Sh4 Lg2: 10. Sg2: d5 11. Da4 dc4: 12. Dc4: c5 13. Le3 cd4: 14. Ld4: Dc8 15. Tac1 Dc4: 16. Tc4:
Die ganze Variante ist natürlich nicht gerade ehrgeizig aus weißer Sicht; so spielt man, wenn man erst einmal nicht verlieren und dann vielleicht sehen will, ob man gewinnen kann.
16. ... Td8 17. Le3 Sd7 18. Tfc1 Kf8 19. Se1 Ld6 20. Sf3 Se5 21. Ta4 Sf3: 22. ef3:
Eigentlich hat Weiß sein Ziel erreicht: er steht minimal besser (Druck in der c-Linie bzw. gegen a7), und wenn das auch kaum zum Gewinn reichen kann, so ist es noch schwerer sich vorzustellen, daß Weiß diese Partie verlieren wird. Egal, was man von diesem Stil hält – es ist schon erstaunlich, wie Karpow immer wieder solche Stellungen nicht nur gegen „N.N.", sondern gegen Weltklassespieler langsam auf seine Seite zieht.
22. ... Tdb8!
Ökonomische Verteidigung: ein Turm gehört nach b7, wo er a7/b6 deckt und den evtl. Einbruch auf c7 pariert, so daß Schwarz mit den anderen Figuren manövrieren kann. Der falsche Weg dazu wäre natürlich Td7? wegen 23. Lb6:.
23. Tc6 Ke7 24. b4 Kd7
Mit b5 25. Taa6 Lb4: 26. a3 konnte Schwarz auf tragikomische Art den Läufer verlieren (Le1 27. Kf1).
25. b5 e5 26. Tc2
Man hat den Eindruck, daß Weiß in diesen Zügen keinen rechten Plan findet und den Faden verliert. Karpow empfiehlt 26. f4 nebst f5, um den schwar-

Beljavsky (SU)	●	●	1	1	½	1	0	½	½	½	1	½	0	½	½	1	8½
Ljubojevic (YU)	0	0	●	●	½	½	1	0	1	½	½	½	½	1	1	1	8
Karpow (SU)	½	0	½	½	●	●	½	½	1	½	½	½	½	½	½	1	7½
Miles (ENG)	1	½	0	1	½	½	●	●	½	0	0	1	½	½	0	1	7
Portisch (HUN)	½	½	0	½	0	½	½	1	●	●	0	1	½	½	½	1	7
Timman (NL)	0	½	½	½	½	½	1	0	1	0	●	●	½	½	½	1	7
Dr. Hübner (D)	1	½	½	0	½	½	½	½	½	½	½	½	●	●	0	½	6½
Kortschnoi (CH)	½	0	0	0	½	0	1	0	½	0	½	0	1	½	●	●	4½

zen König auf seiner 7. Reihe festzunageln, da ef4:? 27. Td6:+! Kd6: 28. Lf4:+ von schwarzen Selbstmordgelüsten zeugt.

26. ... Tb7 27. Td2 Ke6 28. f4 ef4: 29. gf4:

Wenn schon f4, dann sollte Weiß nach Karpow wenigstens die Läufer tauschen (29. Lf4:). Wahrscheinlich hielt Portisch seinen Läufer wegen der Damenflügelbauern für den besseren; doch der Partieverlauf spricht für das Gegenteil. Ohne die Läufer hätte sich wohl die größere Aktivität der weißen Türme stärker ausgewirkt; vor allem könnte der schwarze König im Doppelturmendspiel bei offenem Zentrum keine aktive Rolle spielen.

29. ... f5 30. Tad4 Td8 31. Kf1 Tc7 32. Te2 Tdd7 33. a4 Lc5 34. Td7: Kd7: 35. Td2+ Ke6 36. Tc2 Kd5

Nun hat schon Schwarz spürbar Oberwasser; bei nur einem Turmpaar spielt sein aktiver König ordentlich mit.

37. Kg2 Te7 38. Kf3 g6 39. h4 Tc7 40. Tc1 Ld6 41. Td1+ Ke6 42. h5

Weiß kann das Eindringen des schwarzen Turms schlecht verhindern, denn nach Turmtausch fiele sein Damenflügel dem feindlichen König zum Opfer. Natürlich ist das Vorgehen im Text auch ein beträchtliches Zugeständnis, denn es gibt Schwarz de facto einen Mehrbauern am Königsflügel.

42. ... gh5: 43. Th1 Lc5 44. Th5: Lf8 45. Th1 h6 46. Ta1 Lg7 47. Tg1 Kf7 48. Td1 Lf6 49. Tb1 Tc4 50. a5 ba5: 51. La7: Tb4 52. Tb4: ab4:

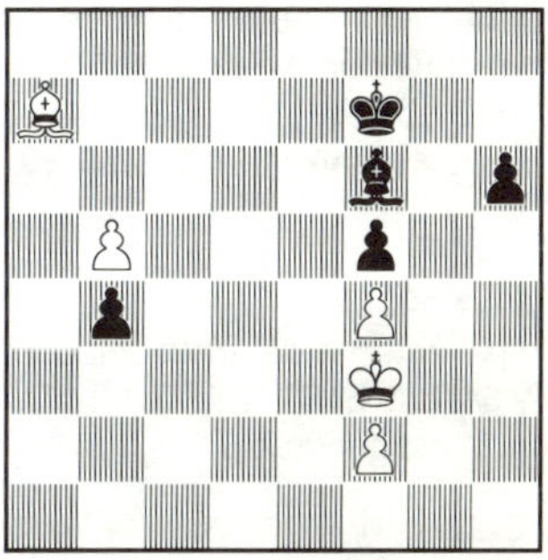

Man könnte glauben, daß Weiß noch Chancen hat – der b-Bauer ist schwer zu stoppen! Doch Karpow hat einen sehenswerten Schluß vorbereitet.

53. Ke3

Nicht 53. b6? Ld4: jetzt aber droht b6, und zudem steht der König im Quadrat des Bb4.

53. ... Le7 54. Kd4

Handschlag zwischen den ehemals erbitterten Kontrahenten in Tilburg: Ex-Weltmeister Anatoli Karpow (rechts) und Viktor Kortschnoi
Foto: Frits Agterdenbos, Amsterdam

Verhindert diesmal auf 54. b6? Lc5.

54. ... h5! 55. b6 b3!

Das Rennen machen muß der h-Bauer; doch zuvor ist es nötig, den weißen König abzulenken. Nach 55. ... h4 56. b7 Ld6 57. Kd5 gibt Karpow folgende Variante als unklar an: 57. ... Lc7 (natürlich nicht Lf4:? 58. Kc4 nebst b8D und der Läufer stoppt von b8 aus den h-Bauern!) 58. Lc5 h3 59. Ld6 h2 60. Kc6 Lb8 61. Lb8: h1D+ 62. Kb6.

56. b7 Ld6 57. Kc3 h4 58. Ld4 Lb8 59. Le5 La7 60. Ld4

Und jetzt?

60. ... b2! 61. Kc2! Lb8!

Wieder einmal entscheidet ein Tempo: 62. Le5 h3 63. Lb8: h2 64. Le5 b1D+ 65. Kb1: h1D+ und der Bb7 ist weg. Weiß gab auf.

Karpow - Beljavsky

Orth. Damengambit (D 36)

1. d4 d5 2. c4 e6 3. Sc3 Sf6 4. cd5: ed5: 5. Lg5 Le7 6. e3 c6 7. Ld3 Sbd7 8. Sf3 0–0 9. 0–0 Te8 10. Dc2 Sf8 11. h3 Le6 12. Lf4 Ld6 13. Ld6: Dd6: 14. a3 De7 15. b4

Das müßte eigentlich eine Stellung sein, die Karpow liegt: Druckspiel durch Minoritätsangriff, wogegen es mit einer schwarzen Initiative am Königsflügel einstweilen noch nicht so ernst aussieht.

15. ... Tac8 16. Tfc1 S6d7 17. Se2 Sg6 18. Sg3 Sdf8 19. Sd2

Man kann verschiedener Meinung sein, ob es nötig war, den schwarzen Aufmarsch mit Sh4/Dg5 zu gestatten; in Frage kam z.B. 19. Dc5. Aber es sollte auch so nicht schlecht sein.

19. ... Sh4 20. Sb3 Dg5 21. Kh2 Tc7 22. Sc5 Lc8 23. Te1 g6 24. Tac1 h5 25. b5?

Denkt an nichts Böses! Die Fälle solch taktischen Übersehens sind in neuerer Zeit bei Karpow nicht einmal so selten; vgl. die Partie mit Tal in Brüssel oder die 1. Matchpartie mit Sokolow. Weiß konnte sich z.B. mit 25. Lf1 verteidigen; am besten aber war nach allgemeiner Ansicht 25. f4 und dann erst b5, wonach Weiß immer noch gutes Spiel hat.

25. ... Sg2:!

Jetzt ist es für 26. f4 zu spät wegen Se1:.

26. Kg2: h4 27. bc6:

Weiß konnte statt dessen den Be3 nochmals dekken, doch das hätte in Erwartung von schließlichem Tce7 wenig Zweck.

27. ... hg3: 28. fg3:

Schon sehr mattverdächtig sieht 28. cb7: gf2:+ 29. Kf2: aus, z.B. Lh3: nebst evtl. Tc6-f6+.

28. ... Te3: 29. Te3: De3: 30. cb7: Lb7:

Nun ist d4 kaum zu decken, da alle weißen Figuren aneinander gebunden sind; z.B. droht, falls sich die Dame bewegt, auch Tc5: nebst Dd3:. Auf 31. Db2 geht das zwar nicht (wegen des Lb7), doch Schwarz verstärkt einfach mit Se6 den Druck, da der Sc5 gefesselt bleibt.

31. Dc3 Tc5:! 32. Dc5: Dd3: 33. Dc3 De2+ 34. Kg1 Se6 35. Te1

Läßt noch einen eleganten Schluß zu.

35. ... Sd4:!

Weiß kann offensichtlich weder Dame noch Springer nehmen; andererseits droht Sf3+.

36. Kh1 Sb5! Der K.O.; es droht d4+, und auch Damentausch ist natürlich aussichtslos. Weiß gab auf.

Auf geradezu kuriose Art wäre der Exweltmeister im folgenden Fall fast durch eine Feinheit der Regeln ins Schwimmen geraten:

Karpow - Miles

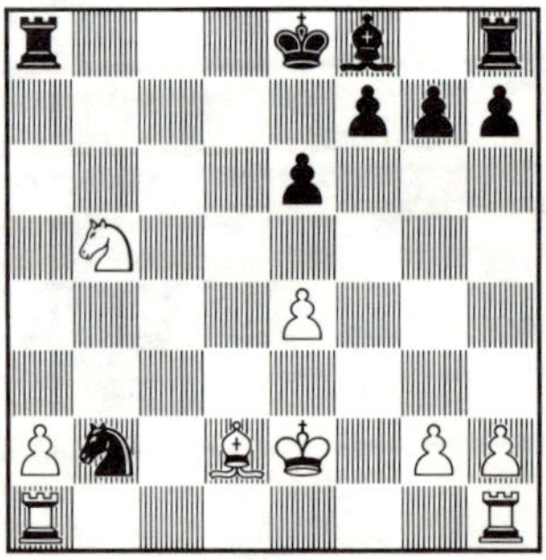

22. ... Ta4 23. Sc3 Ta8 24. Sb5 Ta4 25. Sc3 Ta8 26. Sb5

Mit diesem Zug reklamierte Karpow, der nur noch 10 Minuten für 14 Züge hatte, Remis durch dreimalige Wiederholung der Diagrammstellung – und fiel aus allen Wolken, als der Schiedsrichter das ablehnte! Warum? Die Stellung hat sich tatsächlich dreimal wiederholt, doch es ist nicht die „gleiche“: Im Diagramm konnte Schwarz lang rochieren, nach der Zugwiederholung jedoch nicht mehr, denn sein Ta8 hat sich inzwischen viermal bewegt.

Auch solche Gegebenheiten wie Rochaderecht müssen identisch sein, damit eine Stellung den Regeln nach als gleich gilt!
Die für Karpow ärgerliche Folge: Er erhielt laut Vorschrift eine Zeitstrafe von fünf Minuten und hatte nun nur noch fünf für seine 14 Züge übrig ... Doch Miles erwies sich als sportlich genug, das Remis trotzdem anzunehmen. Und Karpow war sicherlich froh (das Ganze geschah in der vorletzten Runde), nach seinem Ausrutscher gegen Beljavsky zum Schluß nicht noch in weitere Kalamitäten geraten zu sein.

Olympiade Dubai: Karpow gut – Kasparow besser

Ein höchst seltenes K&K-Gefühl: Beide einmal nicht einander gegenüber am Brett, sondern Seite an Seite in der Mannschaft der UdSSR! Auch eine heikle Situation für beide sicherlich: Selbst wenn man nach außen hin noch so sehr Eintracht zeigt und sich gemeinsam fürs gleiche Team einsetzt, man spielt doch gegen den Schatten des anderen, kämpft um das bessere Einzelergebnis zum Schluß ...
Natürlich ist hier nicht der Platz, um Verlauf und Ergebnis der ganzen Olympiade zu beschreiben. Aber ein kleiner „Schnelldurchgang" an der Seite unserer zwei Helden – der gehört sicherlich dazu.
In der ersten Runde schießt man noch nicht gleich mit Kanonen auf Spatzen: Gegen Libanon reicht es den Sowjets auch „ohne Zwei" zu einem mehr oder weniger glatten 4:0. Doch in der zweiten treffen sie auf Peru, das mit Granda-Zuniga immerhin jemand von Großmeisterstärke am Spitzenbrett sitzen hat (er wird 1987 im Interzonenturnier eine gute Figur machen). Da muß wenigstens einer der Stars ran – Kasparow steckt dem talentierten Peruaner in 24 Zügen die Grenzen auf.
Dann ist der Aufgalopp vorbei: In Gestalt der CSSR erwartet die Sowjets der erste „dicke Brokken". Mit 3,5:0,5 wird er schwungvoll beiseite geräumt. Kasparow schlägt Smejkal; Karpow scheint bei seinem ersten Auftritt noch nicht richtig warm und gibt gegen Ftacnik das einzige Remis ab.
Dafür ist der Exweltmeister in der 4. Runde der Held des Tages: Er holt den einzigen und ausschlaggebenden Siegpunkt im vermeintlich vorentscheidenden Match gegen den jahrelang härte-

Die Garanten des erneuten Gewinns der Mannschaftsweltmeisterschaft für die UdSSR waren an den beiden Spitzenbrettern die besten Spieler der Welt: Weltmeister Garry Kasparow (rechts) und Ex-Weltmeister Anatoli-Karpow Foto: Frits Agterdenbos, Amsterdam sten Rivalen Ungarn. Eine langwierige Positionspartie gegen Ribli kulminiert in einem furiosen Finale:

Karpow - Ribli

Natürlich interessiert Weiß nicht im geringsten der Springer b5, sondern der schwarze König:
52. Dh2! Tb5: 53. Dh7:+!!
Nach 53. Th1 Sd6: könnte sich Seine Majestät noch auf Schusters Rappen via f8-e7 vorläufig in Sicherheit bringen.
53. ... Kh7: 54. Th2+ Kg8 55. Tdh1 f6 56. Th8+ und Schwarz gab einen Zug vor dem Matt auf (Kf7 57. g6).
Auch Kasparow macht sich gegen Portisch Gewinnhoffnungen; doch der Ungar entkommt ihm um Haaresbreite. So enden alle übrigen Partien remis (d.h. 2,5:1,5 für die UdSSR).

Plansoll erfüllt, wenn auch knapp! Doch dann ist Schluß mit der Herrlichkeit der roten Punktefabrik. 7,5 Zähler aus 16 Partien in den nächsten vier Runden – wann hat es den letzten solchen Einbruch bei den Sowjets gegeben?
K&K steuern das Ihre dazu bei. Das Übel fängt gleich in Runde 5 an: Kasparow pausiert – Karpow verliert (gegen Jugoslawien)!

Ljubojevic - Karpow
Spanisch (C 90)
1. e4 e5 2. Sf3 Sc6 3. Lb5 a6 4. La4 Sf6 5. 0–0 Le7 6. Te1 b5 7. Lb3 d6 8. c3 0–0 9. a4 Lg4 10. h3 Lf3: 11. Df3: Sa5 12. La2 ba4:
Der erste kritische Punkt. Unisono wurde hier 12. ... b4 vorgeschlagen mit Verweis auf Ljubojevic - Smejkal in Dubai (13. cb4: Sc6 14. Dc3 Dd7 15. Sa3 d5!? mit unklarem Spiel).
13. Dd1 Dd7 14. d3 Tfb8 15. Sd2 Db5 16. Lc4 Sc4: 17. Sc4: Sd7 18. Ta4: a5
Hier ist der Bauer nicht lange zu halten; doch Sc5 19. Tb4 Dc6 20. Tb8:+ Tb8: 21. b4 oder auch Db3 19. Db3: Tb3: 20. Le3 bringt wohl noch mehr Probleme für Schwarz.

19. Le3 c6 20. Da1 d5 21. ed5: cd5: 22. Sa5:

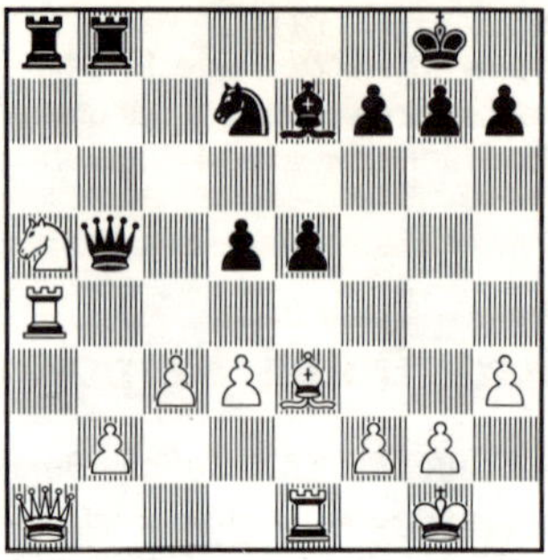

Der zweite heikle Moment: Konnte Schwarz hier mit 22. ... d4, wie es das Bulletin vorschlug, den Kopf aus der Schlinge ziehen? Smyslov gibt an 23. Ld4: ed4: 24. Te7: dc3: 25. bc3: (nicht 25. Da2 Se5 26. bc3: Sf3+!) Dd3: mit aktivem Gegenspiel. Ljubojevic freilich fügt 26. Tb4 an und reklamiert weiterhin Vorteil für Weiß.

Kein Zweifel besteht, daß Schwarz dagegen von beiden Bauern die Finger lassen muß: Dd3: 23. Sc6 Ta4: 24. Da4: Te8 25. Se5: oder Db2: 23. Sc6 Ta4: (Da1: 24. Tea1: Ta4: 25. Ta4: Te8 26. Se7:+ Te7: 27. Ta8+ Sf8 28. Lc5) 24. Da4: Te8 25. Se7:+ Te7: 26. Lc5 Dc3: 27. Da8+ Sf8 28. Le7:.
22. ... Lf8 23. b3!
Nun bekommt Schwarz nicht mehr viel für den Bauern, da Dd3: wieder schlecht ist wegen 24. Td1 Db5 25. c4.
23. ... d4 24. Sc4! Ta4: 25. ba4: Db3 26. cd4: ed4: 27. Ld4: Dd3: 28. Se5 Se5: 29. Le5: Tc8
Der a-Bauer muß auf Dauer entscheiden, wenn auch die technische Verwertung keineswegs einfach ist.
30. Dd1 Da6 31. Lb2 h6
Nicht etwa Tc4 32. Td8! mit der Drohung Tf8:+ (32. ... Da4: 33. Tf8:+ Kf8: 34. Dd8+ De8 35. La3+).
32. Te4 Db7 33. Dd4 Tb8 34. Lc3 Dc7 35. g3 Tb3 36. Te3 Dc6 37. Ld2 Tb1+ 38. Te1 Tb3
Der Turmtausch wäre Weiß angenehm, denn auf den Bh3 kommt es nicht an (Te1:+ 39. Le1: De6 40. Lc3 Dh3: 41. Dd8 und der a-Bauer kann laufen; Schwarz ist gelähmt).
39. Tc1 De6 40. Dc4 Db6 41. Kg2 Tb2 42. Dd5 Dd6 43. Dd6: Ld6: 44. Tc8+ Kh7 45. Le3 Ta2 46. Ta8 Lb4 47. g4 Ta3 48. h4 Le7 49. a5 Schwarz gab auf.

Die Sowjets kommen über ein 2:2 nicht hinaus, ebenso gegen England und Island in den nächsten Runden. Karpow setzt nach seiner Niederlage gegen England aus. Wenigstens Kasparow ist in

Siegerehrung und Abschlußfeier in Dubai 1986: In Bildmitte das griechische Organisationsmitglied Dimitris Mavridis zusammen mit Garry Kasparow (rechts) und Anatoli Karpow (links) von der siegreichen UdSSR-Mannschaft
Foto: Frits Agterdenbos, Amsterdam

diesen Kämpfen in Hochform: Er gewinnt gegen Miles und Olafsson. Sonst bringt von der 6.-8. Runde nur noch Jusupow einen vollen Punkt bei ...

Kasparow - Olafsson
Orth. Damengambit (D 55)
1. d4 Sf6 2. c4 e6 3. Sf3 d5 4. Sc3 Le7 5. Lg5 h6 6. Lf6: Lf6: 7. e3 0—0 8. Tc1 c6 9. Ld3 Sd7 10. 0—0 dc4: 11. Lc4: c5
Häufiger ist 11. ... e5, aber der Textzug hatte sich kurz zuvor in der 12. WM-Partie im Ausgleichssinn bewährt.
12. De2 a6
Hier zieht man inzwischen andere Ideen in Betracht; doch Olafsson folgt den Spuren Karpows.
13. Tfd1 cd4: 14. Sd4: De7 15. Se4 Le5
Hier hatte Kasparow in London 16. Sf3 Lb8 gespielt, und schon ein paar Züge später verflachte die Stellung total. Doch die „Variantenköche" in Baku waren seitdem nicht faul ...
16. Dh5!
Ganz offenbar schon hier mit der Idee, die Dame auf den anderen Flügel zu werfen, denn nach Königsangriff sieht die weiße Figurenstellung wahrlich nicht aus.
16. ... Td8 17. Lf1 Lb8
Das Problem für Schwarz liegt darin, seinen Damenflügel zu entwickeln, da b5 wegen Sc6 ausscheidet und der Sd7 an den Le5 gebunden ist.
18. Da5!
Jetzt kann der Sd7 wieder nicht ziehen wegen eines K.O.-Schlags durch Sf5 bzw. Sc6.
18. ... b6 19. Dc3
Nicht 19. Sc6?? Lh2:+ nebst Dh4(+). Jetzt gehen diese Motive nicht, wie 19. ... Dh4 20. g3 De4: 21. Lg2 bzw. 19. ... Lh2:+ 20. Kh2: Dh4+ 21. Kg1 De4: 22. Sc6 Te8 23. Le2! (Kasparow), drohend Lf3 nebst Se7+, beweist.
19. ... Lb7 20. Sc6 Lc6: 21. Dc6:
Der Einbruch auf c6 ist letztlich ein Erfolg des Damenmanövers h5-a5, das die Schwächung b6 provozierte. Zumindest in der Praxis, noch dazu gegen Kasparow, dürfte die schwarze Stellung schon kaum mehr zu halten sein.
21. ... Ta7 22. g3 b5

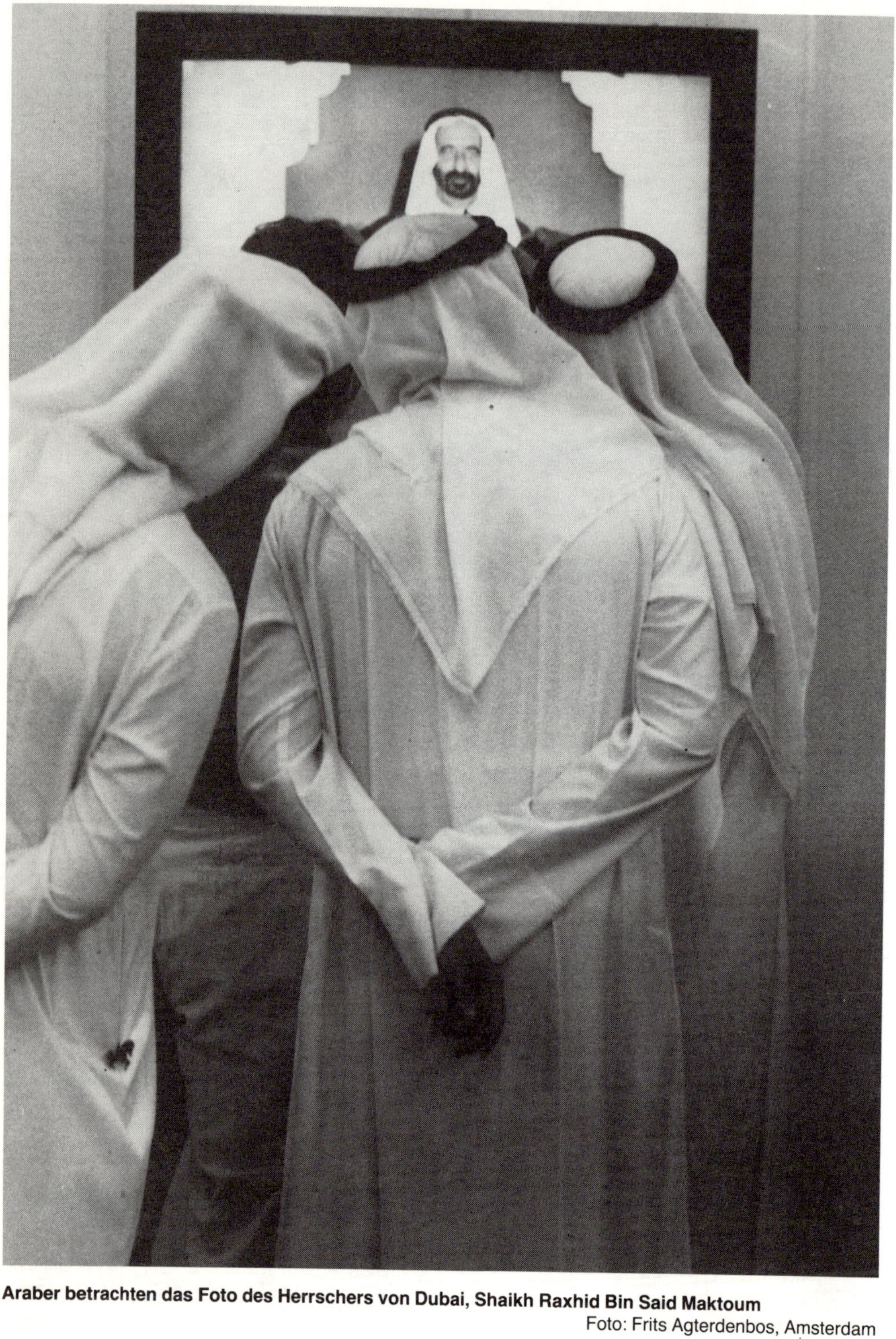

Araber betrachten das Foto des Herrschers von Dubai, Shaikh Raxhid Bin Said Maktoum
Foto: Frits Agterdenbos, Amsterdam

Auf Tc7 kann Weiß schon die Dame opfern, wie Kasparow angibt (23. Dc7: Lc7: 24. Tc7:), da der Gegenschlag 24. ... Db4 an 25. Td7: Td7: 26. Td7: De4: 27. Td8+ Kh7 28. Ld3 scheitert.

23. b3 Tf8 24. Le2 Sf6 25. Sf6:+ Df6: 26. Db6 De7 27. Lf3 Le5 28. Tc6 Tb8 29. Da5 Lc7 30. Dc3 Tb6 31. h4

Das übliche Prinzip: Nachdem Schwarz am Damenflügel zumindest direkte Verluste noch abwehren kann, baut Weiß eine zweite Front am Königsflügel auf. Er plant h5 nebst evtl. Einbruch auf der Diagonalen b1-h7.

31. ... g6

Schwarz kann nicht zwischendurch Türme tauschen, denn dann kommt Weiß sofort zu h5 wegen der Drohung Td7.

32. Tc5 Tb8

Und nun geht nicht h5 wegen 33. Lh5:! gh5: 34. Tg5+!.

33. h5 g5 34. Tc6 Lb6 35. Kg2 b4 36. De5 Tc7 37. Tdd6 Tc6: 38. Tc6: Dd8 39. Lg4

Mit deutlichen Absichten.

39. ... Tb7

Hartnäckiger war 39. ... De8, wohl aussichtslos hingegen das Bauernopfer 39. ... Dd5+ 40. Dd5: ed5: 41. Th6:, da fast alle schwarzen Bauern schwach bleiben.

40. Le6:! fe6:

Verliert sofort doch auch bei 40. ... Te7 41. Lf7:+ (nicht 41. Tc8? Dc8:) Tf7: (Kf7: 42. Df6+) 42. Tg6+ Kh7 (Kf8 43. Th6:) 43. De4 scheint der weiße Angriff übermächtig.

41. De6:+ Schwarz gab auf (Kf8/Kh8 42. Tc8, ansonsten Dh6:+).

Doch dann in der 8. Runde erwischt es auch den Weltmeister persönlich. Gegen die USA steht das Match abermals unergiebig, sodaß Kasparow mit aller Gewalt versucht, eine Remisstellung gegen Seirawan zu gewinnen. Es kommt, wie es in solchen Fällen meist kommen muß ...

Seirawan - Kasparow

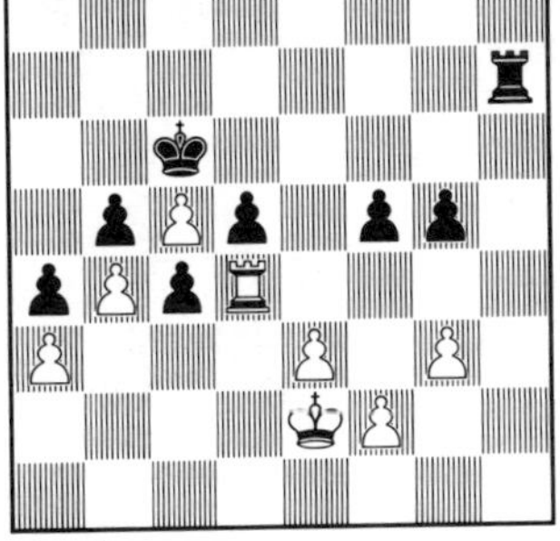

Garry Kasparow beobachtet die Konkurrenz in Dubai Foto: Frits Agterdenbos, Amsterdam

54. ... Th3?!
Mit der Idee, auf einen Königszug Th1, auf einen Turmzug aber f4 zu spielen. Remis konnte Schwarz natürlich auf fast jede Art haben, z.B. 54. ... Th1 55. Td1 Td1: oder 54. ... g4 mit totaler Blokkade; aber das will er ja nicht ...
55. g4! f4 56. ef4: Ta3:
Auch das verliert noch nicht, aber logischer scheint jedenfalls zunächst Tausch auf f4.
57. fg5: Ta2+ 58. Kf3 c3?
Wollte er immer noch gewinnen? Die letzte Remischance bestand nach späteren Analysen in 58. ... Ta3+ 59. Kg2 Ta2, um nach 60. g6 mit Te2 auf Defensive umzuschalten.
59. Td1 d4 60. g6 d3 61. Ke3 Tf2:
Hier hilft schon nichts mehr, z.B. 61. ... d2 62. Th1 c2 63. Kd2: c1D+ 64. Kc1: Ta1+ 65. Kc2 Th1: 66. g7.
62. g7!
Der Abgabezug, nach dem Kasparow ohne Weiterspiel aufgab, z.B. 62. ... c2 63. Th1 d2 64. g8D und Weiß kommt zuerst.
Doch nach diesem Tiefpunkt geht es sowohl mit der Mannschaft wie mit K&K wieder aufwärts: Beide schlagen in den Schlußrunden mit jeweils 4 aus 5 kräftig zu. Zum Olympiasieg sollte es zwar eigentlich nicht mehr reichen, doch die Konkurrenz leistet sich nicht weniger verblüffende Ausrutscher als vorher die Sowjets. Vor der letzten Runde liegt das wieder erwachte Superteam nur noch einen halben Zähler hinter den USA und hat mit Polen nicht gerade den allerschwersten Gegner vor sich. Selbst Karpow wird in dieser Lage zum kompromißlosen Angreifer:

Karpow - Sznapik
Sizilianisch (B 78)
1. e4 c5 2. Sf3 d6 3. d4 cd4: 4. Sd4: Sf6 5. Sc3 g6 6. Le3 Lg7 7. f3 0–0 8. Dd2 Sc6 9. Lc4 Ld7 10. 0–0–0 Se5 11. Lb3 Tc8 12. h4 h5 13. Lg5 Tc5 14. Kb1 b5 15. g4
Eine der bekannten „Bindfadenvarianten" im Drachen; erst jetzt wird es interessant. Drei Runden zuvor spielte der Bulgare Georgiev gegen Karpow 15. ... a5 und setzte dem Exweltmeister schwer zu (Ergebnis Remis). Verständlich, daß Sznapik mit einer Neuerung rechnet und abweicht.
15. ... hg4: 16. h5 Sh5:?
Danach geht die schwarze Stellung aber schon den Bach hinunter. Karpow und Sznapik stimmen in getrennten Analysen überein, daß 16. ... Tc3: zu versuchen war.
17. Sd5! Te8
Vielleicht auch jetzt noch 17. ... Td5:?!
18. Th5:! gh5: 19. Dh2 Tc4
Der Lb3 soll ausgeschaltet werden, damit Schwarz den f-Bauern ziehen kann, um seinem König Fluchtchancen zu schaffen. Das Schema wäre sonst einfach Dh5:, Th1, Dh7+ nebst Lh6.
20. Lc4: bc4: 21. Dh5: f6 22. f4! Sf7
Nach fg5: 23. fe5: droht tödlich Th1 nebst Dh7+ und Tf1+.
23. Lh4
Nun kann sich Schwarz kaum noch rühren, denn e6 verliert sofort wegen 24. Sf6:+ Lf6: 25. Dg6+.
23. ... Db8 24. Th1 c3 25. b3 Db7 26. f5 Se5 27. Se6 Schwarz gab auf; da der Ld7 an den Te8 gebunden ist kann er auf e6 nicht nehmen, und es gibt gegen 28. Lf6: keine Parade.
Wie das Schicksal so spielt: Als wär's ein Drehbuch, treibt alles auf den großen Schlußauftritt des Superstars zu. Die führenden Amerikaner sind nach einem 2:2 gegen Bulgarien aus dem Rennen; aber die Engländer noch den Sowjets auf den Fersen. Beim Stand von 3:0 für die UdSSR spielt nur noch Kasparow und braucht einen vollen Punkt ...

Schmidt - Kasparow

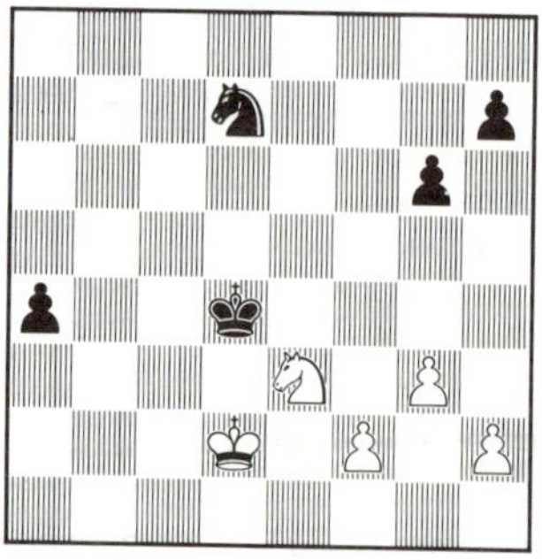

Diesen Punkt zu holen ist freilich hier eine dankbare Aufgabe: Mit dem entfernten Freibauern und aktiven König steht Schwarz einwandfrei auf Gewinn.
43. ... Se5 44. Kc2 Sd3 45. Sd1 Se1+ 46. Kb2
Auf 46. Kd2 geht bereits a3.
46. ... Sf3 47. h4 Se5 48. Ka3 Ke4 49. h5 gh5:
Eine Chance hätte Weiß noch nach g5 50. f4, nämlich den einen schwarzen Bauern zu tauschen und gegen den anderen den Springer zu opfern.
50. Sc3+ Kf3 51. Sd5 Sg4 52. Se7 Sf2: 53. Sf5 Se4 54. Ka4: Sg3: 55. Sh4+ Ke4 56. Kb4 Sf5 Weiß gab auf.

Überwältigender Beifall des Publikums (so das Turnierbulletin) – Happy End, „Film" aus!
Zum Schluß regnet es noch Superlative auf den Weltmeister: Nicht nur bestes Ergebnis am 1. Brett (8,5 aus 11 = 77,3 %), auch beste Leistung der

ganzen Olympiade! (Die letztere natürlich nicht nach absoluter Punktzahl errechnet, sondern unter Berücksichtigung des ELO-Schnitts der Gegner). Auch Karpows 6 aus 9 können sich ganz gewiß sehen lassen – vor allem da er nur starke Gegner hatte und zu Anfang gegen die zwei schwächsten Länder pausierte –; doch er steht eben wieder im Schatten seines großen Rivalen ...

Enttäuschung für Garry Kasparow:

Präsident Campomanes triumphiert bei Wiederwahl

Seit dem 15. Februar 1985 steht eine Rechnung offen – die des Abbruchs von Moskau. Und über drei Funktionäre ergoß sich (neben Karpow) seither der bittere Zorn von Kasparow: über die „Ebenbilder der drei Hexen aus Shakespeares Macbeth, die giftige Elixiere zusammenbrauen", Campomanes sowie die UdSSR-Spitzenfunktionäre Sewastianow und Baturinski. Der Weltmeister war nicht der Mann, zu vergessen und sich zu arrangieren. Kurz nach dem 1986er Match rollten in der UdSSR Köpfe: vor allem „flog" Sewastianow und wurde durch den Diplomaten Tschikwaidse ersetzt, wie alle glaubten, ein Vertrauensmann des neuen Champions. Und von langer Hand vorbereitet schien auch der Sturm auf die Festung Campo. Kasparow und die vor allem treibende Kraft, der Engländer Keene, hatten schlagkräftig die Werbetrommel gerührt für den Brasilianer Lucena, mehr oder weniger ein Aushängeschild im Hinblick auf die zahlreichen Stimmen der Dritten Welt. Der Westen stand mehr oder weniger geschlossen hinter Lucena, und das Kalkül war klar: Wenn Kasparow die UdSSR und damit den Ostblock „umdreht", kann Campomanes entweder direkt abgewählt oder zumindest lahmgelegt werden – von einer Ost-West-Koalition, die nahezu alle starken Spieler und Turnierveranstalter hinter sich hat. Selbst eine formelle Mehrheit allein durch die Dritte Welt würde dem cleveren FIDE-Boß dann wenig nützen.

Glückwunsch zur Wiederwahl: Der alte und neue FIDE-Präsident Florencio Campomanes (rechts) und sein Gegenkandidat Lincoln Lucena Foto: Frits Agterdenbos, Amsterdam

Die Träume platzten wie eine Seifenblase. Schon einige Tage vor der Wahl beim FIDE-Kongreß in Dubai im Rahmen der Olympiade erklärten die neuen Männer der UdSSR, sie würden für Campomanes stimmen. Und das, obwohl ihr Weltmeister Kasparow noch in Dubai alles versuchte, um die Anti-Campo-Front zusammenzuhalten ... Die verlief sich in alle Winde, nachdem die Sowjets sich entschieden hatten. Lucena zog schließlich sogar seine Kandidatur zurück, offenbar damit nicht publik wurde, wie wenig Getreue noch auf seiner Seite standen. Und Campo wurde ohne Gegner per Akklamation wiedergewählt.
Was da sowjet-intern vor sich ging, könnten wohl nicht einmal die berühmten Kreml-Astrologen bis ins Detail erklären. Fest stand für die meisten Beobachter eins: Kasparow war noch nicht der König der Schachwelt; die Machtfrage nach wie vor offen und der Versuch, die FIDE „umzupolen" gescheitert.

So nahm in Dubai die Idee einer „Spieler-Gewerkschaft" Gestalt an. Nicht nur Kasparow beklagte sich über mangelnde Demokratie und zuwenig Mitbestimmungsrechte der Meister in der Campomanes-Ära. Die sogenannte Großmeister-Vereinigung, deren Bedeutung damals noch nicht abzuschätzen war, scheint heute in der Tat auf dem Weg, ein Machtfaktor zu werden. Sie schaffte es, in eigener Regie einen Weltcup mit sechs Superturnieren für die Jahre 1988/89 zu organisieren, jedes mit 100.000 Dollar Preisfond – wogegen die FIDE allergrößte Probleme bekam, ihre offiziellen Veranstaltungen, vor allem die Interzonenturniere, über die Bühne zu bringen. Präsident und Triebfeder dieser neuen Vereinigung: natürlich Kasparow – obwohl auch Karpow als Vizepräsident an führender Stelle dazugehört. Wer nun letztlich in der Schachwelt das Sagen haben wird, ist im Moment noch nicht abzusehen.

OHRA-Turnier in Brüssel: Neuer Triumph für Kasparow

Nach diesem Seitenblick auf das Gestrüpp der Machtpolitik, die leider auch im Schach immer mehr überhandnimmt, zurück an die Bretter: Im Dezember 1986 gab es zum Jahresschluß nochmals ein Großereignis – das OHRA-Turnier in Brüssel, Kategorie 16 (die höchste) mit ELO-Schnitt 2637, doppelrundig mit sechs Spielern. Und diesmal war auch der Weltmeister dabei – sofern man dieses Wort „dabei" gebrauchen will, denn Kasparow spielte fast ein Turnier für sich allein! 75 % Punktscore (7,5 aus 10); zwei volle Zähler Vorsprung bei 10 Partien – da konnten selbst nüchterne Kenner der Szene ins Schwärmen geraten. Anfangs schien Kasparow immerhin noch verwundbar, als er gegen Short (zumindest zum Schluß unnötig) verlor und gegen Kortschnoi hätte verlieren müssen; doch ab der 5. Runde zog er mit 5 aus 6 voll durch. Ein paar Ausschnitte dieser eindrucksvollen Vorstellung:

Dr. Hübner - Kasparow
Grünfeld-Indisch (D 90)
1. d4 Sf6 2. c4 g6 3. Sc3 d5 4. Sf3 Lg7 5. Da4+ Ld7 6. Db3 dc4: 7. Dc4: 0–0 8. e4 b5
Die ganze Variante gilt als zumindest bequem für Schwarz; ein Urteil, das auch diese Partie nicht umzustoßen vermag.
9. Db3
Mit dem verwickelten 9. Sb5: Se4: 10. Sc7: Sc6 11. Sa8: Da5+ begibt sich nur Weiß in Gefahr.
9. ... c5 10. e5 Sg4 11. Lb5:
Nach 11. Dd5 kann Schwarz wohl zunächst auf d4 nehmen.
11. ... cd4: 12. Sd4: Lb5: 13. Sdb5: a6 14. Sa3 Dd4 15. Dc2 Sc6 16. De2 De5: 17. De5: Sge5:
Schwarz hat den Bauern wieder und auch ohne Damen klaren Vorteil; der typische kombinierte Druck vor allem gegen b2 (b-Linie plus Lg7) ist kaum abzuschütteln und verursacht außerdem

1. Kasparow (SU)	2740	●	●	½	½	1	1	1	1	0	1	1	½	7,5
2. Kortschnoi (CH)	2650	½	½	●	●	1	0	½	½	½	1	0	1	5,5
3. Dr. Hübner (D)	2620	0	0	0	1	●	●	1	½	0	1	½	1	5,0
4. Dr. Nunn (ENG)	2590	0	0	½	½	0	½	●	●	1	1	½	1	5,0
5. Short (ENG)	2615	1	0	½	0	1	0	0	0	●	●	½	1	4,0
6. Portisch (HUN)	2605	0	½	1	0	½	0	½	0	½	0	●	●	3,0

Zweimal Weltmeister Garry Kasparow bei der Analyse in Brüssel: Mit Viktor Kortschnoi (Bild oben), ganz rechts Lajoś Portisch und zweiter von links Ljubomir Ljubojević, und mit Dr. Robert Hübner (Bild unten)

Foto: Janet Wishnetzky, Paris

Probleme mit dem Lc1.

18. 0—0 Sd3 19. Tb1 Tab8 20. Td1 Tfd8 21. Kf1 f5 22. Ke2 Sce5 23. Sa4

Natürlich scheitert 23. f4? an Sc1:+ 24. Tbc1: Tb2:+ bzw. 24. Tdc1: Sd3.

23. ... Td6 24. Le3 f4 25. Lc5 f3+! 26. gf3: Sf4+ 27. Ke3

Auch 27. Kf1 Td1:+ nebst Sf3: ist wohl kaum besser.

27. ... Tf6 28. Le7:?!

Wenn überhaupt noch etwas zu retten war, dann, wie Kasparow angibt, mit 28. Ld4 und Tausch wenigstens eines der fürchterlichen Zentralspringer.

28. ... Sg2+ 29. Ke2 Tf3: 30. Ld6

Darauf hatte sich Weiß (vielleicht bei knapper Zeit) sicher verlassen.

30. ... Sf4+ 31. Kf1 Sg4!

Einfach, aber hübsch gekontert: nach 32. Lb8: Tf2:+ wird Weiß matt (z.B. 33. Kg1 Tg2+ 34. Kf1 Sh2:+ 35. Ke1 Te2).

32. Td2 Te8 33. Sc4

Auch 33. Lf4: Tf4:, drohend z.B. Ld4, hätte wohl nichts mehr retten können.

33. ... Sh2:+ 34. Kg1 Sg4 35. Tf1 Ld4 36. Lc5 (36. Td4: Se2+) **Tg3+ 37. Kh1 Th3+ 38. Kg1 Sh2 Weiß gab auf.**

Kasparow - Dr. Nunn
Grünfeld-Indisch (D 79)

1. d4 Sf6 2. Sf3 g6 3. c4 Lg7 4. g3 0—0 5. Lg2 c6 6. Sc3 d5 7. cd5: cd5: 8. Se5 e6 9. 0—0 Sfd7 10. f4

Wahrlich pikant: Der Weltmeister adoptiert hier eine Variante, die beim Revanchematch Karpow mit Weiß gegen ihn(!), ohne Erfolg übrigens, gespielt hatte!

10. ... Se5:?!

Nunn versucht Kasparow zu verbessern – eine „Respektlosigkeit", die er sich lieber hätte verkneifen sollen! Er mußte freilich erwarten, daß dieser gegen sein eigenes 10. ... f6 (13. WM-Partie 1986) etwas Bissigeres auf Lager hatte als damals Karpow.

11. fe5: Sc6

In Betracht kam hier Hechts seinerzeitiger Vorschlag 11. ... f6.

12. e4! de4: 13. Le3 f5 14. ef6: Tf6: 15. Se4: Tf1:+ 16. Df1:

Diese logische, wenn nicht zwangsläufige Abwicklung hatte Kasparow, wie Gutman im Schach-Report zu berichten weiß, bei seiner WM-Vorbereitung 1986 auf dem Brett! Geplant war jetzt eigentlich demzufolge 16. ... Ld4: 17. Ld4: Sd4: 18. Te1 und Weiß hat wahrscheinlich mehr als genug für den Bauern, doch es gäbe auf jeden Fall einen Kampf. Nunns Antwort produziert einen drastischen Kurzschluß:

16. ... Sd4:? 17. Td1 e5 18. Sg5 Schwarz gab auf!

Wohl nicht zu früh, denn es droht vor allem Dc4+, eventuell auch Ld5+ mit allerlei Ärgernissen infolge von Sf7+. Das naheliegende 18. ... De7, um evtl. noch mit Dazwischensetzen auf e6 zu klammern, kam – als Pointe am Rand – in einer bis dahin identischen Fernpartie Hjorth - Andersson 1986 vor! Nach 19. Ld5+ Le6 (Se6 20. Dc4) 20. Td4:! war aber Schwarz auch nach wenigen Zügen mit seinem Latein am Ende.

Vergleichsweise prosaisch ging es dagegen bei Kasparows einzigem Verlust zu: Short stand aus der Eröffnung heraus gut, wurde dann in der kritischen Phase unsicher, doch in der Zeitnot revanchierte sich der Weltmeister mit einem Riesenbock, der die Partie praktisch einzügig wegwarf:

Short - Kasparow

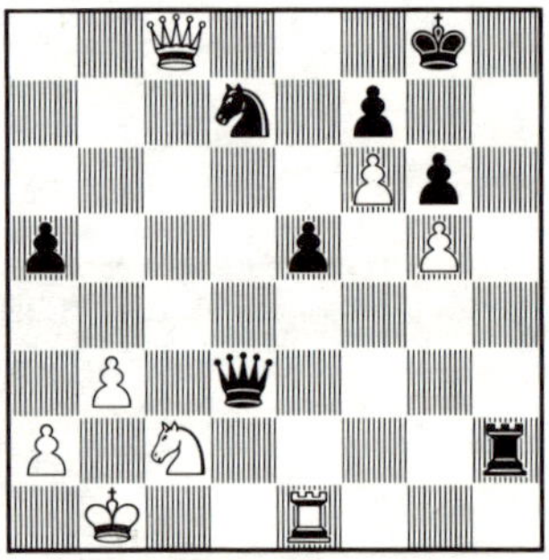

38. ... Sf8??

Kasparow muß irgendwelche Gespenster gesehen haben; unklar, was er auf 38. ... Kh7 befürchtet oder sich von seinem Textzug versprochen hatte.

39. Te5: Th1+ 40. Kb2 Dd2 41. Te8

Die Zeitnot ist vorbei, und nun sieht man die Bescherung: Schwarz hat nur ein völlig harmloses Schach auf c1, denn nach 42. Kc3 deckt Weiß alle Schachfelder, vor allem die Dame h3! Kasparow macht noch ein paar mechanische Züge:

41. ... Dd6 42. Td8 De5+ 43. Ka3 Kh7 44. Tf8: Dd6+ 45. b4 Schwarz gab auf.

Das schrie natürlich nach „Rache" – und die nahm Kasparow denn auch mit großem Schwung in der Rückrunde. Diese Partie gehört einfach als „Fortsetzung" noch dazu:

Kasparow - Short
Damengambit (D 55)

1. d4 e6 2. Sf3 Sf6 3. c4 d5 4. Sc3 Le7 5. Lg5 h6 6. Lf6: Lf6: 7. e3 0—0 8. Tc1 c6 9. Ld3 Sd7 10. 0—0

dc4: 11. Lc4: e5 12. h3 ed4: 13. ed4: Sb6 14. Lb3 Lf5 15. Te1 Lg5 16. Ta1 Sd7 17. d5 Tc8 18. Sd4 Lg6

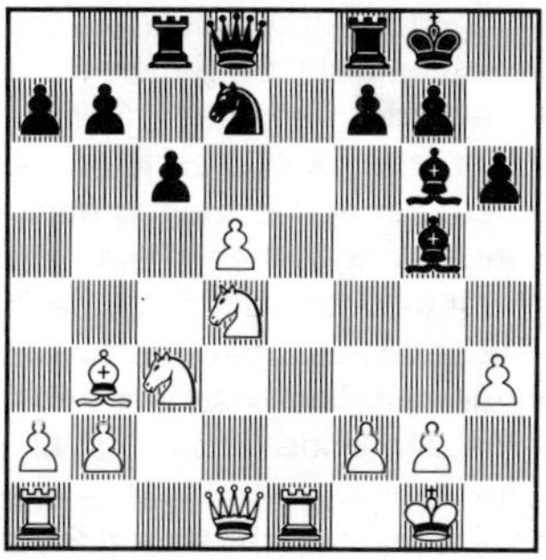

19. Se6 fe6: 20. de6: Kh7 21. Dd7: Db6 22. e7 Tfe8 23. Dg4 Dc5 24. Se4 De7: 25. Lc2 Tf8 26. g3 Dd8 27. Tad1 Da5 28. h4 Le7 29. Sc3 Lc2: 30. Te7: Tg8 31. T1d7 Lf5 32. Tg7:+ Kh8 33. Dd4 Schwarz gab auf.

Am dramatischsten im ganzen Turnier aber sah es auf Kasparows Brett wohl bei seinem Beinahe-Verlust gegen Kortschnoi aus!

Kasparow - Kortschnoi
Damenindisch (E 11)
1. d4 Sf6 2. c4 e6 3. Sf3 Lb4+ 4. Ld2 c5 5. g3 Db6!? 6. Lg2?!
Dieser ganz natürliche Zug ist vielleicht schon eine echte Ungenauigkeit. Besser nach einhelliger Ansicht 6. Sc3 und falls cd4: 7. Sb5!?
6. ... Sc6 7. d5
Da Züge wie 7. dc5: oder 7. e3 Weiß weniger als nichts versprechen, stürzt sich Kasparow in ein Abenteuer.
7. ... ed5: 8. cd5: Sd5: 9. 0–0 Sde7 10. e4 d6
Bietet ein Rückopfer zwecks Entwicklung an; nach 11. Lf4 Le6 12. Dd6: Td8 müßte Weiß schon zu 13. Dc7 greifen.
11. Le3 Dc7 12. a3 La5 13. Lf4
Hier der Beginn einer weiteren Gewaltmaßnahme. Umstritten, aber vielleicht doch chancenreicher war das hinterher vorgeschlagene, nicht weniger radikale 13. e5 Se5: 14. Se5: de5: 15. b4!?.
13. ... Se5 14. b4 cb4: 15. ab4: Lb4: 16. Da4+ S7c6 17. Sd4 a5 18. Sc3 Ld7 19. Sd5 Dd8 20. Dd1 Lc5 21. Sf5 0–0 22. Tc1 a4
Trotz aller Störversuche hat Schwarz erst einmal seine Beute in Sicherheit gebracht und macht sich daran, einfach seine zwei Mehrbauern samt Punkt „heimzuschieben“. Es ist schon fast ein Wunder, daß es Kasparow überhaupt noch gelingt, aus dieser Stellung so etwas wie Angriff hervorzuzaubern.

23. g4 a3 24. g5 a2 25. Dh5 Lf5: 26. ef5: Ld4 27. Le5: Se5: 28. Le4 Te8 29. Tc7 a1D 30. Ta1: Ta1:+ 31. Kg2
Inzwischen hat Weiß einen ganzen Turm weniger, doch nach solch einer komplizierten Partie fehlt natürlich nun beiden die Zeit. 31. ... Sg6 hätte jetzt wahrscheinlich allen Schwindelversuchen die Spitze abgebrochen.
31. ... Ta2 32. Te7! Tf2:+ 33. Kg3

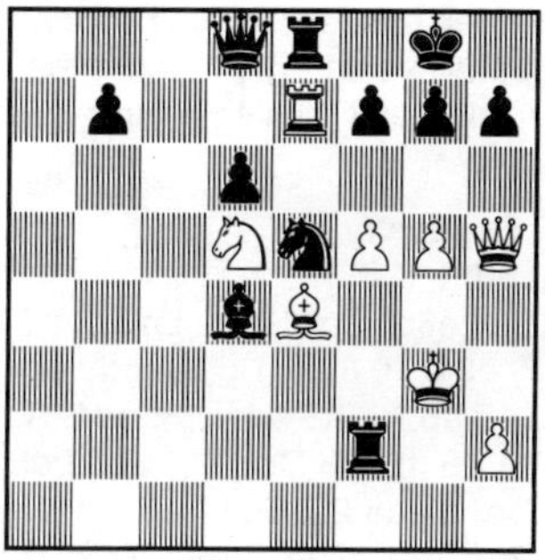

Es geht drunter und drüber – verständlich, wenn man solch eine turbulente Stellung im Blitztempo spielen muß!
33. ... Te7:?!
Hier war 33. ... Sg6 fast noch stärker wegen der weißen Hängestellung in der e-Linie.
34. f6! Sg6 35. Se7:+ Kf8
Natürlich nicht Se7:? 36. fe7: mit der zweizügigen Mattdrohung Dh7:+–h8.
36. Dh7: Lf6:?!
Vermutlich konnte Schwarz immer noch gewinnen: man glaubte zuerst nach 36. ... gf6: 37. Sg6:+ (bei 37. Lg6: fg6: 38. Sg6:+ Ke8 hat Weiß nichts) fg6: 38. Ld5 an Dauerschach (fg5: 39. Dg8+ Ke7 40. De6+ usw.), doch Kasparow gibt einfach 38. ... De8! an, wonach sich dies zu zerschlagen scheint, z.B. 39. Dg8+ Ke7 40. De6+ Kd8 41. Dd6:+ Dd7 und nach 42. Db8+ Ke7 wie auch 42. Df8+ Kc7 ist Weiß am Ende.

37. Sg6:+ fg6: 38. Kf2:?!
Jetzt aber ginge 38. Ld5, denn Ld4 39. Dg8+ führt zum obigen Remis, und sonst ist in vielen Fällen der hängende Tf2 belangreich; Weiß kann zumindest Remisendspiele ähnlich dem Partieschluß erreichen. Das direkte Nehmen gibt Schwarz noch eine Chance, weil nun Weiß keine unmittelbare Dauerschachdrohung hat.
38. ... Db6+ 39. Kg2 Db2+ 40. Kh3 Lg5:?!
Er sollte 40. ... Le5 versuchen.
41. Dg6: Df6?!
Es sieht ganz so aus, als ob in der Hektik dieser erste Zug nach der Zeitkontrolle noch „mitgeblitzt“ worden wäre. Bei ruhiger Überlegung hätte Kort-

schnoi bestimmt versucht, mit 41. ... Lf6 weiterzuspielen.

42. Df6:+

Jetzt geht überhaupt nichts mehr, denn mit b7 fällt auch die einzige schwarze Gewinnchance bei den ungleichen Läufern. Remis gegeben.

Während Kasparow in Brüssel solche Abenteuer mit heiler Haut überstand, gab sich Karpow vermutlich weniger schweißtreibenden Beschäftigungen hin: Er trug am Spitzenbrett von ZSKA Moskau zum bequemen 8,5:3,5-Sieg im Europapokalfinale über den Lokalrivalen Trud Moskau bei, indem er Beljavsky mit Weiß besiegte und mit Schwarz Remis machte.

Karpow - Beljavsky
Damengambit (D 55)

1. d4 d5 2. c4 e6 3. Sc3 Sf6 4. Lg5 Le7 5. Sf3 h6 6. Lf6: Lf6: 7. e3 0–0 8. Tc1 c6 9. Ld3 dc4: 10. Lc4: Sd7 11. 0–0 e5 12. h3 ed4: 13. ed4: Sb6 14. Lb3 Lf5 15. Te1 a5 16. a3 Dd7 17. Se5 Le5: 18. Te5: Tfe8 19. De2 Tad8 20. Te1 Te5: 21. De5: a4 22. Dc5 ab3: 23. Te7 Dd6 24. Te8+ Te8: 25. Dd6: Sc4 26. Db4 b5 27. d5 cd5: 28. Sd5: Lc2 29. Dc3 Td8 30. Sf4 Td1+ 31. Kh2 Sd2 32. h4 Lf5 33. f3 g5 34. hg5: hg5: 35. Se2 g4 36. Sg3 Le6 37. f4 Sf1+ 38. Sf1: Tf1: 39. De5 Lc4 40. Kg3 Td1 41. f5 Td5 42. De4 1 : 0

Zum Jahreswechsel trat der Exweltmeister dann bei der Junioren-Europameisterschaft im holländischen Groningen auf und gab unter anderem eine Uhrensimultanvorstellung – beginnende Konkurrenz für Kasparow, dem ja gerade mit dieser Art Show so spektakuläre Auftritte geglückt waren?! Doch erst einmal war nun wieder der Weltmeister selbst am Zug.

Schach-Show in der Discothek

Kasparow macht's möglich: Die Londoner Diskothek „Hippodrome", nach manchen Berichten die größte der Welt, veranstaltet ein Schachmatch! Show total ist angesagt: 25-Minuten-Partien, also Schnellschach mit „action"; die Spieler im Abendanzug, wer Weiß hat, natürlich standesgemäß im weißen Jackett. Und siehe da: Das Haus ist voll; das Publikum hält es nicht auf den Sitzen; mit Vokabeln wie „überschäumender Jubel", „tumultuöser Applaus" beschreibt das British Chess Magazine die Stimmung auf dem Höhepunkt dieses Wettkampfes ...

10.000 Pfund, heißt es, hatten sich das Fernsehen ITV und die London Docklands Corporation als Sponsoren das Spektakel eines Duells über sechs Partien zwischen Kasparow und dem englischen Jungstar Nigel Short am 4./5. Februar kosten lassen. Die Partien blieben zunächst unter Verschluß und wurden erst nach den wöchentlichen Fernsehsendungen (ähnlich dem TV-Weltcup und anderen Veranstaltungen der deutschen 3. Programme) allgemein veröffentlicht. Es ging zu wie im Schnellschach zu erwarten: spontane Geistesblitze, ab und an Fehler, aber auch viel Hin-und-Her-Lavieren, weil man nun einmal ziehen muß, statt eine halbe Stunde lang einen Plan auszubrüten! Kasparow war eindeutig der Stärkere; doch Short hielt sich ausgezeichnet, gewann zwei Partien und brachte damit natürlich besonders das Publikum auf die Beine. Am Ende hieß es 4:2 für den Weltmeister. Hier einige Ausschnitte – ausführliche Analysen wären sicherlich fehl am Platz, denn es war eine Show, und die soll es auch bleiben.

Kasparow - Short (1. Partie)

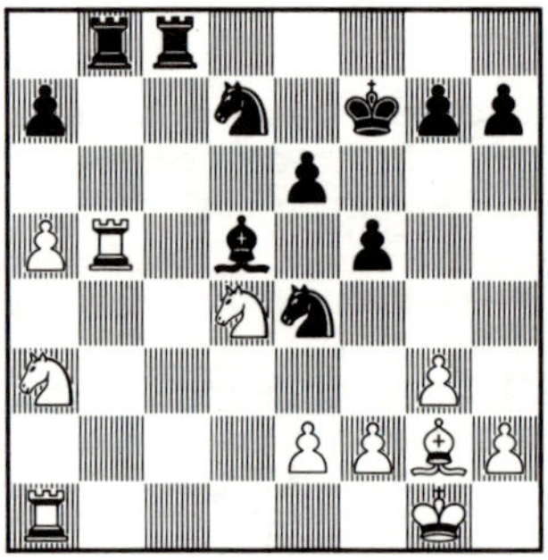

23. Sf5: Sdf6 (Tb5: 24. Sb5: ef5: 25. Le4: nebst Sd6+) 24. Le4: Se4: 25. f3 ef5: 26. Td5: Sc3 27. Tf5:+ Ke6 28. e4 g6 29. Tg5 Tb2 30. Kh1 Kf6 31. h4 Tf2 32. Tc1 Td8 33. Sc4 Se2 34. Tb1 Tf3: 35. Kg2 Tdd3 36. Se5 Tg3:+ 37. Kf2 Tc3 38. Sg4+ Ke6 39. Ke2: Tc2+ 40. Kf1 Tf3+ 41. Ke1 Th3 42. Te5+ Kd6 43. Td1+ Kc6 44. Sf2 Th4:? (Te3+ 45. Kf1 Tf3!) 45. Td8 Ta2 46. Ted5 Th2 47. Td2 Ta5: 48. Tc2+ Kb7 49. Td7+ Kb6 50. Td3 Tb5 51. Td6+ Kb7 52. Kf1 g5 53. Kg1 Th4 54. Kg2 a5 55. Sd3 Tg4+ 56. Kf3 Tg1 57. e5 g4+ 58. Kf2 Tgb1 59. e6 Tf5+ 60. Kg2 h5 61. e7 1 : 0

Short - Kasparow (2. Partie)
Sizilianisch

1. e4 c5 2. Sf3 d6 3. d4 cd4: 4. Sd4: Sf6 5. Sc3 a6 6. Le3 e6 7. f3 Sbd7 8. g4 h6 9. h4 b5 10. Tg1 g6 11. g5 hg5: 12. hg5: Sh5 13. a4 b4 14. Sc6 Dc7 15. Sb4: Lg7 16. Sd3 Tb8 17. Se2 Sc5 18. Sc5: dc5: 19. Tb1 Ld7 20. c3 Le5 21. Tg4 Sg3 22. Lg2 Th2 23. Kf2 Se2: 24. De2: Lc3: 25. Lf4 Le5 26. Le5: De5: 27. Kg1 Th5 28. Dd2 La4: 29. f4 Dd4+ 30. Dd4: cd4: 31. Lf1 Lc2 32. Ta1 Le4: 33. Lg2 Lg2: 34.

Tg2: Th4 35. Tf2 Tg4+ 36. Kh2 e5 37. fe5: Ke7 38. Kh3 Tg5: 39. Kh4 Te5: 0 : 1 im 52. Zug.

Kasparow - Short (5. Partie)

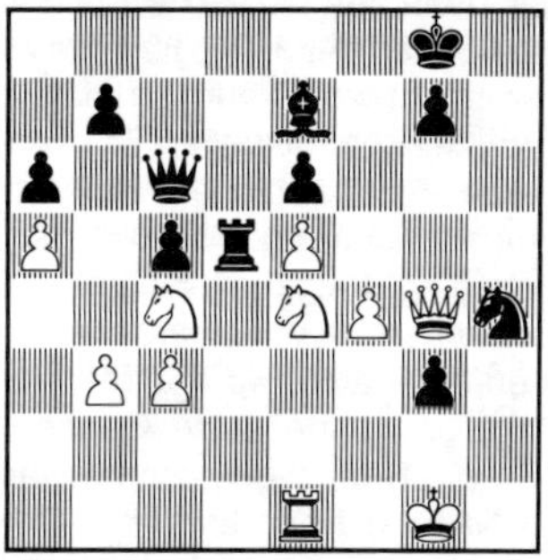

36. Sf6+ Lf6: 37. ef6: Sf5 38. Se5 Dd6 39. Dh5 Te5: 40. Te5: Dd2 41. De2 Dc3: 42. Te6: Da1+ 43. Kg2 gf6: 44. Dg4+ Sg7 45. Te2 Dd4 46. Kg3: Dd3+ 47. Kg2 Db3: 48. Df3 Df7 49. De4 c4 50. Tc2 Kf8 51. Tc4: Se8 52. Tc8 1 : 0 (ZÜ)

Short - Kasparow (6. Partie)

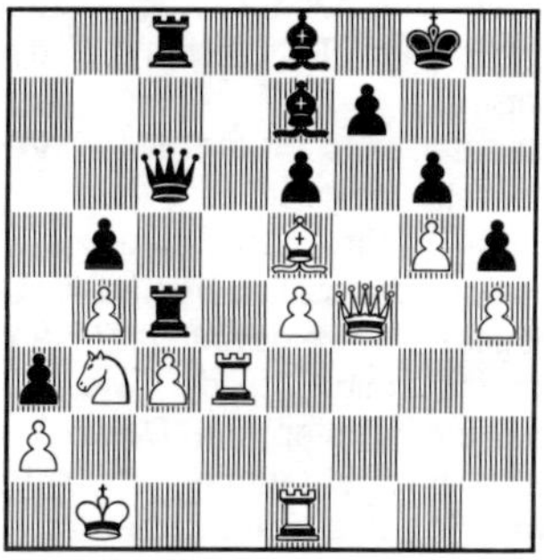

34. Sa5 Tb4:+ 35. Ka1 Dc5 36. cb4: Db4: 37. Dd2 Tc2 38. Db4: Lb4: 39. Td8 f6 40. Tf1 fe5: 41. Te8:+ Kg7 42. Sb3 Lc3+ 43. Kb1 Tb2+ 44. Kc1 Tb3: 45. Kc2 1 : 0

Wieder in Deutschland

Es ging gleich ohne Unterbrechung weiter: Nur eine Woche nach London hatte sich der Weltmeister einen für ihn durchaus wichtigen Auftritt in Deutschland vorgemerkt – Rache für die 3,5:4,5-Schlappe gegen das HSV-Bundesligateam beim Uhrensimultan im Jahr davor! Und weil dazwischen eben doch etwas Zeit blieb, hatte man außerdem das traditionelle Weltmeister-Simultan eingeschoben, das die 3. Programme bis letztes Jahr als Preis für die Gewinner der Zuschauer-Frage im Rahmen der WM-Serien organisierten. Das waren nicht die einzigen, die den Weltmeister haben wollten. Wie hoch sein Stellenwert inzwischen hierzulande ist, zeigt sich deutlich daran, daß bei seinen Besuchen in der Regel aus einem Termin in Windeseile ein prallvolles Programm wird. Dem „Aktuellen Sportstudio" genügte, in noch frischer Erinnerung an die Galavorstellung 1986, ein kurzer Hinweis, um sich wieder auf seine Fährte zu setzen. Ein Auftritt bei der Nürnberger Spielwarenmesse am gleichen Samstag kam dazu – und so sah die deutsche TV-Gemeinde wieder einmal ein Stück Schach zum Anfassen, diesmal Kasparow mit seinem „ChessBase"-Programm, das er zur Vorbereitung benutzt (dazu später noch), und dann bei einer Schau-Blitzpartie mit Schwimm-Weltmeister Michael Groß, der übrigens recht ordentliches Amateurformat bewies und beim „Aufwärmen" fast einen Mainzer Klubspieler übers Brett gezogen hätte. Nach dem, was man hörte, kam das Ganze abermals gut an; auch Moderator Bernd Heller brachte das für manche immer noch heikle Thema Schach sauber über die Runden. Die Torwand, auf die Kasparow schon beim ersten Auftritt gern noch geschossen hätte, blieb übrigens in Reserve – es waren ohnehin schon wieder zehn Minuten mehr als geplant ...
Dann ging es weiter nach Hamburg zum NDR-Simultan. Das bot diesmal nichts Überwältigendes; im Feld war kaum jemand, der dem Champion am Zeug flicken konnte, und zudem hatten fast alle eingeladenen zugkräftigen Prominenten abgesagt. In nicht einmal 2½ Stunden fertigte Kasparow die 32 Gegner Zu-Null ab. Die vielleicht interessanteste Partie, obwohl sie nur kurz war, gelang dem Hamburger Abendblatt-Redakteur Horst Wisser:

Kasparow - Wisser
Spanisch

1. e4 e5 2. Sf3 Sc6 3. Lb5 a6 4. Lc6: bc6: 5. d4 ed4: 6. Dd4: Sf6 7. Sc3 d5 8. Lg5 Le7 9. ed5: cd5: 10. 0–0–0 c6 11. Se5 Lb7 12. Sa4 Da5 13. The1 c5

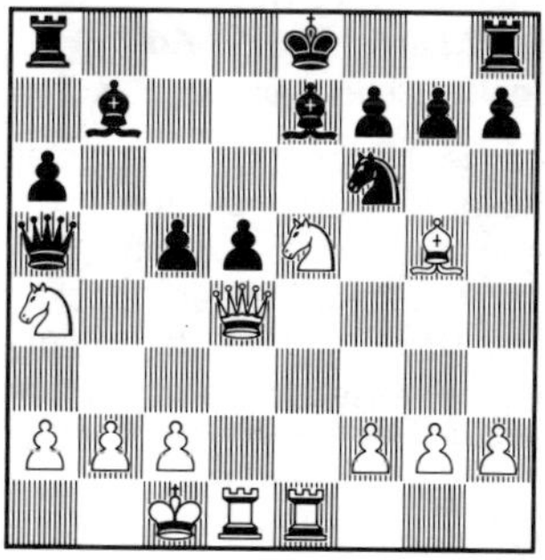

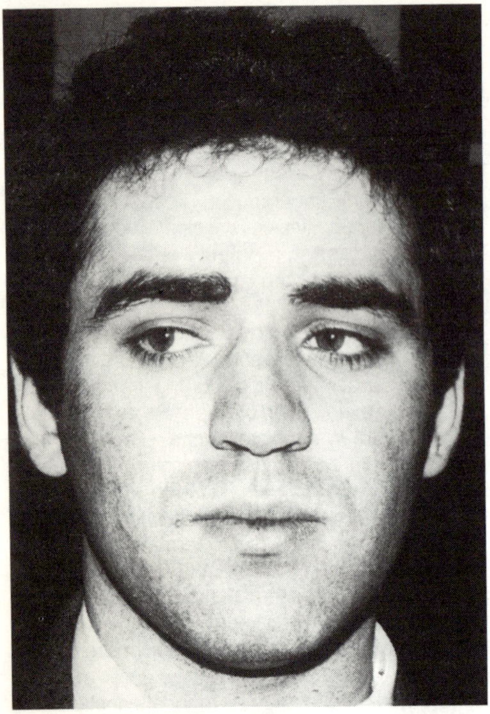

Weltmeister Garry Kasparow
Foto: Frits Agterdenbos, Amsterdam

14. Sc4?!
Ein Geistesblitz, der völlig korrekt scheint, was 14. ... dc4:?? 15. Te7:+ Ke7: 16. Dd6+ Ke8 17. Sc3 nebst Te1+ oder 14. ... cd4:? 15. Sa5: angeht. Aber diesmal hatte der Amateur ein wenig weiter gesehen, und nach der Antwort färbte sich Kasparows Gesicht leicht rötlich ...
14. ... De1:! 15. Sd6+
Nach zwei, drei Minuten Nachdenken gesteht der Weltmeister ein, daß die Qualität fort ist. Was jetzt nach 15. ... Kf8 geschähe, bleibt trotzdem unklar; leider wirft aber Schwarz mit einem Kurzschluß gleich die ganze Partie weg:
15. ... Kd7?? 16. Sc5:+ Kd6: 17. Te1: und Schwarz gab nach einigen Zügen auf.

Ein, zwei andere Gegner hatten ebenfalls kurzzeitige Chancen, verspielten sie aber schnell wieder. Und so gehörten die Schlagzeilen des Tages ... Kasparows Anzügen! Letztere steckten nämlich noch in der Reinigung, als der Weltmeister des Morgens zur Pressekonferenz antreten sollte – und so hieß es zur Gaudi des Publikums, leider habe der Champion im Moment nur noch Trainingsanzug und Unterhosen. Man mußte tatsächlich im Blitztempo einen ganz neuen Anzug herbeischaffen.
Geehrt wurde an diesem Tag auch jemand: NDR-Redakteur Michael Kipp-Thomas erhielt (endlich) den Medienpreis des Deutschen Schachbundes. Die meisten Serien der 3. Programme wären ohne sein Engagement wohl kaum, zumindest nicht in dieser Form, denkbar gewesen.
Für Kasparow fing nach diesem Simultan der Ernst des Lebens erst richtig an: Den nächsten Tag hatte er sich unbedingt freigehalten, um seine Revanche gegen den HSV vorzubereiten – die Lehre aus dem ersten Match, wo er direkt aus Holland, übernächtigt und ohne seine Gegner richtig zu kennen, an die Bretter gekommen war. Diesmal machte er Nägel mit Köpfen. Sein „ChessBase"-Programm half ihm sicherlich dabei: ein Computer-Datenbanksystem, mit dem man Partien und vieles andere unvergleichlich leichter speichern und bearbeiten kann als mit dem reinen Gedächtnis. Die Vorbereitung „saß" so perfekt, daß der Weltmeister nach dem Match alle Spieler genau mit ihren Stärken und Schwächen charakterisierte wie diese sich selbst bzw. gegenseitig kannten! Das Glanzstück gelang ihm am Spitzenbrett, wo er die Schlußstellung nach 25 Zügen (zumindest im Prinzip) schon am Tag vorher bei der Analyse gehabt hatte ...
So lief diesmal alles für ihn: Nach drei Stunden hatte er bereits vier von acht Partien erledigt – keine Gefahr mehr, zum Schluß in Zeitnot die Übersicht zu verlieren. Ein wenig Glück kam auch dazu. Resultat: 7:1 – eine saftige Revanche, wenn auch genausowenig „gerecht" wie andersherum das 3,5:4,5 beim ersten Mal. Das 5:3, auf das er selbst vorher (mindestens) getippt hatte, gibt vielleicht etwa das echte Kräfteverhältnis wieder.
Die Einzelergebnisse in der Brettfolge:
Stein 0, Wahls 0, Schulte ½, Wegner 0, Dr. Reefschläger 0, Behrhorst ½, Grünberg 0, Dr. Cordes 0. Das Hamburger Team war übrigens nach ELO selbst ohne Chandler nicht schwächer als seinerzeit; sogar etwas stärker!

Kasparow - Stein
Brett 1, Altindisch (A 55)
Die bereits erwähnte Partie, die Kasparow bis zum Schluß vorbereitet hatte! Bis zum 16. Zug folgt sie einer von Stein bereits gespielten Variante; dann weicht dieser selbst ab, was Kasparow freilich auch nicht erschüttert. Es mag manchen wundern, daß Schwarz in der Schlußstellung bereits aufgibt; doch er hat einfach keine vernünftigen Züge mehr: es droht Td6:, falls Ta7, so De5:.
1. d4 Sf6 2. c4 d6 3. Sc3 Sbd7 4. e4 e5 5. Sf3 c6 6. Le2 Le7 7. 0–0 0–0 8. d5 a6 9. Le3 cd5: 10. cd5:

b5 11. Sd2 Se4: 12. Se4: f5 13. a4 ba4: 14. Da4: fe4: 15. Se4: Sf6 16. Sf6: Tf6: 17. b4 Tf8 18. Dc2 Lg5 19. Ld3 h6 20. b5 Lb7 21. ba6: Le3: 22. fe3: Tf1:+ 23. Lf1: Ld5: 24. Td1 Lf7 25. De4 1 : 0

Wahls - Kasparow
Brett 2, Sizilianisch (B 33)

Eine der gehaltvollsten Partien des Matchs. Weiß lehnt im 14. Zug mutig ein „stilles Remisangebot" (Zugwiederholung) ab, wird aber in der Folge langsam überspielt. Mit einem Qualitätsopfer auf Position und einem originellen Damentausch (bei 34. De4: fe4: nebst e3-e2 entscheidet gerade der Doppelbauer die Partie!) verschafft sich Kasparow letztlich ein Endspiel mit zwei verbundenen Freibauern und bringt seinen Vorteil energisch zur Geltung.

1. e4 c5 2. Sf3 e6 3. d4 cd4: 4. Sd4: Sf6 5. Sc3 Sc6 6. Sdb5 d6 7. Lf4 e5 8. Lg5 a6 9. Sa3 b5 10. Sd5 Da5+ 11. Ld2 Dd8 12. Lg5 Da5+ 13. Ld2 Dd8 14. Sf6: Df6: 15. Ld3 Dg6 16. 0–0 Le7 17. c3 d5 18. De2 Lg4 19. f3 de4: 20. Le4: Lf5 21. Sc2 0–0 22. a4 Le4: 23. fe4: Tad8 24. Le1 b4 25. Lf2 b3 26. Se1 Sa5 27. Sd3 De6 28. Sb4 Sc4 29. Sd5

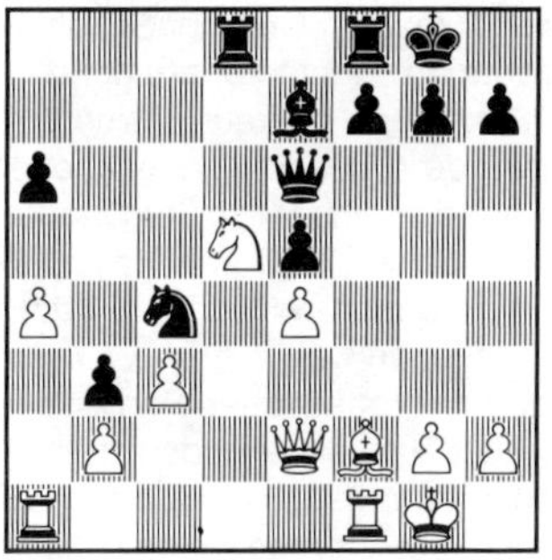

Td5: 30. ed5: Dd5: 31. Tfd1 Dc6 32. Td3 f5 33. Tad1 De4 34. Te1 De2: 35. Te2: Td8 36. Td8: Ld8: 37. Te1 Le7 38. Td1 Ld6 39. Kf1 Kf7 40. Ke2 Ke6 41. Le3 f4 42. Lc1 g5 43. g4 Lc5 44. Td8 e4 45. Te8+ Kd5 46. Td8+ Sd6 47. Td7 f3+ 48. Ke1 e3 49. c4+ Ke6 50. Le3: Lb4+ 0 : 1

Wegner - Kasparow
Brett 4, Grünfeld-Indisch (D 97)

Auch diese Partie spricht für Kasparows präzise Vorbereitung. Man folgt einer Variante, mit der der englische Spitzenspieler Miles in Dubai sensationell gegen den Spanier Fernandez unterging; im 11. Zug bringt Weiß etwas Neues, doch auch darüber scheint der Weltmeister bestens im Bild und spielt recht flüssig weiter, während die weiße Zeit rapid gegen Null geht. Der hübsche taktische Schlag 19. ... Sc3 macht schon wenig später alles klar.

1. d4 Sf6 2. c4 g6 3. Sc3 d5 4. Sf3 Lg7 5. Db3 dc4: 6. Dc4: 0–0 7. e4 a6 8. Db3 c5 9. dc5: Sbd7 10. Db4 Dc7 11. Sa4 a5 12. Dc4 Se5 13. Se5: De5: 14. Ld3 Td8 15. f3 Le6 16. Dc2 Sd5 17. a3 Ld7 18. Lc4 La4: 19. Da4: Sc3 20. bc3: Dc3:+ 21. Ke2 Da1: 22. Db3 e6 23. Tf1 De5 0 : 1

Dr. Reefschläger - Kasparow
Brett 5, Wolga-Gambit (A 58)

Eine harte Nuß für den Weltmeister. Weiß verteidigt sich solid gegen das provokante Wolga-Gambit, so daß Kasparow die Qualität ins Geschäft stecken muß, um Druck zu machen. Als er sich aber den starken Sc5 tauschen läßt (30. ... Lc3 scheint dubios zu sein), bleibt davon nicht mehr viel übrig, und es ist plötzlich Weiß, der auf Gewinn spielt. In großer Zeitnot (4 Minuten für 13 Züge) revanchiert sich Dr. Reefschläger jedoch mit dem Lapsus 38. Ta1?, statt mit 38. Dd3 Lh3+ 39. Kh1 Oberwasser zu behalten. Danach ist es sofort aus.

1. d4 g6 2. Sf3 Lg7 3. g3 c5 4. d5 d6 5. c4 b5 6. cb5: Sf6 7. Sc3 a6 8. ba6: Da5 9. Ld2 0–0 10. Lg2 La6: 11. 0–0 Sbd7 12. Dc2 Tfb8 13. Tfd1 Sg4 14. Le1 Sge5 15. Se5: Le5: 16. Tdb1 Ta7 17. a4 Tab7 18. b3 Dc7 19. Ta2 Dc8 20. Sd1 Lg7 21. f4 c4 22. b4

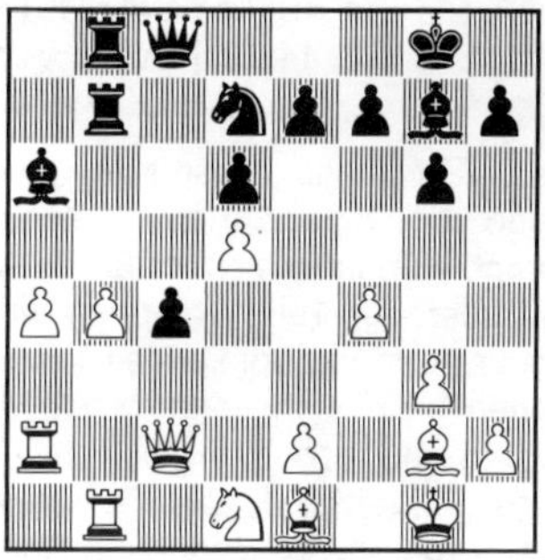

Tb4: 23. Tb4: Dc5+ 24. e3 Tb4: 25. Lb4: Db4: 26. Lf1 Sc5 27. Sf2 Db3 28. Le2 h5 29. a5 h4 30. Kg2 Lc3 31. Ld1 Db4 32. Se4 Lg7 33. Sc5: Dc5: 34. e4 g5 35. fg5: c3 36. Le2 Lc8 37. gh4: De3 38. Ta1 Lh3+ 39. Kh1 Df2 40. Tg1 Ld4 0 : 1

Kasparow - Behrhorst
Brett 6, Damengambit (E 06)

Hier wird Kasparow sein Optimismus fast zum Verhängnis: Statt die durchaus gute Stellung z.B. mit 15. e4 ruhig weiter zu behandeln, glaubt er zaubern zu können und beißt gegen die gelassene Verteidigung Behrhorsts auf Granit. Doch „schwindelt" sich der Weltmeister fünf Minuten vor zwölf erneut heraus: Nach eigenen Angaben übersah Behrhorst das in der Tat nicht naheliegende 29. Db5, sonst hätte er wohl mit 28. ... Dg7 (da 29.

Lh3 an Tg3:+ scheitert) weiter Gewinnkurs gesteuert.
1. d4 Sf6 2. Sf3 e6 3. c4 d5 4. g3 Le7 5. Lg2 0–0 6. 0–0 c5 7. cd5: ed5: 8. dc5: Lc5: 9. Dc2 Lb6 10. Sc3 Sc6 11. Lg5 Le6 12. Tad1 h6 13. Lh4 De7 14. Da4 Tfe8

15. Td5: Ld5: 16. Sd5: De4 17. Sf6:+ gf6: 18. Db5 Dg6 19. e3 Tad8 20. a4 Te4 21. Ta1 Tb4 22. De2 a5 23. h3 Td7 24. g4 f5 25. Lg3 fg4: 26. Sh4 Dg5 27. hg4: Tg4: 28. Sf3 Dh5 29. Db5 Dc5 30. Dc5: Lc5: 31. Lh3 Tg3:+ 32. fg3: Le3:+ 33. Kf1 Td3 34. Lc8 Tb3 35. Ta3 Ta3: 36. ba3: b6 37. Ld7 Se7 38. Sh4 Lc1 39. Sf5 Sg6 40. Le8 Se5 41. Ke2 h5 42. Lb5 Kh7 43. Sd6 La3: 44. Sc4 Sc4: 45. Lc4: Remis im 52. Zug.

Um diese Zeit stand Kasparow nach seiner Erfolgsserie von Dubai an fraglos auf der Höhe, und niemand wunderte sich, daß ihm wieder der „Schach-Oscar" für 1986 verliehen wurde (eine Auszeichnung der Art „Spieler des Jahres"). Doch es schlichen sich auch schon erste Anzeichen einer Haltung ein, die, ob nun Überheblichkeit oder kalkuliertes Auftrumpfen, bis Sevilla noch viel deutlicher wurde und zu Bedenken Anlaß gab. In Hamburg erklärte er auf Fragen nach dem nächsten WM-Kampf, sein gefährlichster Gegner sei er selbst, und tat so, als könnte man Karpow, Sokolow und alle anderen über denselben Kamm scheren. Das war doch etwas kühn, denn der Exweltmeister machte sich gerade in dem Moment daran zu zeigen, daß es ihn auch noch gab ...

Karpow deklassiert Sokolow

Kaum war Kasparow wieder von der Bühne gegangen, da begann Ende Februar in Linares ein Kampf, der eigentlich in den Regeln gar nicht vorgesehen ist: Verlierer der WM-Revanche gegen Sieger des Kandidatenturniers! Grund war der völlig durcheinandergeratene Terminplan wegen der vielen K&K-Kämpfe; wie viele vermuteten, womöglich auch eine weitere „Lex Karpow" von seiten des eigenwilligen Florencio Campomanes - lassen wir endlich dieses Kapitel ruhen ...
Immerhin mußte sich erstmals seit Kasparows WM-Qualifikation 1983/84 wieder einer der zwei Großen in einem offiziellen Entscheidungsmatch einem Dritten stellen. Vergleiche, Anhaltspunkte für Prognosen hatte man kaum. Sicher, auf Karpows Seite stand eine ungeheuere Zweikampferfahrung, vermutlich das bessere Team und überhaupt das größere Wissen; doch manches sprach auf dem Papier auch für Sokolow: Aus zwei Partien der beiden vor dem Match hatte er immerhin 1,5 Punkte geholt, und er spielt anders als Kasparow, vor allem andere Eröffnungen, so daß Karpow mit dem größten Teil seines Archivs wohl nicht viel würde anfangen können. Und so setzten die meisten zwar ganz leicht auf den Exweltmeister; doch klar festzulegen traute sich kaum jemand recht.
Dann ging alles wie eine bloße Pflichtübung ab. Karpow spielte wie seit eh und je mit unterlegenen Gegnern auch in Turnieren: kein oder fast kein Verlust, ein paar Remisen, dazwischen in angemessenen Abständen, besonders mit Weiß, immer wieder mal ein Gewinn. Sokolow fand kein Rezept dagegen. Rannte er an, holte er sich eine blutige Nase; ließ er sich auf Positions- oder Endspiel ein, wurde er zusammengeschoben. Ein einziges Mal hatte er eine reelle Siegchance, gleich in der 1. Partie; da war Karpow noch nicht warm, wie Spötter bald danach witzelten, als der einseitige Verlauf abzusehen war.
Nur elf von 14 vorgesehenen Partien brauchte der Exweltmeister, um die erforderlichen 7,5 Punkte zu sammeln. Wenn auch die sportliche Spannung nicht so recht aufkommen wollte - qualitativ wurde in einigen Kämpfen doch Vorzügliches geboten, besonders von Karpow in punkto Technik.

Sokolow - Karpow
1. Partie, Damengambit (D 41)
1. e4 c6
Nicht ganz neu bei Karpow, aber jedenfalls selten - und in diesem Match ein Volltreffer!
2. c4 d5 3. cd5: cd5: 4. ed5: Sf6 5. Sc3 Sd5: 6. Sf3 e6 7. d4 Le7 8. Lc4 0–0 9. 0–0 Sc6 10. Te1
Jetzt ist man im Damengambit gelandet, in einer sattsam bekannten Variante, die meist über 1. d4 d5 2. c4 e6 3. Sc3 Sf6 4. Sf3 c5 entsteht.
10. ... a6 11. Lb3 Sc3: 12. bc3: b5 13. Dd3 Ta7?!
Das mag positionell begründet sein (Td7 mit der Eventualdrohung b5-b4, um d4 zu untergraben), aber es kostet Zeit und bringt den Turm in eine taktisch anfällige Lage. Vermutlich war das einfache 13. ... Lb7 am besten.

14. Lc2 g6 15. Lh6 Te8 16. De3 Td7 17. h4 Lf6
Schlecht wäre selbstverständlich Lh4:?, zwar nicht wegen 18. De4 Le7 19. Dc6: Lb7 und Weiß ist der Betrogene, aber wegen 18. Sh4: Dh4: 19. Lg5 und Dame wie König von Schwarz machen keine gute Figur.
18. Lg5 Lb7 19. Df4 Lg5: 20. Sg5:
Nicht abwegig war auch 20. hg5:.
20. ... Dc7 21. Df6 Sd4: 22. Lg6: hg6: 23. cd4: Td5 24. Tac1 Dd7?
Das konnte leicht schlimme Folgen haben. Notwendig war sofort De7, obwohl Weiß dann nicht mit 25. Te6: abwickeln müßte, sondern mit 25. Df4 wohl mehr Initiative behalten dürfte.

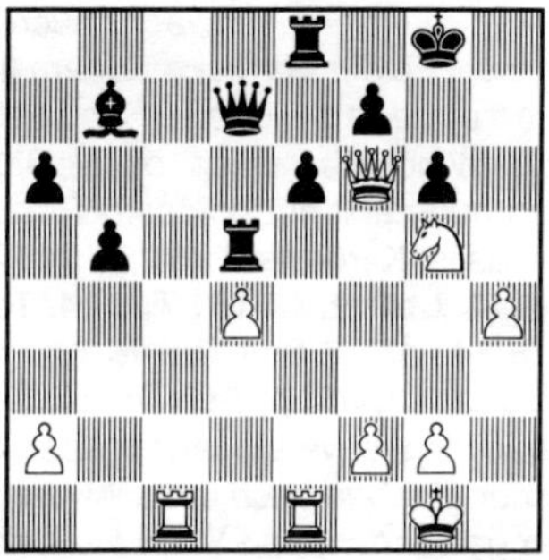

25. Tc5?
Daß 25. Se4! gewinnt, wäre vielleicht etwas übertrieben, doch obwohl Schwarz eine Menge Züge hat, scheint keiner die Drohung Df4 nebst Sf6+ so recht zu decken; z.B. Td4:?? 26. Sc5 nebst Sb7: (d4 hängt) oder Tf5?? 26. Df5: nebst Sf6+ oder De7?? 26. De7: nebst Sf6+ oder Te7? 26. Df4 Td4: 27. Sf6+ Kg7 28. De5. In Frage kommt 25. ... Th5 („droht“ Le4:) 26. Dg6:+ fg6: 27. Sf6+, da auch h4 bzw. d4 hängen werden; doch mit der Möglichkeit Tc7 u.a. scheint auch hier das Endspiel deutlich besser für Weiß.
25. ... De7!
Und nicht etwa Td4:? 26. Sf7:! Nicht so direkt schlecht wäre Tc5: 26. dc5:, doch das Endspiel ohne Damen, selbst mit Minusbauer, kommt dem Ausgleich am nächsten.

26. Te6: Df6:
Selbstmord wäre fe6:?? 27. Dg6:+ nebst Springerschach bzw. auf Dg7 28. De8:+.
27. Tf6: Td7
Dieser Turm deckt nun alles und gibt Schwarz Gelegenheit, sich seinerseits um die weißen Schwächen zu „kümmern“.
28. a3 Kg7 29. Tb6 Te2 30. Tc3 Td2 31. Sf3 Lf3: 32. Tf3: T2d4: 33. Ta6: Th4: 34. g3 Th5 35. Kg2 Thd5 Remis
War das noch eine recht haarige Sache, so zeigte die nächste Partie schon Karpow in typischer Manier. Man möchte zwar kaum glauben, daß ein Weltklasse-Großmeister solch ein Endspiel mit Schwarz verliert ... aber sehen Sie sich einmal ganz zu Anfang die Partie mit Portisch aus Tilburg an!

Karpow - Sokolow, 2. Partie

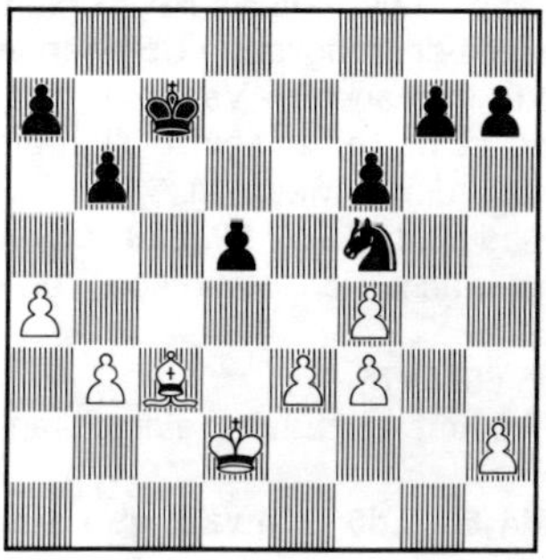

Die Hängestellung, genauer gesagt 41. ... Sf5: war (nach einem Figurentausch) der schwarze Abgabezug.
42. e4 de4:?!
Natürlich noch ohne Gefahr, aber unnötig - so fängt es gegen Karpow an ... Schwarz brauchte die weißen Bauern nicht zu entdoppeln, wenn er 42. ... Sh4 gezogen hätte, wonach nicht einmal 43. Ke3 wegen Sg2+ so ohne weiteres geht.
43. fe4: Sd6 44. Kd3 Sb7 45. b4 a5 46. Kc4 ab4: 47. Lb4: Kc6 48. Lf8 g6 49. Le7 Sa5+ 50. Kb4 Sb7
Die taktischen Ressourcen reichen auch jetzt noch für Schwarz aus, wie 51. Lf6: Sc5 52. e5 Sd3+ beweist.
51. Kc4 Sa5+ 52. Kc3 Sb7 53. Kd4
Nun versucht er es anders, da 53. Lf6: Sc5 wieder mit leeren Händen geendet hätte.
53. ... Kd7 54. Lf6: Ke6?
Tatsächlich wird Schwarz „weich“ und beginnt Gespenster zu sehen, wie es oft geschieht, wenn man ein sicheres Remis auch wirklich ganz sicher machen will und dabei Angst vor spannungshaltigen Varianten bekommt. Eine solche war hier 54. ... Sc5 55. Kd5 Sa4: 56. Ld4 b5 mit einer Art positionellem Gleichgewicht: Der Sa4 kommt zwar nicht heraus, aber Weiß auch nicht an ihn heran, denn auf Kc6 ginge immer b4 und falls dann Kb5, so Sc3+. Mehrere Autoritäten, darunter Karpow selbst, geben eine anscheinend in Linares analysierte Variante: 57. e5 Ke8 (macht klar, daß der e-Bauer keine Gefahr ist; von hier läßt sich der König nicht verdrängen) 58. h3 (Tempospiel, um die schwarzen Bauern zu schwächen) h6 59. Ke6 b4 60. Kf6 Sc3 61. Kg6: Se2 und Remis, da der Ld4

nicht f4 decken kann wegen des b-Bauern.
Schwarz will durch das Tempo Ke6 offenbar dem Gegner d5 nehmen, doch damit entfernt er sich einen Schritt weiter vom Bb6.

55. Lg7 Sc5 56. Kc4! Se4:?

Der letzte Fehler, vielleicht in Zeitnot, denn es lag eigentlich auf der Hand, daß der potentielle entfernte Freibauer a4 der wichtigere sein muß. Ob 56. ... Sa4: 57. Ld4 definitiv Remis ist, mag nicht zuletzt wegen der möglichen Übergänge ins Bauernendspiel in manchen Varianten mit Kb5 und Sc5 schwer zu beweisen sein; die Experten waren aber einhellig dieser Meinung.

57. Kb5 Sc5 58. Lf8 Sd7 59. La3

Zugzwang macht sich bemerkbar; es droht vor allem Kc6.

59. ... Kd5 60. Le7

So aber kommt der Läufer einfach an den Bb6 heran.

60. ... Kd4 61. Ld8 Schwarz gab auf; der entfernte a-Bauer gewinnt.

Ein „dummer" Verlust für Sokolow - moralisch oft schwer wegzustecken. Auch die nächsten Partien liefen für Karpow insoweit nach Plan, als sein Kontrahent zweimal mit Weiß gegen Caro-Kann nichts Greifbares herausholen konnte. Die 6. Partie brachte nach drei Remisen dann praktisch die Vorentscheidung: In der Gefahr, von Karpow wieder positionell in den Schwitzkasten genommen zu werden, setzte Sokolow mit einem mutigen Gewaltstreich alles auf eine Karte.

Karpow - Sokolow, 6. Partie

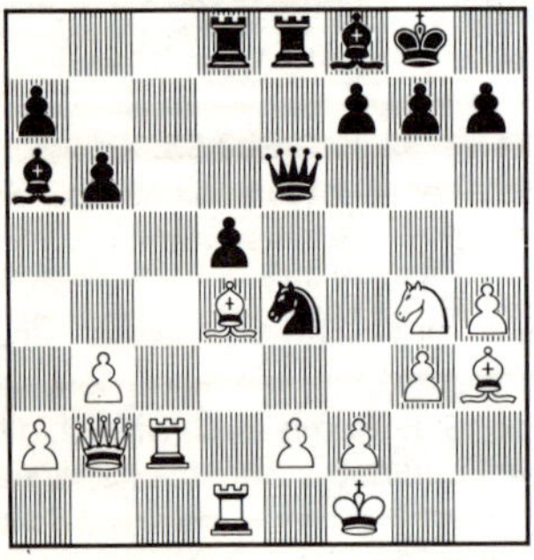

Ein Isolani ist gegen Karpow nicht selten der Anfang vom Ende; auf jeden Fall aber meist Anlaß zu ausgiebiger „Massage". Kurz vor der Diagrammstellung hatte der Exweltmeister ein stilles Remisangebot durch Zugwiederholung abgelehnt - ein Signal für Sokolow, nun etwas zu tun, um aus seiner momentan aktiven Figurenstellung Kapital zu schlagen ...

31. ... La3!? 32. Da3: Le2:+ 33. Te2:

Schlecht wäre 33. Ke2:? Sc3++ 34. Kd2 De2+ 35. Kc3: Tc8+ bzw. 34. Kf1 De4! (pariert mit der Mattdrohung auf h1 nebenbei Sf6+) und Dc2:.

33. ... Sg3:+ 34. Kg2!

Das geht gerade noch; nach 34. fg3:?? De2:+ verliert Weiß Haus und Hof.

34. ... De2: 35. Dc1 Sh5 36. Kh2 Td6 37. Dd2 Df3 38. Se5 Df4+ 39. Df4: Sf4: 40. Ld7 Td8 41. Lb5

Der Abgabezug. Mag sein, daß bei all dem Tumult Karpow auch ein wenig „Glück in der Stellung" und nicht alles vorausgesehen hatte; jedenfalls war er auch im Handgemenge ein Quentchen gewiefter: Das Endspiel liegt jetzt ganz auf seiner Wellenlänge; Weiß steht nur leicht, aber eindeutig besser, die schwarzen Mehrbauern haben keinen aktiven Wert, der Isolani bleibt schwach, auch wenn er noch ein, zwei Felder vorrückt. Zudem finden die schwarzen Türme schwer freies Schußfeld. Natürlich ist objektiv höchst fraglich, ob Weiß gewinnen kann; doch nun zählt nur beidseits Präzision und Technik - das ist Karpows Metier ...

41. ... Se6 42. Lb2 a6 43. Lf1 Tc8 44. Td2 d4 45. Lg2 Sf4 46. Lf3 d3 47. Sc4 Th6 48. Kg3 Se2+ 49. Le2: de2: 50. Te2: b5 51. Se3 Te6 52. Td2

Der Schwächling ist vereinnahmt; doch durch die Vereinfachung haben auch die schwarzen Türme Spielraum gewonnen, und Weiß muß sich gegen ein evtl. Eindringen vorsehen. Die Remisbreite scheint noch immer nicht überschritten.

52. ... h5 53. Kf4 Tc7 54. Td5 f6 55. La3

Schaltet Gegenspiel aus; etwas leichtfertig wäre 55. Th5: Td6.

55. ... g6 56. Lc5 Kf7 57. b4 Ke8 58. Td1 Td7 59. Ta1

Wirkt fast paradox, da er jetzt sogar das Eindringen provoziert; aber nun droht der Turm auf d2 nichts mehr, da sich Weiß inzwischen am Damenflügel unangreifbar aufgebaut hat. Nach Tausch auf d7 wäre nicht zu sehen, was Weiß Entscheidendes unternehmen könnte; es gibt weder Einbruchsfelder für den König noch augenfällige schwarze Schwächen.

59. ... Td2 60. Kf3 Kf7 61. a4 ba4: 62. Ta4: g5 63. Ta3 Kg6 64. Kg2 gh4:

Verständlich, daß Schwarz jeden weißen Bauern los werden will, den er erwischen kann; aber mußte das jetzt schon sein um den Preis dieser häßlichen Zersplitterung?

65. Sf1 Tc2 66. Sh2 Tc4 67. Sf3 Kf7 68. Kh2 Tf4 69. Kg2 Tee4 70. Sd2

70. Ta6:?? h3+ 71. Kg3 h4+ ist mehr ein Witz als eine ernstzunehmende Falle.

70. ... Te6 71. Sf1 Tg4+ 72. Kh3 Tf4 73. Ta2 Tf3+ 74. Kg2

Und jetzt natürlich kein Selbstmatt mit 74. Kh4:?? Te4+ 75. Kh5: Th3.

74. ... Td3 75. Se3 Kg6 76. Ta1 f5?!

Dieser Bauer ist für Schwarz wichtiger als die zwei in der h-Linie, weil sein Fall den weißen f2 freimacht. Mit dem Vormarsch, der ihn auf f4 in eine recht exponierte Stellung bringt, geht Schwarz ein beträchtliches Risiko ein.

77. Kh2 f4 78. Tg1+ Kf7?!

Aus obiger Überlegung sieht es logischer aus, hier mit Kf6 und falls 79. Sg2 Kf5 80. Sh4:+ Ke4 an diesem Bauern festzuhalten.

79. Sg2 Tc6?!

Man muß wohl annehmen, daß Sokolov glaubte, mit diesem Zug sei f4 „indirekt gedeckt" - ein fataler Irrtum!

80. Sf4: Tf3 81. Sh3!

Hatte Schwarz nur mit 81. Sh5:? Tc5:! 82. bc5: Tf2:+ nebst Tf5 und Remis gerechnet?!

81. ... Kf6 82. Te1 Tf5 83. Te4 a5 84. Le3 ab4: 85. Tb4: Ta6 86. Th4: Taa5 87. Tc4 Tfb5 88. Kg3 Ta8 89. Kh4 Tg8 90. Lg5+

Abgebrochen und von Schwarz aufgegeben; Tg5:? 91. Sg5: Tg5: scheitert an 92. Tc6+ Kf5 93. Tc5+, und ansonsten gewinnt Weiß langsam mit dem f-Bauern.

Wer will nun sagen, mit welcher Ungenauigkeit die Stellung definitiv den Bach hinunter ging?! Diesen Effekt beschrieb schon einmal jemand am Beispiel Petrosjans: In Remisstellung macht er von drei Zügen drei genaue, sein Gegner aber zwei genaue und einen ungenauen. Das wiederholt sich ein paarmal - und plötzlich ist alles vorbei!

Es folgten wieder drei Remisen, dabei erneut zwei untaugliche Versuche Sokolows, Caro-Kann aus den Angeln zu heben. Als er es in der 9. Partie mit einer ultrascharfen aktuellen Variante probierte, ließ ihn Karpow auflaufen und Sokolow mußte schwer kämpfen, um ein schlechteres Endspiel nach 75 Zügen Remis zu halten. Gegen Ende des Matches, als er seinen 24. Geburtstag feierte, schenkte man ihm, wie die Journalisten berichteten, auch ein spanisches Buch über die Caro-Kann-Verteidigung ...

Dann ging alles sehr schnell. Die 10. Partie zeigte Karpow nochmals „at his best": Provozierung eines Isolani d5, zielstrebiger Abtausch, eleganter Gewinn im Endspiel mit seiner vorgerückten Mehrheit am Königsflügel, samt Figurenopfer ganz am Schluß. Wieso ließ sich übrigens Sokolow mit Schwarz mehr als einmal auf solche Stellungen ein? Er mußte doch eigentlich wissen, daß selbst Kasparow aus diesem Grund die oft ähnliche Bilder ergebende Tarrasch-Verteidigung ad acta legte: nicht objektiv schlecht sei sie, meinte der Weltmeister, doch gegen Karpow turniertaktisch bzw. psychologisch fehl am Platz, da er solche Stellungen besonders gern und gut spielt.

Karpow - Sokolow
10. Partie, Damenindisch (E 15)

1. d4 Sf6 2. c4 e6 3. Sf3 b6 4. g3 La6 5. b3 Lb4+ 6. Ld2 Le7 7. Sc3 0–0 8. e4 d5 9. cd5: Lf1: 10. Kf1: ed5: 11. e5 Se4 12. De2 Sc3: 13. Lc3: Dd7 14. Kg2 Sc6 15. The1 Sd8 16. Sg1 c5 17. f4 cd4: 18. Ld4: Df5 19. Tad1 Lb4 20. Tf1 Se6 21. Dd3 Dd3: 22. Td3: Tac8 23. Sf3 Tc2+ 24. Tf2 Tfc8 25. f5 Sd4: 26. Sd4: Tf2:+ 27. Kf2: Tc1 28. g4 Kf8 29. Kf3 Tf1+ 30. Kg3 Tc1 31. Kf4 h6 32. h4 Ke8 33. Sf3 Tc2 34. a4 Tb2 35. Sd4 Le7 36. h5 a6 37. Kf3 Lc5 38. Se2 d4 39. Sf4 Kd7 40. e6+ Ke8 41. Ke4 a5 42. Tf3 Tb1 43. Sd5 Tg1

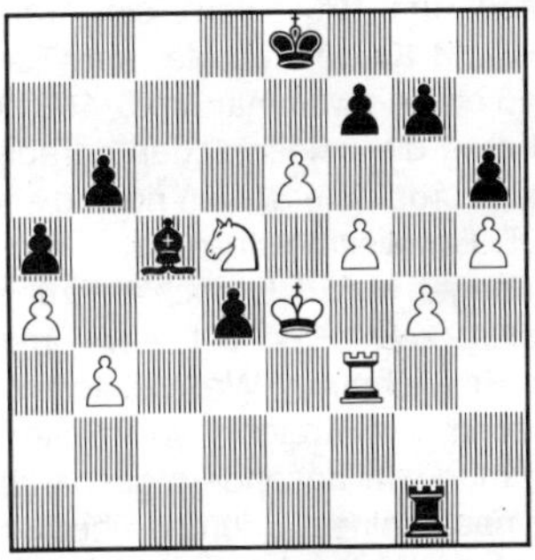

44. Kd3 Tg4: 45. f6 Ld6 46. Sb6: Tg5 47. fg7: Tg7: 48. Sc4 Lb4 49. ef7:+ Tf7: 50. Tf7: Kf7: 51. Se5+ Kf6 52. Sc6 Le1 53. Sd4: Lb4 54. Sc6 Le1 55. Ke2 Lc3 56. Kd3 Le1 57. Kc4 Kg5 58. Sa5: La5: 59. b4 Ld8 60. a5 Kh5: 61. Kb5 Lg5 62. a6 Le3 63. Kc6 1 : 0

Objektiv vielleicht Karpows beste Partie des Wettkampfs; aber für den Verlauf kaum noch bedeutsam. Sokolow war geschlagen. In der 11. Partie stürzte er sich praktisch ins eigene Schwert, als er fast schon im Kaffeehaus-Stil einen Verzweiflungsangriff inszenierte.

Sokolow - Karpow
11. Partie, Caro-Kann (B 10)

1. e4 c6 2. c4 d5 3. ed5: cd5: 4. cd5: Sf6 5. Sc3 Sd5: 6. Sf3 Sc3: 7. bc3: g6 8. h4 Lg7 9. h5 Sc6 10. Tb1 Dc7 11. La3 Lf5 12. Tb5 a6 13. Tc5 Dd7 14. Db3 0–0 15. hg6: hg6: 16. Lc4 Lf6 17. d4 b5 18. Ld5 Sa5 19. Dd1 Sb7 20. Se5 Le5: 21. de5: Sc5: 22. Dd4 Sd3+ 23. Kf1 Da7 24. Le7: Dd4: 25. cd4: Sf4 0 : 1

Das war's dann auch: Karpow hatte die bei 14 Partien erforderlichen 7,5 Punkte erreicht. Kein Zweifel - außer K und K war vorerst noch niemand soweit, ernsthaft ein Wort um den Titel mitreden zu können!

Kasparow und Karpow in Brüssel in einem Turnier

Wird Brüssel das neue Zentrum der Schachwelt?! Man könnte es meinen, wenn man zwei und zwei zusammenzählt: Dort hat die Großmeister-Vereinigung ihren Sitz; ihr Finanz- und Verwaltungsmanager ist Bessel Kok, seines Zeichens zudem Generaldirektor der Telekommunikations-Firma S.W.I.F.T., die schon reichlich Geld für Schach springen ließ ...

Es gab bereits 1986 ein S.W.I.F.T.-Turnier - ein sehr starkes, aber noch nicht überragendes. Diesmal gelang den Brüsselern ein Traumprojekt: Kasparow und Karpow im gleichen Turnier. Das hatte es zuletzt, so weit man weiß, 1981 gegeben. Und weil man die beiden schon gerade beisammen hatte, wurde zum Schluß noch die inoffizielle „S.W.I.F.T.-Blitzweltmeisterschaft“ angehängt - ohne den Segen der FIDE, doch aufgrund des Teilnehmerfelds zweifellos mit dem moralischen Recht der Bezeichnung „Weltmeisterschaft“.

Alles in allem ein Ereignis von Seltenheitswert also, und man war besonders gespannt, ob Karpow kurz nach seinem Triumph über Sokolow es nun mit dem Weltmeister aufnehmen konnte. Sehen wir uns in einem kurzen Durchgang an, wie es den beiden erging ...

Kasparow legt los wie die Feuerwehr. Die Auslosung hilft ihm zweifellos ein wenig, da er mit Schwarz auf die zwei Belgier, die nominell Schwächsten, trifft und mit Weiß auf van der Wiel bzw. den in diesem Turnier total unter Form spielenden Short; doch man muß gegen diese vier trotzdem erst einmal vier Punkte machen! Karpow, der ab der 3. Runde dieselben Gegner mit denselben Farben bekommt, schafft nur drei Zähler, und dabei hilft Short noch tüchtig mit ...

Zwei Kostproben aus dieser beeindruckenden Startserie:

Kasparow - van der Wiel
Damengambit (D 46)

1. d4 d5 2. c4 c6 3. Sc3 Sf6 4. e3 e6 5. Sf3 Sbd7 6. Ld3 Lb4

Hat an Beliebtheit gewonnen, weil nicht jeder Lust hat, es in der Hauptvariante 6. ... dc4: 7. Lc4: b5 auf das bessere Buch ankommen zu lassen.

7. a3 La5 8. 0–0 0–0 9. Dc2 dc4: 10. Lc4: Lc7 11. La2 e5 12. h3 h6 13. e4

Weiß hat etwas Raumvorteil und damit das bequemere Spiel, aber wohl noch im Rahmen der üblichen Anzugsinitiative.

13. ... Te8 14. Le3 Sh5 15. Tad1 ed4:

Die letzten drei Züge von Schwarz passen nicht zusammen: Entweder wollte er, wie es Te8 suggeriert, im Zentrum spielen (besonders gegen e4); dann durfte er den Springer nicht in die Prärie schicken - oder er sollte sofort versuchen, mit 13. ... Sh5 eine Art Druck am Königsflügel aufzubauen, und im Zentrum vorerst defensiv bleiben.

16. Ld4:! De7 17. e5!

Und schon sieht es böse für Schwarz aus: das schöne Feld e5 ist für ihn verloren, da Se5:? 18. Le5: Le5: 19. Tfe1 eine Figur kostet (Df6 20. Se5: und nach doppeltem Tausch Matt auf d8!).

17. ... Sf8?

Der bekannte „gesetzmäßige“ Bock in schlechter Stellung!

18. Sb5!

Droht mit 19. Lc5 Damenfang auf vollem Brett.

18. ... Se6 19. Le6:! fe6:

Le6:? scheitert wieder an 20. Lc5, und die Alternative cb5: 20. La2 drohend abermals Lc5 sieht nicht viel appetitlicher aus.

20. Sc7: Dc7: 21. Dg6 Df7 22. Df7: Kf7: 23. Le3

Verblüffend einfach gespielt; den Sh5 könnte Schwarz sicherlich noch retten, z.B. mit g5, doch an dem eingemauerten Lc8 (samt Ta8) geht er in jedem Fall zugrunde.

23. ... Tf8 24. Td4

Auf 24. g4 zieht Schwarz einfach den König (Sf3!) und könnte noch nach f4 hüpfen.

24. ... Kg8 25. Tfd1 b6 26. Th4 Tf5 27. Sd4 Schwarz gab auf (Te5: 28. Sc6: und der Turm hat nach Tb5 29. a4 wegen Se7+ keine Felder auf der 5. Reihe mehr).

Winants - Kasparow

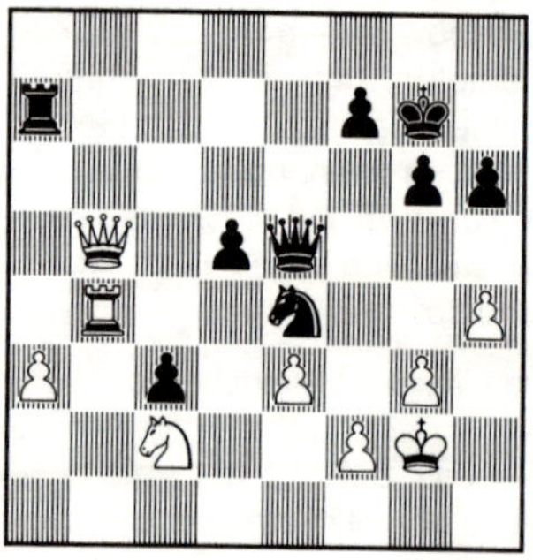

Der belgische Lokalmatador hatte sich 41 Züge lang zäh verteidigt und keine Milch gegeben ...

42. Db6?

... doch jetzt reißt ihn die Aussicht, sogar mit Tempo die Damen zu tauschen, ein wenig zu stark hin! Nach 42. Dd3 hätte wahrscheinlich selbst Kasparow nichts Gewinnversprechendes mehr gefunden, da der Witz 42. ... Df5 43. f3 Sg3:? an

Weltmeister Garry Kasparow Foto: Michael Kupferschmidt, Basel dem „Zufall“ 44. Dd4+ (der Turm hängt) scheitert. Es ist aber natürlich klar, daß man das, was kommt, ganz leicht übersehen konnte.

42. ... Df5! 43. f3 Sg5!

Gewitter im Anzug: 44. Da7:? Df3:+ 45. Kg1 Dd1+ nebst Dc2:+ oder 45. Kh2 Df2+ 46. Kh1 Df1+ 47. Kh2 Sf3 matt verliert sofort. Aber so wie Weiß spielt, sieht es noch immer nicht zu ernst aus.

44. hg5: Dc2:+ 45. Kg1

Auf sofortiges Kh3 hat Schwarz Df5+ nebst Ta3:, was auch zum Gewinn reichen sollte.

45. ... Dd1+ 46. Kg2 De2+ 47. Kh3

Zurück darf er jetzt nicht mehr wegen c2.

47. ... Df3:!!

Erst das ist der Witz - und auch er gewinnt nur aufgrund der studienhaften Schlußpointe (Hat Kasparow das alles also schon beim 42. Zug vorausgesehen?!). Anders kommt Schwarz nicht weiter, weil ihm die Gegendrohung Df6+ nebst Tb8(+) zu lästig ist.

48. Da7: Dh1+ 49. Kg4 h5+ 50. Kf4 Df1+ 51. Ke5 Df5+ 52. Kd6

Pikant ist schon hier die Nebenidee 52. Kd4 c2 und der Bauer läuft einfach durch, denn geht Weiß mit der Dame auf die c-Linie, zwingt De4+ seinen König nach c3! (oder c5).

52. ... De6+ 53. Kc7

Oder 53. Kc5 De3:+ 54. Td4 c2.

53. ... De7+ 54. Kb6 Da7:+ 55. Ka7: c2 Weiß gab auf!

Eine Partie für die Annalen.

Nach vier Runden führt Kasparow mit 4 Punkten; doch die Tabelle wirkt im übrigen leider ziemlich verzerrt. Karpow ist gänzlich im Feld verschwunden - ihm fehlt eine Partie! Denn in der 2. Runde wäre er auf Dr. Hübner gestoßen; doch der deutsche Spitzenmann ließ dieses Treffen zunächst wegen Krankheit verlegen und mußte dann ganz aussteigen. „Ersatzmann“ Tal aber ist erst seit der 3. Runde dabei und wird die zwei ersten später nachholen.

Der Weltmeister muß nun doch einmal einen Gang zurückschalten: Remisen gegen Torre, Timman und Kortschnoi. Karpow hat zwischendurch zweimal gewonnen: gegen den später klar Letzten Meulders (der zweite Belgier Winants verkauft sich viel teurer und nimmt auch dem Exweltmeister ein Remis ab) und gegen Short in einer reichlich nervösen, ja fast kuriosen Partie: Zuerst steht Karpow gut, kann aber den Vorteil nicht festhalten; in Zeitnot will er dann einen Turmzug machen, der sofort verliert - und setzt den Turm im letzten Moment, bevor er ihn losläßt, gerade noch zurück! Wie um dem grausamen Spiel ein Ende zu machen, wirft Short dann zum Schluß in höchstens leicht schlechterer Stellung einzügig die Partie weg.

Der Abstand zwischen K und K bleibt trotzdem fühlbar. Doch nun taucht einer auf, mit dem überhaupt niemand gerechnet hat: Ljubojevic! Man weiß, daß er launisch spielt, daß er in seinen guten Phasen Turniere gewinnen kann - doch solch eines, das traut ihm keiner zu. Aber nach sieben Runden liegt er gleichauf mit dem Weltmeister, und auch in der achten läßt er sich nicht abschütteln: Kasparow schlägt Larsen, Ljubojevic aber Kortschnoi! Danach führen beide mit anderthalb Zählern Vorsprung.

In Runde neun treffen sie aufeinander. Doch die Kasparow-Fans, die geglaubt haben mögen, ihr Star werde dem Emporkömmling nun mit Weiß eins auf die Nase geben, müssen bald enttäuscht abziehen: „Ljubo“ scheint bestens präpariert, bringt den Weltmeister gewaltig ins Grübeln und wohl zu der Erkenntnis, lieber nicht alles zu riskieren. Nach 15 Zügen hat der Jugoslawe den halben Punkt in der Tasche.

An diesem Tag gehören die Schlagzeilen zwei alten Erzrivalen: Karpow und Kortschnoi! Ihr Endspiel ist zwar nahezu „tot remis“, doch Karpow, mit akademischem Vorteil, spielt weiter. Im 48. Zug passiert es: Kortschnoi berührt seinen König, obwohl gerade seine ansonsten letzte Figur, ein Springer, angegriffen ist! Berührt - geführt ... Ein paar Sekunden später fliegen die Figuren und was da sonst noch steht, vom Tisch, und Kortschnoi stürmt wutentbrannt aus dem Saal.

Doch Karpow hat in Brüssel nicht nur Glück, wie man jetzt vielleicht denken könnte. In der Nachholpartie gegen Tal, die er verdient hätte gewinnen sollen, unterläuft ihm selbst ein geradezu grotesker Schnitzer, der ihn wohl seine letzte Chance kostet, noch an die Spitze zu kommen.

Karpow - Tal

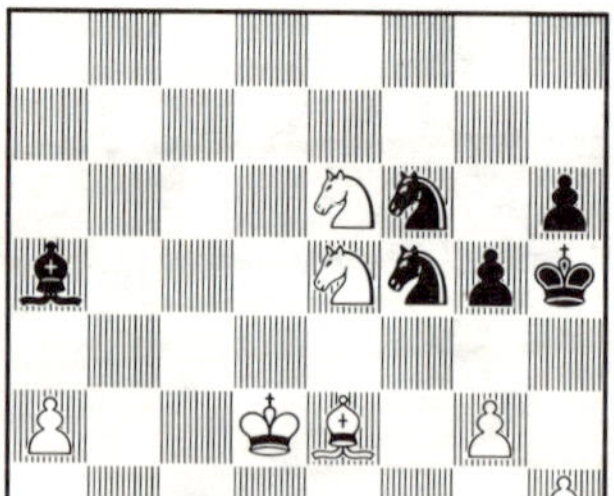

Das Geschehen spricht für sich selbst:

41. h3?? Sg3:! (einfach eingestellt!)

Ein konsternierter Karpow versucht noch fast 20 Züge lang das Unmögliche, doch dann muß er mit Remis zufrieden sein.

Vizeweltmeister Anatoli Karpow Foto: Michael Kupferschmidt, Basel

Dann ist es endlich soweit: 10. Runde, Karpow gegen Kasparow, genau die hundertste (Turnier-) Partie dieser beiden! Karpow hat nur noch eine kleine theoretische Chance: wenn er beide, nämlich in der Schlußrunde auch noch Ljubojevic, schlägt. Heikler ist die Aufgabe für den Weltmeister: Er muß damit rechnen, daß Ljubo in dieser Runde den nach gutem Start rapid abbauenden Larsen schlägt (wie es dann wirklich geschieht). Das heißt: auch er sollte versuchen, Karpow zu bezwingen, doch verlieren darf er dabei auf gar keinen Fall!

Karpow - Kasparow
Englisch (A 31)
1. d4 Sf6 2. c4 g6 3. g3 c5
Also kein „Zement-Indisch" mit c6/d5, wie in früheren Partien gelegentlich; offenbar in diesem Moment aus Kasparows Sicht turniertaktisch zu wenig ehrgeizig.
4. Sf3
Bitte kein Benoni oder gar Wolga-Gambit (nach 4. d5)!
4. ... cd4: 5. Sd4: Dc7
Die Schemastellungen, bei denen Weiß ohne viel Risiko probieren kann, Druck zu machen, will nun wiederum der Weltmeister nicht.
6. b3
Den Bauern c4 zu opfern ist Karpows Sache nicht.
6. ... Lg7 7. Lg2 d5!?
Gibt der Partie endgültig ein originelles Gesicht. Ist Kasparow in seinem Element? Immerhin: Bei den nächsten Zügen lief ihm die Zeit viel schneller davon als Karpow, und seine Fans hatten schon Grund zu etwas Sorge ...

8. cd5: Sd5: 9. 0–0
Natürlich nicht 9. Ld5:? Da5+ nebst Dd5:.
9. ... Dd7
Schwarz muß schon etwas künsteln, denn das natürliche 9. ... Sc6 10. Lb2, drohend Sb5, überläßt Weiß etwa nach Sd4: 11. Ld4: Sf6 das eindeutig freiere Spiel.
10. Lb2 0–0 11. Dc1
Der Turm auf d1 soll die Dame anvisieren; aber vielleicht war das einfache Dd2 nebst Td1 noch stärker.
11. ... Td8 12. Td1 Sc6 13. Sc6:
Hier wurden in Brüssel wilde Verwicklungen nach 13. Sb5!? Lb2: 14. Db2: analysiert mit der Hauptvariante Df5 (Timman) 15. S1c3 (15. e4 Df6, da auf 16. e5 einfach Se5:, drohend Sf3+, geht) Sc3: 16. Dc3: Db5: 17. Lc6: Td1:+ 18. Td1: Db6 und unklarem Spiel, bei dem Schwarz aber noch beweisen müßte, daß er wirklich ausgeglichen hat. Karpow sucht, typisch für ihn, einen kleinen Vorteil ohne Risiko.

13. ... Dc6: 14. Dc6: bc6: 15. Lg7: Kg7: 16. Tc1
Diese Züge sind offenbar kritisch, denn danach hat Weiß nichts mehr. In Brüssel glaubte man, daß 16. Sc3 (schwächer 16. e4 Lg4! und falls 17. f3? Se3!) zu Varianten führt, wo Weiß meist unter günstigeren Umständen einen Bauern gewinnt; doch Kasparow ist in neueren Analysen der Meinung, daß Schwarz dennoch genügend Spiel bekommt, und er empfiehlt statt des Damentauschs 14. Sc3 mit leichtem Vorteil für Weiß.
16. ... Lg4 17. Kf1 a5
Der Bc6 interessiert ihn nicht; nach 18. Tc6: Sb4 19. Tc1 Tac8 dringt ein schwarzer Turm auf die 2. Reihe ein.
18. h3 Le6 19. Sc3 Sc3: 20. Tc3: Td2 21. Tc6: Tad8 22. Tcc1 Tb2 23. Tcb1 Tdd2 24. Tb2: Tb2:
Jetzt ist der weiße Mehrbauer völlig lahmgelegt; es droht evtl. auch einmal Lb1. Weiß hat nur eine Chance, nämlich e2 zu decken und mit dem König nach c1 zu laufen; doch das dauert.
25. Ke1 Lf5 26. Kd1
Verhindert immerhin Lb1 wegen Kc1.
26. ... g5 27. Ld5
Mit der Absicht Lh3:? 28. Le4 nebst Ld3 und Kc1.
27. ... Kf6 28. Lc4 e6 29. g4 Lg6 30. a4 Ke5 31. Tc1 Kd4
Allmählich sieht es schon eher bedrohlich für Weiß aus, und das spürt wohl auch Karpow, der unter Rückopfer schleunigste Vereinfachung ansteuert.
32. Lb5 Tb3: 33. Tc4+ Ke5 34. Tc7 Th3 35. Ta7 Kd4 36. Kd2
Nach 36. Ta5:? Kc3 und falls 37. e3 Ld3 käme Weiß tatsächlich in Mattgefahr.
36. ... Th2 37. f3 h5 38. Ta5: hg4:
Ein Bauer ist ein Bauer; völlig unklar wäre h4 39. Ta8.
39. fg4: Tg2 40. Lc6 Tg4: 41. Tb5
Kasparow meint, daß 41. Lf3 besser war (drängt den schwarzen Turm auf ein ungünstigeres Feld und stsellt den Läufer sicher), wogegen Schwarz im Text nach 42. ... f6 und falls 43. a5 Kc5 nebst evtl. Ta4 weiter auf Gewinn spielen konnte.
41. ... Kc4 42. Tb7 Tg1 43. Le8 Ta1 44. Lf7: Lf7: 45. Tf7: Ta4: 46. Tg7 Ta5 47. e3 Ta2+ 48. Ke1 e5 49. Tg5: e4 50. Tg8 Kd3 51. Tb8 Te2+ 52. Kf1 Tc2 53. Ke1 Remis; (die Buchstellung nach Ke3: 54. Tb3+ sollte selbst ein Amateur kennen).
Das wirft den Weltmeister vorerst einen halben Punkt hinter Ljubojevic zurück. Aber wie zu erwarten war: Ljubojevic - Karpow in der Schlußrunde wird ein kurzes Salonremis, da Karpow keine Chance mehr hat und Ljubo damit zumindest der geteilte erste Preis sicher ist. Klare Fronten also für Kasparow: Wenn er Tal schlägt, hat er den Jugoslawen wieder eingeholt - doch Tal ist ein keineswegs bequemer Gegner für ihn; es heißt, gegen

ihn habe der Weltmeister noch nie in einem Turnier gewonnen. Etwa jetzt „auf Bestellung"?!

Kasparow -Tal
Nimzowitsch-Indisch (E 48)
1. d4 Sf6 2. c4 e6 3. Sc3 Lb4 4. e3 0–0 5. Ld3 d5 6. cd5: ed5: 7. Sge2 c5 8. 0–0 Sc6 9. a3 cd4: 10. ed4: Lc3:?!
Die Frage, wo Schwarz einen Fehler gemacht hat, blieb anfangs höchst unklar. Das Bulletin meint, nach dem Tausch sei es zweifelhaft, daß Schwarz ein Mittelspiel mit gleichen Chancen erreichen kann, gibt aber keine Verbesserung an. Inzwischen spielte Tal diese Variante selbst mit Weiß, nämlich gegen Sax beim Interzonenturnier in Subotica; und der Ungar stand nach 10. ... Ld6 zwar in dieser Remispartie zwischendurch kritisch, doch nach Meinung Tals nicht aufgrund der Eröffnung, sondern aufgrund eines späteren Fehlers. Vielleicht kommt daneben auch 10. ... Le7 in Frage.
11. bc3: Se7
Offenbar glaubte Schwarz auf seinen Läufer verzichten zu können, weil ihm nach Lg5 das Entfesselungsmanöver Sg6 nebst h6 zur Verfügung steht; doch da wird er enttäuscht.
12. Dc2
Den Abtausch Lf5 läßt Weiß natürlich nicht zu, denn Schwarz hat nun auch Schwierigkeiten, den Lc8 sinnvoll zu verwenden.

12. ... Ld7 13. Lg5 Sg6 14. f4 h6
Schwarz darf f5 nicht ohne weiteres zulassen; auch jetzt wäre zwar 15. f5 möglich, doch Kasparow braucht sich gar nicht auf Verwicklungen einzulassen.
15. Lf6: Df6: 16. f5 Se7 17. Sg3
Nun kann Schwarz auf Dauer kaum verhindern, daß f6 seine Königsstellung sprengt; die Idee Sh5 ist offensichtlich.
17. ... Sc8 18. Tf4 Sd6
Das Bulletin schlägt g5 vor, doch Tf2 nebst Sh5 und f6 sieht auch dann böse aus. Kasparow weist noch auf folgenden Witz hin: 18. ... Dd6 (um dank des Tempogewinns selbst zu f6 zu kommen, aber ...) 19. f6! Df4:? 20. Lh7+ Kh8 21. fg7:+ Kg7: 22. Sh5+.
19. Df2 Tfe8 20. Sh5 Dd8
Die Dame muß zurück, denn Dg5 wird einfach mit 21. h4! gekontert (Dh5:? 22. g4).
21. Sg7:!
Kurz und bündig. Kg7: 22. f6+ nebst Dh4 ist eindeutig hoffnungslos.
21. ... Se4 22. Le4: Te4: 23. f6 Kh7 24. Te4: de4: 25. Df4 Lc6 26. Te1 Df8 27. c4 Da3: 28. Sf5 Df8 29. Te3 Ld7 30. Tg3 Lf5: 31. Df5:+ Schwarz gab auf (Kh8 32. Tg7).
Geteilter Turniersieg also für Kasparow und Ljubojevic, ganz deutlich vor Karpow und dem Rest des Feldes - siehe Tabelle!

Erst recht in seinem Element ist der Weltmeister aber bei der „S.W.I.F.T.-Blitzweltmeisterschaft" - doppelrundig mit zwölf Teilnehmern, dabei Dr. Hübner und Sosonko statt der zwei Belgier; also wirklich ein Feld der Superklasse. Kasparow räumt erst einmal alles ab (9:0-Startserie!!), trifft dann ab und zu auf härteren Widerstand, gewinnt aber immer noch deutlich trotz zweier Niederlagen gegen Short und Ljubojevic. Überraschend, daß Timman dem Rest gegenüber einen so deutlichen Vorsprung herausspielt.
Endstand: 1. Kasparow 17 (aus 22); 2. Timman 15; 3./4. Karpow, Ljubojevic 12,5; 5. Dr. Hübner 12; 6./7. Kortschnoi, Short 11; 8. Tal 10,5; 9./10. Larsen, Sosonko 8; 11. van der Wiel 7,5; 12. Torre 7.
Es ist noch ein Play-Off der zwei Ersten angesetzt (anscheinend hofften die Veranstalter auf ein weiteres K gegen K-Duell); dabei schlägt Kasparow Timman mit 1,5 : 0,5 und bestätigt seine Extraklasse. Dank Sensorbrettern und Videoaufzeichnungen sind wohl zum ersten Mal nahezu alle Partien eines Blitzturniers für die Schachfans erhal-

	1	2	3	4	5	6	7	8	9	10	11	12	P.
1. Ljubojevic (YU)	■	½	½	½	1	½	1	½	1	1	1	1	8,5
2. Kasparow (SU)	½	■	½	½	½	1	1	1	½	1	1	1	8,5
3. Karpow (SU)	½	½	■	½	1	½	½	½	½	½	1	1	7
4. Timman (NL)	½	½	½	■	1	½	0	½	½	1	1	½	6,5
5. Kortschnoi (CH)	0	½	0	0	■	½	1	1	½	1	1	1	6,5
6. Tal (SU)	½	0	½	½	½	■	½	½	½	1	½	1	6
7. Larsen (DK)	0	0	½	1	0	½	■	½	1	0	1	1	5,5
8. van der Wiel (NL)	½	0	½	½	0	½	½	■	½	1	½	½	5
9. Torre (PHI)	0	½	½	½	½	½	0	½	■	½	½	1	5
10. Winants (BEL)	0	0	½	0	0	0	1	0	½	■	½	1	3,5
11. Short (ENG)	0	0	0	0	0	½	0	½	½	½	■	1	3
12. Meulders (BEL)	0	0	0	½	0	0	0	½	0	0	0	■	1

ten. Hier einige Kostproben: zwei klare Siege Kasparows gegen den Zweiten Timman und natürlich der alte „Evergreen“ gegen Karpow!

Kasparow - Timman

1. d4 e6 2. g3 c5 3. Sf3 cd4: 4. Lg2 e5 5. 0–0 d6 6. c3 dc3: 7. Sc3: Sf6 8. Lg5 Le7 9. Sd2 Sbd7 10. Sc4 Dc7 11. b3 h6 12. Sb5 Dc5 13. Sbd6:+ Kf8 14. Le3 Dc7 15. Tc1 Sg4 16. Dd5 1 : 0

Die zweite Partie stammt aus dem Play-Off, nachdem die erste remis ausgegangen war - also die letzte und entscheidende des ganzen Turniers!

Kasparow - Timman

1. d4 Sf6 2. c4 e6 3. Sf3 Lb4+ 4. Sbd2 c5 5. a3 Ld2: 6. Ld2: cd4: 7. Sd4: Sc6 8. Lc3 0–0 9. Tc1 Se4 10. e3 Db6 11. Ld3 Sc3: 12. Tc3: Sd4: 13. ed4: d6 14. 0–0 h6 15. b4 e5 16. c5 dc5: 17. dc5: Dc7 18. De2 Le6 19. Te1 f6 20. De4 Tfd8 21. c6 b6 22. Lc4 Lc4: 23. Dc4:+ Kf8 24. h3 Td4 25. De6 Te8 26. Df5 Kg8 27. b5 Ted8 28. De6+ Kh8 29. Tg3 T4d5 30. a4 Td4 31. Db3 T8d5 32. Da3 Tc5 33. Td3 Tcc4 34. Td4: Td4: 35. Df8+ Kh7 36. Tc1 Td8 37. Db4 Td4 38. Db3 e4 39. Dg3 Dg3: 40. fg3: Td8 41. g4 Kg6 42. Kf2 f5 43. Ke3 Kf6 44. gf5: Kf5: 45. Tf1+ Ke5 46. Tc1 Td3+ 47. Ke2 Td8 48. c7 Tc8 49. Ke3 Kd5 50. Tc6 Ke5 51. h4 Kd5 52. g4 Ke5 53. h5 Kd5 54. Tc1 Ke5 55. Tc4 Kd5 56. Tc1 Ke5 57. Tc2 Kd5 58. Td2+ Ke5 59. Td7 Kf6 60. Ke4: g6 61. Kd5 gh5: 62. gh5: Kg5 63. Kc6 Kh5: 64. Td8 1 : 0

Kasparow - Karpow

1. d4 Sf6 2. c4 e6 3. Sf3 b6 4. Sc3 Lb7 5. a3 d5 6. cd5: Sd5: 7. Dc2 Sc3: 8. bc3: Le7 9. e3 0–0 10. Ld3 h6 11. e4 c5 12. 0–0 La6 13. Lf4 cd4: 14. La6: Sa6: 15. cd4: Dc8 16. De2 Db7 17. Tfd1 Tfe8 18. Se5 Tad8 19. Td3 Lf6 20. Tad1 Sb8 21. Sg4 Lg5 22. Lg5: hg5: 23. e5 De7 24. De4 Sd7 25. f4 Sf8 26. fg5: Dg5: 27. Tg3

Kasparow scheint seinen Rivalen glatt überspielt zu haben; mit 27. Sf6+ gf6: 28. Tg3 (bzw. 27. ... Kh8 28. Th3+) ist er offenbar nicht mehr zufrieden. Doch in der nächsten Phase läßt er überraschend die Zügel schleifen und Karpow wieder Luft holen.

27. ... Sh7 28. Tf1 g6 29. Df3 Kh8 30. h4 Df5 31. De3 Dh5 32. Tf7: Tf8 33. Tf8:+ Tf8: 34. Sf2 Dh4: 35. Th3 Df4 36. Se4 De3:+ 37. Te3: Td8

Schwarz lebt schon wieder; doch 38. Sd6 sieht noch immer ganz gut für Weiß aus. Statt dessen

Im Vordergrund grübelt Garry Kasparow über seinen nächsten Zug nach, im Hintergrund spielen Anatoli Karpow (mit dem Rücken zum Betrachter) und Bent Larsen Foto: Michael Kupferschmidt, Basel

leistet sich Kasparow einen kaum glaublichen Blackout. Ein Druckfehler scheint es nicht zu sein, denn der weitere Verlauf stimmt!
38. Sg5??? Sg5: 39. Tc3 Td4: 40. Tc8+ Kg7 41. Tc7+ Sf7 42. Ta7: Td5 43. Tb7 b5 44. Kf2 Te5: 45. Kf3 Kf6 46. Kf4 g5+ 47. Kf3 Sd6 48. Tb6 Sc4 49. Tb8 Te3+ 50. Kf2 Kf5 51. Tb5:+ e5 52. Tc5 Tc3 53. a4 Kf4 54. g3+ Ke4 55. a5 Tc2+ 56. Kg1 Kf3 57. a6 Kg3: 58. Kf1 Se3+ 59. Ke1 Tc5: und nun spielte die Uhr Schicksal-Karpows Blättchen fiel!
Auch unter Weltmeistern kann es, wie man sieht, im Blitz drunter und drüber gehen ... (Die zweite Partie endete ohne dramatische Höhepunkte remis.)
Daß er den Sieg mit Ljubojevic teilen mußte, hatte der Weltmeister bestimmt nicht „eingeplant"; doch das wirkt aus der Ferne betrachtet wie eine Laune Caissas, denn seitdem gelang dem Jugoslawen kein annähernd gleich gutes Resultat. Unter dem Strich blieb für Kasparow ein satter Erfolg im Verhältnis zu seinem großen Rivalen: Er hatte Karpow um anderthalb Punkte distanziert (im Blitz noch deutlicher) und in der direkten Partie einmal mehr dessen bevorzugten Stil als „gewinnuntauglich", selbst mit Weiß, entschärft. Die generell blasse Vorstellung des Exweltmeisters gab den Kasparow-Fans Auftrieb: wie will dieser Karpow in der WM überhaupt eine Partie gewinnen? - so fragten viele jetzt wieder. Mag sein, daß der Champion - siehe auch seine früheren Hamburger Äußerungen - allmählich selbst an seine Unschlagbarkeit zu glauben begann.

Nationalteam ohne Chance gegen Kasparow

Und schon ließ er die nächste Show abrollen: Sein durchschlagender Sieg im Uhrensimultan-Rückkampf gegen den HSV hatte ihn offenbar kühn gemacht. Nun sollte ein komplettes Nationalteam aus Titelträgern der Gegner sein! Am 1. Mai trat in Zürich eine Schweizer Auswahl, zwar ohne Kortschnoi, doch immerhin mit fünf IM und einem FM (ELO-Schnitt annähernd 2400) gegen den Weltmeister an. Wer glaubte dieser habe sich nun doch übernommen, konnte bald nur noch staunen: Den Schweizern erging es nicht besser als dem HSV - mit 5,5 : 0,5 wurden sie erbarmungslos gerupft. Kasparow hatte sein übliches Programm absolviert: einen Tag lang mit „ChessBase" Partien studiert (ungefähr 500, wie es hieß), Stärken und Schwächen notiert und dann seinen Schlachtplan gemacht. Der traf wieder einmal voll ins Schwarze. IM Wirthensohn zum Beispiel hatte das Pech, daß Kasparow in seinem Stil gutes Positionsverständnis, aber ein paar Unsicherheiten bei Angriffen des Gegners entdeckte. Wasser auf die Mühlen des Weltmeisters: Er werde Wirthensohn einfach umrennen, soll er selbstbewußt prophezeit haben. In der Tat brach ein Wirbelsturm über die Schweizer Nr. 2 herein - eine Partie, die bei jedem Turnier reif für den Schönheitspreis hätte sein können.

Kasparow - Wirthensohn
Nimzowitsch-Indisch (E 44)
1. d4 Sf6 2. c4 e6 3. Sc3 Lb4 4. e3 b6 5. Ld3 Lb7 6. f3 Sh5?!
Natürlich nicht allein wegen der Drohung Dh4+, sondern mit der Idee f5; doch das wirkt etwas umständlich, zumal der Sh5 nicht mehr auf gute Felder kommt. Besser scheint das bekannte 6. ... c5.
7. Sh3 f5 8. Ld2 0—0 9. De2 c5 10. d5!?
Ein Bauernopfer, dessen Annahme den weißen Läufern sehr zustatten kommt. Man müßte prüfen, ob Schwarz mit e5 die Stellung blockieren konnte.
10. ... Lc3: 11. Lc3: ed5: 12. 0—0—0 De8
Nicht dc4: 13. Lc4:+ d5 14. e4.
13. Thg1 dc4:?
Das öffnet auch jetzt dem Angriff alle Schleusen. Die Rückgabe des Bauern mit d4 14. ed4: De2: 15. Le2: ist auch kein Ausgleich, aber Sc6 14. cd5: Se5 scheint einen Versuch wert.
14. Lc4:+ Kh8
14. ... d5 15. Td5:!
15. g4 fg4: 16. Tg4:

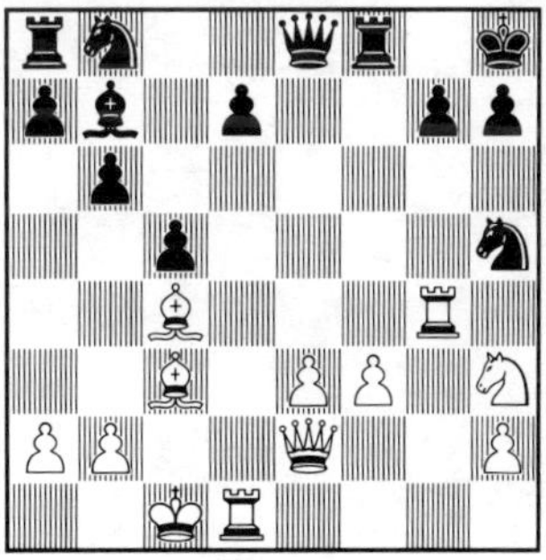

Das Hauptfeuerwerk würde jetzt nach 16. ... Lf3: gezündet: 17. Tg7:!! Sg7: (Le2: 18. Tg8 matt) 18. Tg1! und die Dame ist erneut nicht zu nehmen wegen Lg7: matt. Auf 18. ... De7 hatte Kasparow geplant 19. Tg7: Dg7: 20. Lg7:+ Kg7: 21. Dd3 und

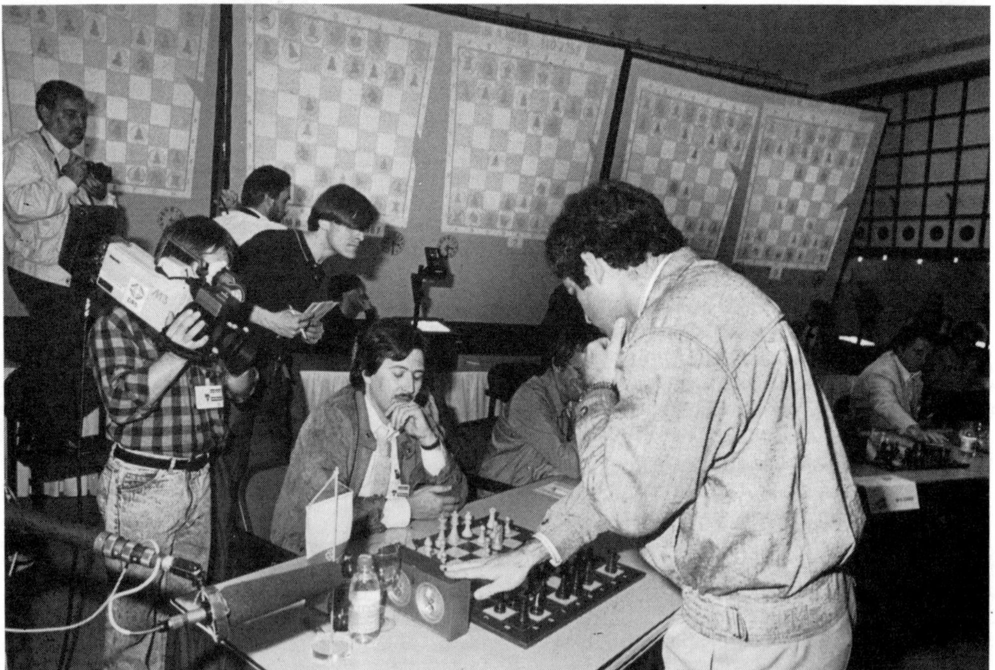

Garry Kasparow bei der Vorbereitung am Computerprogramm (oben) und beim Beginn der Uhrensimultanvorstellung
Foto oben: Michael Kupferschmidt, Basel

Während des Wettkampfes - manchmal mußte sich Weltmeister Garry Kasparow (Bild unten) niedersetzen
Fotos: Michael Kupferschmidt, Basel

Schwarz hat materiell noch nichts weniger, kommt aber nun wegen des eingeklemmten Damenflügels nicht mehr mit heiler Haut davon; es droht z.B. 22. Ld5 oder 22. Sg5, da h7 gar nicht zu decken ist (auf Th8 gewinnt Dc3+ den Turm).

16. ... Sf6 17. Tdg1! Sg4: 18. Tg4: Tf6 19. Lf6: gf6: 20. Tg8+ Dg8: 21. Lg8: Kg8: 22. Dc4+ Kf8 23. Dh4 Kg7 24. Sf4 Sc6 25. Sh5+ Schwarz gab auf; etwas für Ästheten wäre noch Kg6 26. Dg4+ Kh6 27. Dg7+ Kh5: 28. Dh7:+ Kg5 29. h4 matt.

Dramatisch ging es am dritten Brett zu; dem einzigen, wo sich der Weltmeister ernstlich seiner Haut wehren mußte.

Züger - Kasparow

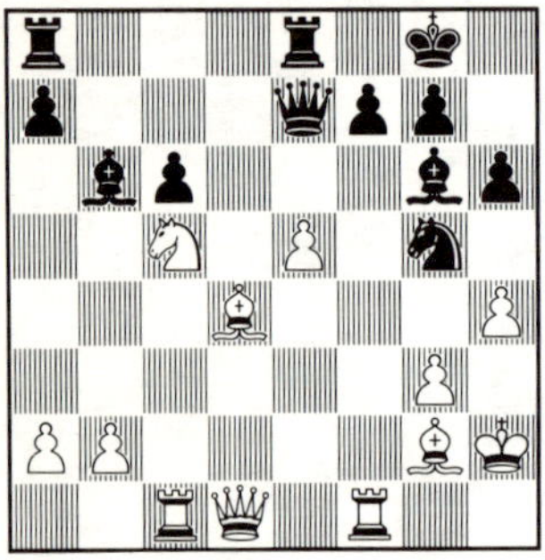

Da auf g5 und c6 (mit Gabel) größere Stücke hängen, muß Schwarz alle Brücken abbrechen.

24. ... Tad8 25. hg5: Dg5: 26. Da4 Dh5+ 27. Kg1 Te5: 28. Le5: De5:

Schwarz hat nun einen vollen Turm weniger; doch wegen des gefesselten Sc5 und verschiedener Angriffsideen (z.B. Td2) ist höchst unklar, ob Weiß das Materialplus verwerten kann.

29. Db4

Er will gewinnen; bei 29. Dc6: hätte Kasparow nach allgemeiner Ansicht Remis durch Td6 30. Dc8+ Td8 usw. halten müssen. 29. Dc4 hätte den Nachteil, daß wichtige Felder nicht gedeckt sind und Schwarz 29. ... Td2 oder sogar 29. ... Db2:!? (Kasparow) ziehen kann.

29. ... Td3 30. Tf2 Tg3: 31. Df4 Tg2:+! 32. Kg2: Dd5+ 33. Kg3

Nicht 33. Df3? Dg5+ und der Tc1 ist weg.

33. ... Lc5: 34. Td2 Dh5 35. Dg4?

Zeitnot oder Ehrgeiz? 35. Th2 Dd5 36. Td2 usw. ist ein klares Remis. Jetzt kann Weiß aus der schwarzen Hängestellung des Lc5 kein Kapital schlagen, und die Läufer bringen seinen schutzlosen König zur Strecke.

35. ... De5+ 36. Df4 De7 37. Tc3 Lb6 38. Kg2 De1 39. Tc1 De6 40. Dg3 Le4+ 41. Kh2 Df5 und Weiß überschritt die Zeit. Die Drohung Dh5+ 43. Dh3 Lc7+ sieht ohnehin tödlich aus.

Zum Schluß hieß es wie gesagt 5,5 : 0,5 für Kasparow - ein Resultat, das zuvor wohl jeder ins Reich der Fabel verwiesen hätte. Doch bei allen Triumphen hätte vielleicht ein Dämpfer zur rechten Zeit nicht schaden können. Die Prognosen des Champions wurden immer kühner; schon vor dem Match gegen die Schweiz wird aus seiner Pressekonferenz zitiert, „mit Leichtigkeit“ werde er die nächste WM gewinnen. „Ich bin von Natur aus stärker ... Um wieder Weltmeister zu werden, müßte er (Karpow) vier oder fünf Partien gewinnen, und das schafft er nie!“ (Schachwoche).

Pikanterweise gab übrigens Karpow fast zur selben Zeit ebenfalls eine Vorstellung in der Schweiz; kein großes Spektakel, aber eine saubere Leistung: +23,=2−2 in einem Simultan in Glarus gegen meist starke Turnierspieler.

Garry Kasparow Foto: Michael Kupferschmidt, Basel

Letzte kleinere Turniere vor der Weltmeisterschaft

Kasparow schaltete nach dem Züricher Uhrensimultan offenbar allmählich auf WM-Vorbereitung um: Im Ausland lieferte er keine bemerkenswerten Auftritte mehr. Zwei-, dreimal machte er noch Schlagzeilen in der UdSSR: Zum einen als in Moskau ein TV-Wettkampf veranstaltet wurde - drei Mannschaften mit je acht Spielern (bzw. bei den Damenteams je vier) und 45-Minuten-Partien. Bei den Männern gewann „standesgemäß" Kasparows Team; der Weltmeister selbst gewann gegen Beljawski und remisierte mit Tal, nachdem beide in dieser Partie buchstäblich die Uhr „kaputtgeblitzt" hatten. Hier Kasparows voller Punkt:

Kasparow - Beljawski
Orth. Damengambit (D 36)
1. d4 d5 2. c4 e6 3. Sc3 Sf6 4. cd5: ed5: 5. Lg5 Le7 6. e3 c6 7. Dc2 0–0 8. Ld3 Sbd7 9. Sge2 Te8 10. 0–0 Sf8 11. a3 g6 12. b4 Se6 13. Lh4 a6 14. f3 Sg7 15. Lf2 h5 16. h3 Sh7 17. e4 Lh4 18. Dd2 Lf2:+ 19. Tf2: h4 20. Lc2 Sh5 21. Sf4 Sf4: 22. Df4: Df6 23. Dd2 Le6 24. e5 Dg7 25. Sa4 Sf8 26. Dg5 Dh8 27. f4 f6 28. ef6: Lf7 29. Lg6: Lg6: 30. f5 Kf7 31. Sc5 Lh5 32. Sb7: Sd7 33. Sd6+ Kf8 34. Dh4: Sf6: 35. g4 Te7 36. g5 Td7 37. gf6: Td6: 38. Te1 Te8 39. Te8:+ Ke8: 40. Te2+ Kf8 41. Te6 Dh6 42. Td6: De3+ 43. Df2 Dh3: 44. Df4 1 : 0

Dann sah man Kasparow noch beim Empfang des Ordens „Rotes Banner der Arbeit", verliehen vom Obersten Sowjet, ein Zeichen, daß die neue Führung der Staatspartei trotz einiger Rätsel um den Fall Dubai offenbar dem Weltmeister zumindest wohlwollend gegenübersteht. Und schließlich trat er noch bei einem Jugendmannschaftsturnier als (mitspielender) Kapitän der Truppe aus Baku auf, die prompt den ersten Platz belegte.

Das war's dann auch. Mehr gibt es aus diesen letzten Monaten vor der WM zunächst noch von Karpow zu berichten: Gleich im Mai erschien er wiederum auf der Bildfläche, nämlich bei einem kleinen Turnier in Amsterdam, das alljährlich zum Gedenken an Hollands Schachidol Dr. Max Euwe ausgetragen wird. Mit nur vier Teilnehmern (doppelrundig) konnte natürlich von einem Großereignis nicht die Rede sein; doch immerhin - gegen Kortschnoi vor allem, aber auch gegen die ehrgeizigen Einheimischen Timman und van der Wiel stand für den Exweltmeister schon einiges Prestige auf dem Spiel. Er zog sich in bewährter Manier aus der Affäre: zwei Siege (gegen Kortschnoi und van der Wiel); vier Remis - das war der erste Platz zusammen mit Timman (je 4 Punkte), deutlich dahinter Kortschnoi (2,5) und van der Wiel (1,5).

Gegen Kortschnoi hatte Karpow in seiner Gewinnpartie eigentlich recht leichtes Spiel; nach der völlig verfehlten Öffnung des Zentrums mit e5 und ed4: bleibt Schwarz mit den Bauernschwächen auf d6 und b6 ein trostloses Endspiel:

Karpow - Kortschnoi
Bogoljubow-Indisch (E 16)
1. d4 Sf6 2. c4 e6 3. Sf3 Lb4+ 4. Ld2 c5 5. Lb4: cb4: 6. g3 b6 7. Lg2 Lb7 8. 0–0 0–0 9. Db3 a5 10. a3 Sa6 11. Sbd2 De7 12. Tfd1 d6 13. Se1 Lg2: 14. Sg2: Tfd8 15. Se3 De8 16. Dd3 e5 17. Se4 Se4: 18. De4: ed4: 19. De8: Te8: 20. Td4: Tad8 21. Tad1 Te6 22. Kf1 b3 23. Sd5 Sc5 24. Sb6: h6 25. f3 g5 26. T1d2 Kg7 27. Sd5 Sa4 28. Sc7 Tf6 29. Sb5 Kf8 30. Sd6: Tfd6: 31. Td6: Td6: 32. Td6: Sb2: 33. Td8+ Kg7 34. Tb8 Sc4: 35. a4 Kf6 36. e4 Ke5 37. Ke2 1 : 0

Seine dramatischste Partie in Amsterdam dagegen hätte Karpow fast verloren: van der Wiel setzte ihm eine undurchsichtige Opfervariante vor, die den Exweltmeister zwang, seine ganze Zähigkeit und Verteidigungskunst aufzubieten. Ein wenig Glück freilich mußte auch noch dazuhelfen ...

van der Wiel - Karpow
Caro-Kann (B 17)
1. e4 c6 2. d4 d5 3. Sd2 de4: 4. Se4: Sd7 5. Ld3 Sgf6 6. Sg5 e6 7. S1f3 Dc7
Einschläge auf e6/f7 scheinen in dieser Variante allgegenwärtig; bisher kannte man es in der Form 7. ... h6 8. Se6: De7 9. 0–0 fe6: 10. Lg6+ aus Geller-Meduna, Sotschi 1986. Diese Partie gewann Weiß; auch in Biel 1987 mußte Dr. Hübner gegen Campora mit derselben Folge einen herben Verlust einstecken. Karpows Wahl sieht aber nicht besser aus.
8. De2
Vor allem mit der Drohung 9. Sf7: Kf7: 10. Sg5+.
8. ... h6

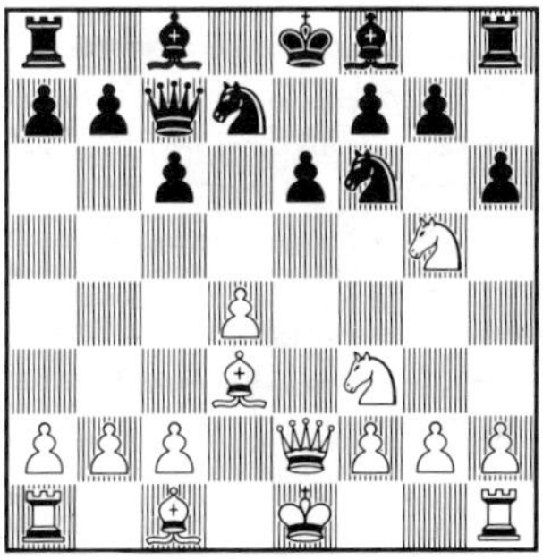

9. Lg6! hg5: 10. Lf7:+ Kd8

Katastrophal wäre Kf7:?? 11. Sg5:+ mit freier Mattauswahl, z.B. Ke8 12. De6:+ Le7 13. Df7+ Kd8 14. Se6 oder 11. ... Kg6 12. Dd3+, ebenfalls mit schnellem Exitus.

11. Sg5: Sb6 12. Le6:?!

Wer macht schon gern einen „Angstzug" wie 12. g3 mitten in einem schwungvollen Angriff - doch hinterher meinte van der Wiel, daß er so erst einmal in aller Gemütsruhe h2 decken und dann immer noch e6 wegnehmen konnte. Mit drei Bauern und Angriff hätte er sich reelle Gewinnhoffnungen machen dürfen.

12. ... Th2:! 13. 0–0 Th5

Karpow nimmt die Chance sofort wahr; nach 14. Sf7+ Ke8 hat Weiß nun kein gefährliches Abzugschach. Nach 15. Lg4+ Kf7: 16. Lh5:+ Sh5: 17. Dh5:+ Kg8 wäre von seinem Angriff nichts mehr übrig.

14. g3 De7 15. Te1 Tg5:

Klärt die Lage zu einem etwa ausgeglichenen Endspiel.

16. Lg5: Le6: 17. De6: De6: 18. Te6: Kd7 19. Tae1 Sbd5 20. Lf6: Sf6: 21. T6e5 b5 22. c3 a5 23. Kf1 a4 24. a3 Sd5 25. Tf5 Le7 26. Tf7 Tg8 27. Te2 Ke8 28. Tf5 Kd7 29. Tf7 Kd6 30. Kg2 Kd7 Remis

Bald nach Amsterdam war Karpow schon wieder für ein Turnier gemeldet, nämlich eins in Leningrad; er trat aber wegen Krankheit nicht an. Trotzdem sah man ihn im Juni nochmals auf der internationalen Bühne: In Bilbao nahm er an einem Turnier teil, das gewisse Berühmtheit erlangte; denn es war ein „gemischtes", mit den zwei stärksten Damen der Welt, Tschiburdanidse und Zsuzsa Polgar, neben einigen „Supergroßmeistern" und der einheimischen Elite - und die Damen schlugen sich gut. Am schlimmsten erging es Ljubojevic, der gegen beide verlor; doch auch Sokolow oder Andersson hatten sich vielleicht mehr als zwei Remis ausgerechnet. Karpow gab sich keine Blöße; er schlug Zsuzsa Polgar sowie sämtliche Spanier, und das reichte zum alleinigen Turniersieg.

1. Karpow (UdSSR) 7 P.; 2. Andersson (Schweden) 6,5 P.; 3./4. Tschiburdanidse (UdSSR), Ljubojevic (Jugoslawien) 5,5 P.; 5./6. Zs. Polgar (Ungarn), Sokolov (UdSSR) 4,5 P.; 7./8. Illescas, Ochoa (Spanien) 4 P.; 9. Fernandez Garcia (Spanien) 3 P.; 10. Izeta (Spanien) 0,5 P.

Das war dann auch Karpows letztes größeres Turnier, obwohl er für kleinere Veranstaltungen noch immer zu haben schien: Im August, also verhältnismäßig kurz vor der WM, gab er z.B. zwei Simultanveranstaltungen in Rom. Auf jeden Fall: Die Zeit, die beide, vor allem Kasparow, für ihre Vorbereitung aufwendeten, zeigt, daß sie wußten, in Sevilla stand ein Entscheidungskampf bevor ...

„Politische Partie"

Freunde waren sie nie – doch im letzten Jahr hatten sie sich einigermaßen wie Gentlemen benommen. Und diesmal gar ging es schon fast verdächtig ruhig zu vor der WM: Kein Streit über Schiedsrichter und Austragungsort; nicht einmal Krach mit Campo. Manchen war das auch wieder nicht recht: Sollte es nicht einmal das kleinste Skandälchen geben, mit dem man ein wenig Schlagzeilen rund um dieses Match anrühren konnte?!

Dann packte Garry den Hammer aus. Insider hatten schon lange gewittert und gemunkelt, daß etwas Größeres bevorstand. Dann lag es genau zur WM bzw. zur Frankfurter Buchmesse auf dem Tisch, als Vorabdruck schon früher erschienen im SPIEGEL: „Politische Partie" vom Droemer & Knaur Verlag München, in der Tat die bisher aggressivste, um nicht zu sagen brutalste Abrechnung des Weltmeisters mit allen seinen Gegnern bzw. mit denen, die er dafür hält. Vermutlich den journalistischen Schliff besorgte der Londoner „Observer"-Chefredakteur Trelford.

Zweifellos ist das Buch ein „Muß" für Schachfans; es liest sich interessant, nicht so sehr der kraftvollen Verbalinjurien wegen, sondern weil verschiedene Dinge bisher nur vage bekannt oder spekulativ waren (z.B. daß Kasparow über mächtige Gönner in der Parteispitze verfügte, die sein für Sowjet-Verhältnisse höchst riskantes Auftreten deckten, besonders als er sein erstes provokatives SPIEGEL-Interview gab); manches wirkt auch völlig neu, etwa wenn Kasparow seine Ansicht darlegt, das Hickhack um sein fast gescheitertes Kandidatenmatch gegen Kortschnoi sei ein abgekartetes Spiel seiner Gegner gewesen, um letztlich ihn selbst auszubooten und Karpow einen neuen Triumph über den an Spielstärke nachlassenden Abtrünnigen zu verschaffen. Auch in punkto Persönliches bzw. Autobiographisches dürfte das Buch vielen noch Neues bieten.

Im Grund freilich trifft man immer wieder auf Kasparows Lieblingsmotiv: er, der strahlende Held, der mit anfangs nur wenigen Getreuen furchtlos die finstere Schachmafia um Karpow und Campomanes, die den Welt- wie auch den sowjetischen Verband beherrscht, zum Kampf fordert. Daß er noch nicht gewonnen hat, scheint der Weltmeister inzwischen selbst einzusehen, wenn er meint, er werde nicht aufhören zu kämpfen, bis ... Doch ansonsten plagen ihn genausowenig Selbstzweifel wie bei seinen Prognosen für Sevilla. Selbst der Kasparow wahrlich gewogene SPIEGEL sah sich veranlaßt zu schreiben: „Es ist ein überaus egozentrisches Buch, weit stärker noch

als es bei einer Autobiographie von vornherein zu vermuten ist. Wie im Schach gibt es für Kasparow auch im Leben nur schwarze und weiße Figuren: Die einen sind gegen, die anderen für ihn."
Brisanz bringt ins Spiel, daß Kasparow diese Weltsicht auch auf die politische Ebene überträgt. Er und seine Freunde, das sind die Anhänger des fortschrittlichen Gorbatschow; alle anderen gehören für ihn zu einer abgewirtschafteten, selbstsüchtigen Clique, die man von den Futtertöpfen der Macht verjagen muß. Für Kompromisse bleibt da kein Platz. Im Moment gibt zwar Gorbatschow den Ton an – aber sollte er scheitern, bleibt dann Kasparow etwa doch nur der Weg in den Westen?! Kaum vorstellbar, daß seine Gegner dieses Buch vergessen werden, sollten sie das Ruder erneut in die Hand bekommen ...
Überhaupt hat man in Schachkreisen vor allem eins diskutiert: Warum solch ein Buch zu diesem sicher nicht zufälligen Zeitpunkt? Sah Kasparow wirklich kein Risiko, sich so hervorzuwagen, für den Fall, daß er den Titel und damit auch an Einfluß verliert? Oder gab es diesen Fall in seinen Planungen gar nicht? Oder dominierte der Aspekt des Psycho-Kriegs, wollte der Champion die Öffentlichkeit mit neuen „Enthüllungen" über den ohnehin unpopulären Herausforderer wieder für sich mobilisieren? Leider hat man Kasparow, so weit bis jetzt bekannt ist, zu diesem Komplex noch nicht wirklich kritisch befragt.
Nur eins stand für alle Beobachter fest: Das persönliche Verhältnis der zwei Schachgiganten, das im letzten Jahr wieder etwas „repariert" schien, war auf einem neuen Tiefpunkt angelangt. Der Filmtitel „Duell ohne Gnade", auf ein fiktives Match nach bekannten unseligen Vorbildern gemünzt, schien plötzlich wie für Sevilla geschrieben ...

Vor dem Match

So viel also ist klar: Die Zeichen stehen auf Sturm; eine Entscheidungsschlacht ist angesagt. Schon allein deswegen, weil es bis 1990 keine WM mehr geben soll. Ergo: Wer diesmal gewinnt, sitzt drei Jahre auf dem Thron – das heißt nicht nur fette Kasse bei Schachturnieren und Schauveranstaltungen über lange Zeit hinweg, sondern auch die Chance, den Machtkampf zu entscheiden, der allen Anzeichen nach noch immer in der Schwebe hängt. Dabei brennt Karpow die Zeit weitaus mehr auf den Nägeln als seinem Rivalen: Scheitert er wieder, wird er beim nächsten Titelkampf (wenn er sich qualifiziert) schon fast 40 sein; kein Alter zwar, in dem man schlechter spielt, doch eines, in dem man nicht mehr allzuviel zuzusetzen hat. Ganz anders der dann noch nicht einmal 30jährige Champion! Letzte Chance also; Alles-oder-Nichts-Situation für Karpow?!
Im letzten Moment hört man dazu selbst von Kasparow neue Töne. Schon in Sevilla erklärt er dem ZDF: „Karpow weiß sehr wohl, daß dies seine letzte Chance ist, den Titel zurückzuerobern, und er wird wie ein Löwe kämpfen, vielleicht sogar wie ein verwundeter Löwe." Er spricht davon, daß es ein harter Kampf werden und ihn viel Kraft kosten wird. Und: „Man sollte sich jedoch über die Stärke des Gegners im klaren sein. Ein Übermaß an Selbstvertrauen ist eine tödliche Gefahr ..." Doch fast zugleich erscheinen auch immer noch Interviews, z.B. im SPIEGEL, in denen der Champion ganz im Stil früherer Äußerungen keine besonderen Probleme sieht, Karpows Zeit für vorbei hält und schon davon spricht, höchstens der 12jährige Gata Kamski werde vielleicht einmal sein Nachfolger werden. Jusupow, Sokolow? Nicht, solange er, Kasparow, lebe.
Wie paßt das alles zusammen? Schwer zu sagen, zugegebenermaßen. Man könnte sich höchstens einen Reim darauf machen: Wenn Kasparow den Gegner korrekt einzuschätzen glaubt; wenn er auch dessen Kampfstärke und Siegeswillen anerkennt – hält er es dann vielleicht in seinem Innersten schlicht und einfach für die objektive Wahrheit: Karpow ist stark; aber so gut wie er auch spielen mag, gegen mich hat er doch keine Chance?
Die breite Öffentlichkeit bestärkt ihn darin – da geht es meist nur darum, wie hoch der Weltmeister gewinnt. Doch unter den Experten melden sich immer mehr warnende Stimmen. Ex-Weltmeister Spassky, bestimmt kein Freund Karpows (er erfand die Unperson „Karpomanes" im Zorn über deren Regiment in der Schachwelt) gibt dem Herausforderer gute Chancen und sieht für Kasparow einen schweren Gang voraus. Der große alte Mann Michail Botwinnik, durch dessen Schachschule K&K gingen (Kasparow führt sie inzwischen mit Botwinnik zusammen weiter), warnt in orakelhaften Worten den Champion davor, „abzuheben": Wenn er für die Dauer des Matchs vergessen könne, daß er Weltmeister sei, werde er Weltmeister bleiben. Wenn er sich aber dessen zu sehr bewußt sei, könne er den Titel verlieren.
Weitere Skepsis kommt auf, als sehr ernsthaft noch wenige Tage vor Matchbeginn ein Auftritt Kasparows bei der Frankfurter Buchmesse diskutiert wird – normalerweise ein Unding für jemand, der sich hart auf eine WM vorbereitet. Der Termin platzt aber am Ende doch noch.
Karpow seinerseits hält sich wie immer vollständig

bedeckt. Auf Kasparows Buch angesprochen, weicht er diplomatisch aus: Er wolle es nicht kommentieren, weil er es nicht von Anfang bis Ende gelesen habe (wer's glaubt?). Dann wartet er aber doch noch mit einer etwas verblüffenden Deutung auf: Das Ganze sei Zeugnis für psychologische Schwäche und fehlendes Selbstbewußtsein.
Wenn es in diesen Tagen ein Thema in Verbindung mit Karpow gibt, dann wohl vor allem seine zweite Heirat, nicht lange vor dem Match. Larsen etwa meint, so kurz nach der Hochzeit könne man unmöglich gut spielen. Andere sind sich da nicht so sicher. Als Frau Natalja schließlich in Sevilla auftaucht, gewinnt sie schnell Sympathien, und die meisten vor Ort glauben, daß sie einen guten Einfluß auf Karpow hat. Da auf Kasparows Seite natürlich wie immer Mutter Klara mit von der Partie ist, hat diesmal jeder seine Dame – und für die Journalisten gibt es etwas zu schreiben, wenn ihnen sonst gar nichts einfällt: wo beide sitzen, ob sie sich anschauen oder nicht und so weiter ...

An „Futter" für Berichte fehlt es aber anfangs bestimmt nicht – leider muß man fast sagen, denn den Organisatoren widerfährt manch Peinliches, das zuweilen den Eindruck hervorruft, es gehe zu wie in irgendeiner Provinz. Die Eröffnungsfeier wird als ebenso kurz wie glanzlos beschrieben; von einer Show wie in London oder von hochkarätigen Gästen keine Spur. Dafür ist kein Mangel an Handwerkern, die am Tag vor der Eröffnung anscheinend mit Mühe und Not eben noch mit der Arbeit im Lope-de-Vega-Theater fertig werden. Unvermeidliche Folge: Ein würzig-aromatischer Farbgeruch, der dem Weltmeister so unangenehm in die Nase steigt, daß er Protest einlegt. Von der erschröcklichen Moritat mit der Katze während der zweiten Partie wird noch später die Rede sein. Die Werbung läuft zäh bis gar nicht; z.B. der ZDF-Korrespondent kann im Straßenbild Sevillas kaum einen Hinweis, nur vereinzelte Plakate entdecken. Entsprechend bescheiden die Zuschauerzahlen, die von den ersten Partien überliefert werden. Dabei ist das Interesse draußen in der Welt riesig: Von Übertragungen in 300 Millionen Fernsehhaushalte wird gesprochen. Man verlegt noch kurzfristig den Beginn der Partien von 17 auf 16.30 Uhr vor, um vor allem in Europa die Berichterstattung zu erleichtern. In Deutschland gibt es allein wieder zwei Fernsehserien: wöchentlich Dr. Helmut Pfleger in den 3. Programmen und für Kabelfernseher an jedem Spieltag Eric Lobron im 3-SAT (gemeinsam von ZDF, ORF, SRG betrieben). Aus Sevilla berichtet für die deutschen Medien Eugen Kurz, früher Mitglied der Meistermannschaft von Königsspringer Frankfurt, von dessen Informationen auch dieses Buch einiges profitieren konnte.
Die Organisation kommt übrigens nach dem ärgerlichen Fehlstart bald in Schwung. Bei der 7. Partie ist das Haus, wie es heißt, erstmals ausverkauft: Spielsaal und Analyseraum mit zusammen über 1000 Plätzen. An Kommentatoren hat man herangeschafft, was gut und teuer ist: anfangs Spassky und Andersson; für später sind Timman, Tal, Kortschnoi, Tschiburdanidse und andere eingeplant. Die zwei Matadore selbst geben oft nach den Partien noch TV-Interviews. Am Rande bemerkt: Als Ereignis von Seltenheitswert greift sich sogar die Fernsehwerbung einen Schachmeister (nachdem Bobby Fischer von solchen Ansinnen, die ihm Millionen gebracht hätten, nichts wissen wollte)! Kasparow erscheint auf spanischen Bildschirmen in einem Spot für die Tonic-Waters der Firma Schweppes.
Mit Geld geht man bei dieser WM offenbar nicht kleinlich um: Der offizielle Preisfond beträgt umgerechnet ca. 3,3 Millionen Mark; die Gesamtkosten aber werden auf ca. 10 Millionen geschätzt. Ärger gibt es wieder einmal um die FIDE-Funktionäre. Campo und Vizepräsidenten bekommen an sich schon ein erkleckliches Sümmchen; aber dennoch und trotz Suite im Fünf-Sterne-Hotel ist der „Big Boss" nicht zufrieden: Er hätte gern noch eine Art Allmachtsbonus, nämlich essen und trinken zu dürfen, wo, was und wann immer beliebt. Da werden selbst die großzügigen Spanier sauer.
Keine Diskussion gibt es um die Leute, die nun einmal unbedingt dazugehören: Zum Beispiel das Schiedsrichterteam. Dessen Chef heißt diesmal Geurt Gijssen, der sich in Brüssel einen Namen gemacht und offenbar auch die Zustimmung beider Seiten gesichert hat. Seine Assistenten: Wachesar (UdSSR) und Espejo (Spanien). Beide Spieler sind mit etwa zehn Mann Delegation angereist; darunter je vier Sekundanten, für Kasparow Dorfman, Nikitin, Sacharow und Azmajparashwili. Auf Karpows Seite stehen Saizew, Ubilawa, Lerner und Podgajec. Wie üblich bewohnt jede Delegation ein Haus (in entgegengesetzten Stadtteilen); die Luxuslimousine für die Fahrten versteht sich dazu von selbst.
Nun aber endlich Vorhang auf zur ersten Partie!

Der Wettkampf in Sevilla

1. Partie

Ein großer Start – das ist wirklich die Ausnahme bei solchen Kämpfen! Langsam sich „einrollen", abtasten, die Nervosität in den Griff bekommen heißt die Parole auch diesmal. Gerade Kasparow, der sich vorher oft seiner Sache so sicher gab, rutscht nun doch während der ersten Züge recht lampenfiebrig auf seinem Stuhl hin und her ...

So ganz „ohne" ist das langweilig aussehende Herumlavieren dennoch nicht. Nach etwa 15 Zügen meinen so manche Experten, Karpow hätte etwas. Kasparow denkt lange nach und wirkt weiter beunruhigt, Karpow dagegen eher behaglich. Doch dann scheint er seine Chancen zu vergeben – und siehe da, schon bald spielt der Weltmeister tatsächlich viel flüssiger und selbstsicherer weiter. Die dreimalige Stellungswiederholung läßt nicht mehr lange auf sich warten.

Mit Interesse vermerkt: Remis wird nicht angeboten – Kasparow sieht sich nach Schiedsrichter Gijssen um und erklärt ihm, daß er die Stellung zum dritten Mal wiederholen werde. Unterschrift, Formulartausch ... und kein Händedruck, wie bei Karpow - Kortschnoi unseligen Angedenkens. Eiszeit zwischen den beiden Schachgiganten? Doch anscheinend sind nur die Nerven etwas überreizt: Vor der 2. Partie kehrt man mit kurzem Handschlag zur Normalität zurück.

Beginn des vierten Wettkampfs um die Weltmeisterschaft am 12. Oktober 1987 in Sevilla: Titelhalter Garry Kasparow und Herausforderer Anatoli Karpow (rechts). Die Auftaktpartie endete nach 30 Zügen remis.
Foto: Frits Agterdenbos, Amsterdam

1. Partie: 12.10.1987

Karpow - Kasparow
Grünfeld-Indisch

1. d4 Sf6 2. c4 g6 3. g3 c6 4. Sf3 Lg7 5. Lg2 d5 6. cd5: cd5:

Mit dieser symmetrischen Bauernstruktur im Zentrum kann Weiß nicht auf großen Vorteil spielen; aber Karpow konnte oft kleine Vorteile, die das Mehrtempo gibt, verwerten.

7. Sc3 0–0 8. Se5!

Nach 8. 0–0 Se4! hat Schwarz keine Probleme.

8. ... e6 9. 0–0 Sfd7 10. f4!

Die prinzipielle Entscheidung.

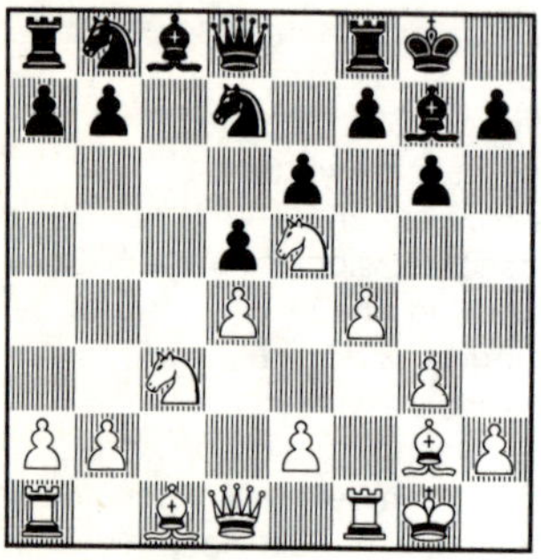

10. ... Sc6!

In der 13. Partie der WM-Revanche 1986 spielte Kasparow 10. ... f6 11. Sf3 Sc6 12. Le3 Sb6 13. Lf2 f5 (Kasparow gibt 13. ... Sc4? 14. e4! Sb2: 15. De2 Sc4 16. ed5: ed5: 17. Sd5:! an) 14. Se5 Ld7 mit etwas Druckspiel für Weiß. Ich glaube, daß ihm auch die Stellung nach 12. e4! (statt Le3) de4: 13. Se4: Sb6 14. Le3 Sd5 15. Lf2 nicht gefällt.

In meinem Artikel über das OHRA-Superturnier Brüssel 1986 (Schach-Report/DSBl. 3,1986) habe ich die Partie Kasparow - Nunn kommentiert. Dort geschah 10. ... Se5: 11. fe5: Sc6 12. e4!? de4: 13. Le3 f5 14. ef6: Tf6: 15. Se4: Tf1:+ 16. Df1: Sd4:? 17. Td1 e5 18. Sg5 und Schwarz gab auf. Die einzige Verteidigung war 16. ... Ld4: 17. Ld4: Sd4: 18. Te1 e5! (Kg7? 19. Df4 Sc6 20. Tf1 De7 21. Sg5) 19. Df6 Db6! (diese Stellung hat Kasparow bei seiner Vorbereitung nur mit der Folge 19. ... Df6:?! 20. Sf6:+ Kg7 21. Se8+ Kf8 22. Te5: analysiert) 20. Db6: (20. Kh1 Lg4 21. De5: Tf8) ab6: 21. Sf6+ Kg7 22. Se8+ Kf8 mit Ausgleich.

Darum ergibt sich die kritische Stellung nach (10. ... Se5: 11. fe5: Sc6) 12. Le3! f6 13. ef6: Tf6: (aber nicht Lf6:?! 14. Dd2 Ld7 15. Kh1 Tf7 16. Lg1 Le8 17. Tad1 Lg7 18. Tf7: Lf7: 19. e4! mit Vorteil für Weiß; Makarow - Glek, UdSSR-Spartakiade 1986) 14. Dd2 Ld7 15. Kh1! (mit der Idee Lg1 und e4) Tf1:+ 16. Tf1: De7

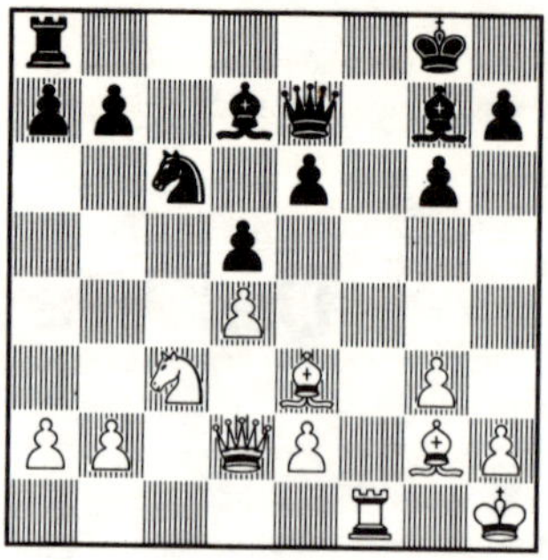

Analysediagramm

In Karpow - Timman, Amsterdam 1987, folgte 17. Td1 (auch 17. Lg1!? Td8 18. a3 Kh8?! 19. e4! de4: 20. Se4: Lc8 21. Le3 Tf8 22. Tf8:+ Df8: 23. b4 war vorteilhaft für Weiß; Ribli - Nunn, Dortmund 1987) Tc8 18. a3 Lf6 19. Lg1 Lg5?! 20. De1! Sd8 21. e4! de4: 22. De4: b6 23. d5 Lf6 24. Ld4 Ld4: 25. Dd4: Dg7 26. Dh4! und Weiß stand klar besser.

11. Le3 Sb6 12. Lf2 Ld7 13. e4! Se7 14. Sd7:!

Eine wichtige Verbesserung.

Nichts bringt 14. ed5: Sbd5: 15. Sd5: Sd5: 16. Db3 Lc6 17. Tac1 Da5 18. Tc5 Da6 mit Remis, Drasko - Z. Nikolic, Vrnjacka Banja 1987.

Etwas besser sieht 14. a4!? de4: 15. Se4: Lc6 16. a5 Sbd5 17. Db3 aus, aber nach 17. ... Tb8 18. Tfc1 a6 19. Tc4 Sc7 20. Sc3 Lg2: 21. Kg2: Scd5 stand Schwarz in Andersson - Hulak, Wijk aan Zee 1987, gut.

14. ... Dd7:

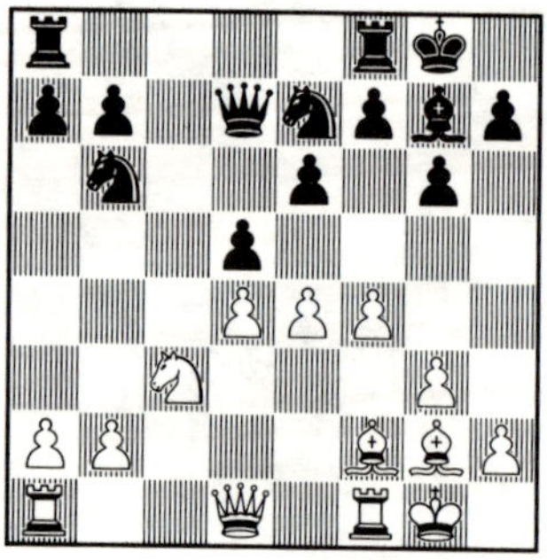

Weiß hat viel erreicht: Läuferpaar, e4 durchgesetzt. Ich glaube, daß er seinen Vorteil nach 15. Db3! Tfd8 (oder de4: 16. Se4: Sed5 17. Sc5 De7 18. Tfe1 Tfd8 19. Lh3 mit Initiative für Weiß) 16. a4! de4: 17. Se4: behaupten könnte.

15. e5?!

Mit diesem Zug (nur eine Minute!) verliert Karpow seinen Vorteil.

15. ... Tfc8! 16. Tc1

Nach 16. De2 ist Sa4! stark.
Auch 16. g4?! Lh6! 17. Lh4 (17. f5 gf5: 18. gf5: Sf5:) Sc6! sieht gut für Schwarz aus.

16. ... Lf8!
Nach 34 Minuten Bedenkzeit!
Schwächer war Tc7?! 17. g4 Lh6 18. Lh4 Sc4 (Sc6 19. Sb5) 19. De2 Tac8?! 20. Le7:! De7: 21. Ld5: oder 16. ... a6?! 17. b3 Tc7 18. g4 Lh6 19. Le3 Tac8 20. Dd2 drohend f4-f5.
„Kasparow war sich seiner schwierigen Lage bewußt, und seine Bedenken waren ihm deutlich anzusehen: unruhig rutschte er auf seinem Stuhl hin und her, mal nahm er seinen Kopf in die Hände, mal verschränkte er die Arme und schaute finster auf das Brett" schrieb „Schachmagazin 64".
Ich aber glaube, daß Kasparow nun mit seiner Stellung zufrieden war.

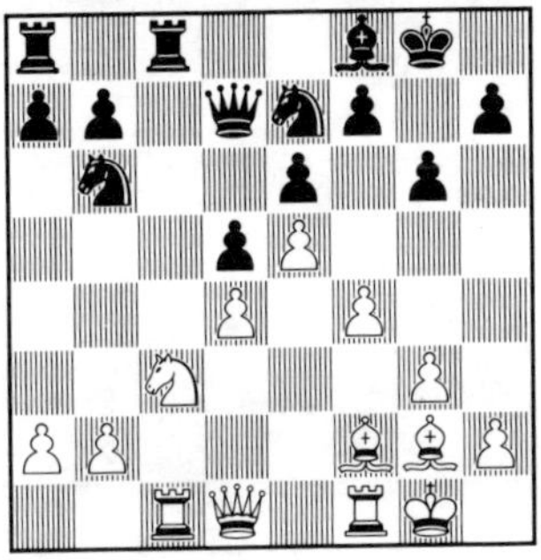

17. Lf3!
Nach 21 Minuten findet Karpow die beste Möglichkeit, auf Vorteil zu spielen.
Nichts bringt 17. b3 wegen Sc6! 18. Sb1 Sb4 und Weiß hat nichts Besseres als Zugwiederholung 19. Sc3 Sc6 20. Sb1.
Der „energische" Zug 17. g4?! gibt nach Lh6 18. Lh4 Sc6! (weniger genau ist Sc4 19. De2) besseres Spiel für Schwarz.
17. ... Tc7!
Er darf keine Zeit verlieren! Nach 17. ... a6 wollte Karpow 18. Le2 Tc7 19. g4! Lh6 20. Dd2 spielen mit der Idee 20. ... Sc4? 21. Lc4: Tc4: 22. Se4!.
18. b3
Nach 23 Minuten gibt Karpow den Plan mit g4 auf, denn nun ist 18. Le2 Tac8 19. g4 Lh6 20. Dd2 Sc4 21. Lc4: Tc4: nicht so günstig.
18. ... Tac8 19. Dd2 Sc6 20. Db2
Sicher nicht 20. Sb5? wegen Se5:!.
20. ... a6 21. Le2 De7 22. Sb1
Es drohte 22. ... Da3.
22. ... Sb4 23. Sc3 Sc6 24. Sb1 Sb4
Nun stehen beide gut - Ausgleich.
25. Tc5
Die letzte Demonstration.

25. ... Sd7 26. Tc7: Tc7: 27. Sc3 Sc6 28. Sb1 Sb4 29. Sc3 Sc6 30. Sb1 und Remis.

2. Partie
Es geht in die Vollen! Und wieder ist es Kasparow, wie im letzten Match mit Grünfeld-Indisch, der den ersten Knüller auspackt: eine gänzlich neue Eröffnung, 1. c4! Doch diesmal geht der Schuß nach hinten los. Zwar läßt sich Karpow viel Zeit (allein für den 1. Zug sechs Minuten), während der Weltmeister bis 9. f3 alles im Blitztempo aufs Brett wirft – doch man weiß nicht, ist der Herausforderer verblüfft oder will er den Gegner in Sicherheit wiegen? Denn die Partie steuert genau auf eine Fußangel zu, die Karpow, wie man später hört, schon für Kortschnoi seinerzeit präpariert hatte, der aber nicht hineingetappt war ...
Dann geht die Bombe hoch: 9. ... e3. Kasparow sitzt da, als hätte ihn der Schlag getroffen, 82 geschlagene Minuten lang, mit zunehmenden Zeichen von Unruhe. Der alte Kämpe Najdorf meint, er habe es nicht für möglich gehalten, daß ein so starker Spieler wie Kasparow so früh derart aus dem Konzept zu bringen sei. Ob der Zug wirklich gut ist – darüber wird man sich nicht einig. Jedenfalls holen sich Karpows Leute gemütlich ihre Bierchen, während Kasparows Chefsekundant Dorfman im Gesicht gerötet und besorgt wirkt.
Doch Kasparow fängt sich wieder halbwegs, zettelt mit dem 17. Zug gar ein Handgemenge an. Inzwischen verbraucht Karpow Zeit; beim 19. Zug stehen die Uhren bereits gleich. Noch immer scheiden sich die Geister; Spassky zum Beispiel meint, Karpow kämpfe ums Überleben. Mitten in der Dramatik wird's plötzlich, gut eine Stunde vor Schluß, geradezu lächerlich: Jämmerliches Miau im Spielsaal, offenbar aus dem Lüftungssystem, mal von da, mal von dort. Die Schiedsrichter gehen auf Katzenjagd – umsonst, es miaut weiter ...
Ob das Kasparows Nerven den Rest gibt? Ein paar Züge später steht er, nun für alle klar, auf Verlust; doch was kann in hochgradiger Zeitnot nicht alles passieren – nicht mehr als drei Minuten für 15 Züge hat jeder noch. Dann etwas Unglaubliches: Der Weltmeister vergißt nach dem 26. Zug die Uhr zu drücken! 2 Minuten 40 Sekunden, so Referee Gijssen, laufen Kasparow davon. Als er endlich merkt, was los ist, hängt sein Blättchen bereits fast – er schlägt auf die Uhr, faßt sich mit beiden Händen an die Stirn, schüttelt fassungslos den Kopf. Karpow macht kurz und kräftig dem Trauerspiel ein Ende. Es gibt keine Aufregung – vermutlich weil es auch kaum Zuschauer gibt. Nur Karpows

Frau Natalja macht Luftsprünge im Foyer, während Kasparows Mutter Klara Tränen in den Augen hat. Bestimmt nicht die beste, doch eine der dramatischsten Partien von K&K überhaupt!

2. Partie: 14.10.1987

Kasparow - Karpow
Englisch
1. c4
Zum ersten Mal nach 101 Partien zwischen den beiden Rivalen spielt Kasparow 1. c4; möglich, daß ihm Kortschnoi dieses empfohlen hat.
1. ... Sf6
Nach 6 Minuten. Was hat Karpow vor?
2. Sc3 e5 3. Sf3 Sc6 4. g3 Lb4 5. Lg2 0–0 6. 0–0 e4 7. Sg5 Lc3: 8. bc3: Te8 9. f3!
Nur durch ein starkes Bauernzentrum und die offene f-Linie kann Weiß die besseren Chancen bekommen.
9. ... e3!?

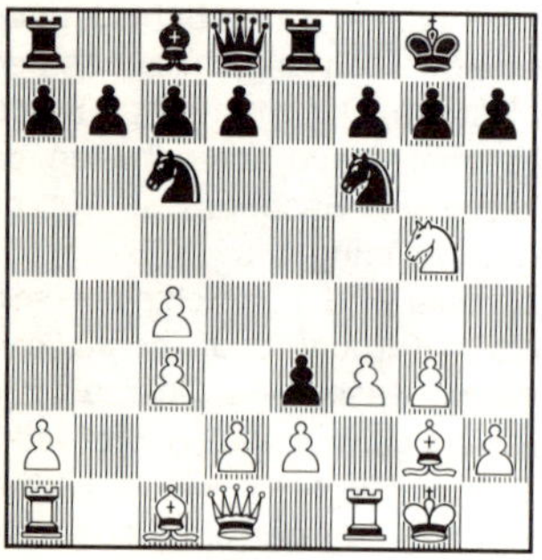

Ein neuer Zug und bestimmt eine Überraschung für Kasparow, weil er 82 Minuten nachdachte! Karpow hatte den Zug 9. ... e3 (nur 3 Minuten!) für das Match gegen Kortschnoi (Meran 1981) geprüft und „blufft" nun in dieser Partie erfolgreich.
10. d3!
Außerdem hatte Weiß zwei Möglichkeiten:
I) 10. d4 Sa5! (nach d5? 11. cd5: Sd5: 12. f4! steht Weiß besser, z.B. 12. ... Sc3: (h6 13. Db3) 13. Dd3 Se2:+ 14. De2: Sd4: 15. Dh5) 11. Dd3 b6 12.f4 La6! mit Initiative für Schwarz;
II) 10. de3: und nun:
A) 10. ... d5? 11. cd5:! (nicht schlecht sieht auch 11. f4 dc4: 12. Dd8: Sd8: 13. e4 h6 14. e5! aus) 11. ... Sd5: 12. f4! (aber nicht 12. Dc2? Dg5: 13. e4 De5 14. ed5: Sd4! 15. cd4: Dd4:+ 16. e3 Da1: 17. Lb2 Da2: 18. Dc3 f6 und Weiß hat für die Qualität nicht genügend Kompensation) und die Lage von Schwarz ist kritisch, z.B. 12. ... Sc3:? 13. Dc2 oder 12. ... Se3:? 13. Le3: Te3: 14. Lc6:;
B) 10. ... d6 11. e4 b6 (oder h6 12. Sh3 Le6 13. c5 dc5: 14. Dc2 mit der Idee Sf2 und f4) 12. f4 Lb7 13. e5! de5: 14. Dc2! und es ist wieder schwer, Schwarz Gutes zu raten;
C) 10. ... h6! 11. Sh3 Sa5! 12. Da4 b6! und Schwarz steht besser.
10. ... d5 11. Db3?!
Der kritische Moment der Eröffnung, und nur 2 Minuten!?
Was ist mit der Stellung nach 11. cd5: Sd5:? 12. Se4?! f5 13. c4 Sf6! (Sdb4? 14. Sc3 f4 15. gf4: Dd4 16. Lb2 Df4: 17. a3 Sc6 18. Sd5) 14. Sc3 Sd4 15. f4 c6, Gufeld oder 13. ... fe4:!? 14. cd5: ef3: 15. Tf3: Sd4 16. Te3: Lg4 17. Le4 c6!, Pachmann, sieht gut für Schwarz aus.
Ich glaube, die richtige Fortsetzung ist 12. Db3!

Analysediagramm

Die Pointe dabei ist, daß Weiß nach 12. ... Dg5: (oder Sa5 13. Da3) 13. f4 Sf4: 14. Tf4: Sd8 15. Le4 den Bauern e3 gewinnt und mit zwei Läufern besser steht.
11. ... Sa5! 12. Da3 c6
Nun gelingt es Karpow, den Punkt d5 zu halten.
13. cd5: cd5: 14. f4 Sc6!
Nach 22 Minuten!
Nun kommt es zu einem spannenden Duell. Karpow stellt seine Figuren planmäßig auf die richtigen Felder. Sein Plan ist Lg4, Dd7 (c7) und Tad8; er will nicht h7-h6 spielen, weil er der Meinung ist, daß der Springer g5 ohnehin zurück auf f3 muß. Kasparow dagegen will die Stellung mit dem Springer g5 taktisch lösen; er hat ein interessantes Figurenopfer im Auge.
15. Tb1
Nach 15. Sf3 könnte Karpow 15. ... Lf5 und 16. ... Dd7 spielen.
15. ... Dc7 16. Lb2
Nach 16 Minuten! Nun droht 17. c4 dc4: 18. Lf6: gf6: 19. Se4; deswegen hat Kasparow nur mit 16. ... h6 17. c4! hg5: 18. cd5: gerechnet ...

Hauptschiedsrichter Geurt Gijssen, der sich in Brüssel einen Namen gemacht hat, im Gespräch mit Weltmeister Kasparow (links). Dem Chef des Schiedsrichterteams stehen zur Seite: Wachesar (UdSSR) und Espejo (Spanien). Eine ehrenvolle aber auch verantwortungsvolle Aufgabe bei einem Wettkampf um die höchste Krone im Schachsport. Foto: Frits Agterdenbos, Amsterdam

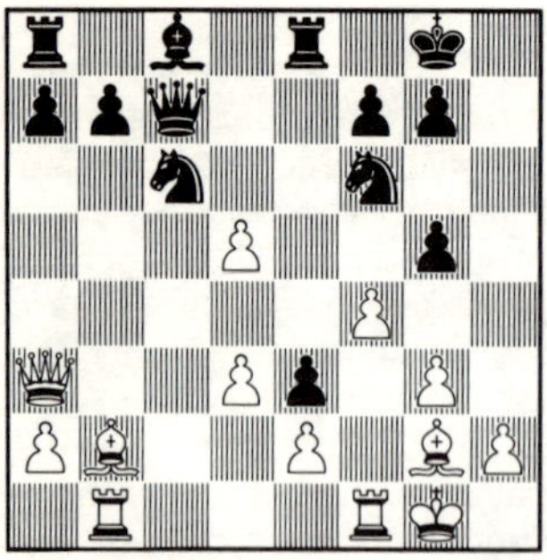

Analysediagramm

... welches ihm nach 18. ... Sd8 19. fg5: Sg4 20. d6 Dd7 (Dc2 21. Lf3 mit der Drohung 22. Tbc1) 21. Lh3! eine gefährliche Initiative gibt, z.B. 21. ... Db5 22. Tbc1 Dg5: 23. Tc8:! Tc8: 24. d7.

16. ... Lg4

20 Minuten; die letzten Züge hatten auch Karpow viel Zeit gekostet.

17. c4?!

Nur eine Minute. Kasparow will nicht zugeben, daß Karpows Strategie richtig war. Nach 17. Sf3! Tad8 18. c4 d4 19. La1 ergibt sich eine Stellung mit etwa gleichen Chancen.

17. ... dc4:!

Karpow hat genau erkannt, daß er mit seinen gut plazierten Figuren keine Angst vor den weißen Drohungen haben muß.

18. Lf6:

10 Minuten; nach 18. dc4: war De7! stark (aber nicht Le2:? 19. Tfe1 Lc4: 20. Lf6: gf6: 21. Se4 Dc7 22. Dc3).

18. ... gf6:

Laut GM Gufeld war Le2:? 19. La1! Lf1: 20. Dc3 Selbstmord.

19. Se4 Kg7

Der kritische Moment in der Partie. Beide Spieler hatten noch etwa 25 Minuten auf der Uhr.
Nun ist der schwarze Läufer auf g4 die Hauptperson. Wie soll Weiß auf Angriff spielen?

I) 20. Sd6 Ted8 21. Sb7: Le2: 22. Sd8: Td8: 23. dc4: Lf1: 24. Tf1: e2 25. Te1 Sd4 mit gewonnener Stellung für Schwarz;

II) 20. Db2 De7 21. dc4: Lf5 22. Sc3 Lb1: 23. Sd5 Dd8 24. Tb1: Sa5 und Weiß hat keine Kompensation für die Qualität;

III) **20. h3!?**

Diesen Zug geben Dlugy und Tisdall an, mit der Idee 20. ... Le2: 21. Sf6: und nun:

1) 21. ... Kf6:? 22. Db2+ c3 23. Dc3:+! Ke7 24. Tfe1;

2) 21. ... Ted8 22. Dc3! Sd4 23. Tb7: (auch 23. Sd5!? sieht gut aus) Ld3: 24. Se8+! Kg8 25. Sf6+ mit Remis;

3) 21. ... Lf1:(!) 22. Dc3 – laut Dlugy steht Weiß auf Gewinn, aber nach 22. ... Te5! 23. fe5: Lg2: gewinnt Schwarz.

IV) **20. Dc3!?**

Diesen Zug mußte Kasparow spielen; aber hatte Spassky recht, daß es Karpow sei, der ums Überleben kämpfe?

20. ... Dd8! (sicher nicht De7? wegen 21. Tb7:! Db7: 22. Sf6:; auch 20. ... Te6 21. d4! ist günstig für Weiß) 21. Tb7:! (21. dc4:? Sd4 22. Kh1 Le2: 23. Tfe1 b6 ist hoffnungslos)

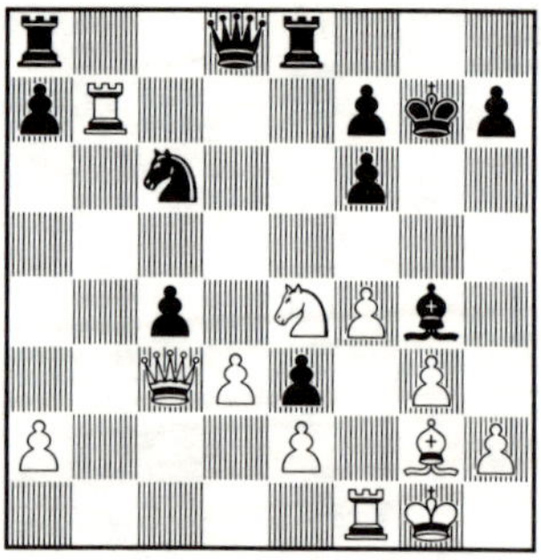

Analysediagramm

A) 21. ... Dd4? 22. Dc4: Dc4: 23. dc4: Le2: 24. Te1 Sd4 25. Sd6 ist klar;

B) 21. ... cd3:!? - ein interessantes Figurenopfer; aber nach 22. Dc6: Tc8! (d2 23. Sd6) 23. Df6:+! (23. Dd6 d2! oder 23. Da4 de2: 24. Te1 Dd1! sieht gut für Schwarz aus) 23. ... Df6: 24. Sf6: Kf6: 25. ed3: Tc2 26. Te1 (nicht 26. Ta7:? Tb8! 27. Tb7 Tg2:+!) 26. ... Td2 27. h3 kann Weiß sich verteidigen;

C) 21. ... Le2: 22. Td7! Dd7: 23. Df6:+ mit Dauerschach;

D) 21. ... Sd4! 22. Dc4: Te7! (Se2:+ 23. Kh1 Le6 24. Dc5 Dd4 25. Te1 ist günstig für Weiß) 23. Te7: (23. Tb2 Tc8 24. Da6 Tc6) Se2:+ 24. Kh1 De7: 25. Te1 Tc8 26. Da4 Tc1! mit Vorteil für Schwarz wegen des Bauern e3.

20. dc4:?
Mit diesem Zug nach 20 Minuten Bedenkzeit gibt Kasparow die Partie praktisch auf.
20. ... Tad8!
Nun kommt auch der Turm a8 ins Spiel und droht Sd4.

21. Tb3
Noch 6 Minuten. Kasparow will in jedem Fall den Bauern e3 erobern.
21. Sc3 Sd4 22. Ld5 Td5:! 23. Sd5: (23. cd5: Dc3:!) Se2:+ 24. Kg2 Dc4: oder 21. c5 (mit der Idee Sd6) Le2: 22. Sd6 (22. Tfe1 Ld3) Lf1: 23. Tb7: Db7: 24. Sb7: e2 sieht ganz schlecht aus.
21. ... Sd4 22. Te3: Dc4:!
Karpow spielt sicher; nach Sc2?! 23. Dc3 Se3: 24. Df6:+ Kf8 25. Dh6+ Ke7 26. Dg5+ geht Kd7? wegen 27. Sc5+ nicht.
23. Kh1?!
Karpows Aufgabe wäre schwerer nach 23. Da7:.
I) 23. ... Sf5 24. Sd2! Db4 25. Te8: Te8: 26. e4! Dd2: 27. ef5: Te2 28. Tf2 mit Ausgleich (Renet);
II) 23. ... Le2:! 24. Te1 (24. Db6 Dc6! 25. Dc6: bc6: nebst f5) Db4! 25. Kf2! (25. T1e2: Ta8! 26. Dc5 Dc5: 27. Sc5: Se2:+) und nun gibt Renet 25. ... f5 26. Dc5! Dc5: 27. Sc5: Te3: 28. Ke3: Sc2+ 29. Ke2: Te8+ 30. Kd2 Se1: 31. Lb7: Te7 32. a4 Tc7 33. a5 Tc5: 34. a6 mit Remis an.
Meiner Meinung nach muß Schwarz 25. ... Tc8! mit Angriff spielen, z.B. 26. a3 Db2 27. T1e2: Se2: 28. Te2: Tc2.
23. ... Sf5?!
Wieder 6 Minuten, aber diesmal hätte 23. ... Sc2! 24. Db2 Se3: 25. Df6:+ (25. Sf6: Dd4) Kf8 26. Dh6+ Ke7 27. Dg5+ Kd7 leicht gewonnen.
24. Td3 Le2: 25. Td8: Td8: 26. Te1
Nichts bringt 26. Db2 wegen 26. ... Td4.
Nach diesem Zug vergißt Kasparow zweieinhalb Minuten lang, die Uhr zu drücken; es verbleibt ihm weniger als eine Minute!
26. ... Te8!
Genau überlegt, und Karpow hat noch drei Minuten.
27. Da5
Es hilft nicht 27. Sd6 (oder 27. Sc3) wegen Lf3! 28. Te8:? Df1 matt.
27. ... b5
Auch 27. ... Te4: 28. Df5: Lf3! war gut genug.
28. Sd2
28. Dc3 geht nicht wegen Te4: 29. Dc4: Tc4: 30. Te2: Tc1+; nach 28. Sc3 war Lf3! stark.
28. ... Dd3 29. Sb3 Lf3!
Wieder diese Idee. Es folgte noch ...
30. Lf3: Df3:+ 31. Kg1 Te1:+ 32. De1: Se3 und Weiß gab auf.
Eine gute Partie von Karpow.

3. Partie
Natürlich die große Frage: Wie hat Kasparow den Schock verdaut? Eine Auszeit jedenfalls gibt es nicht, und Manager Page demonstriert Optimismus: Die Journalisten hätten sich viel mehr Gedanken um Garrys Psyche gemacht als er selbst. Und verloren habe er auch nur durch den Fehler mit der Uhr, sonst wegen gar nichts. Kasparow schaue wie alle großen Sportler nur in die Zukunft, nie zurück. Punktum!
Die Zuschauer sind nicht viel mehr geworden, doch sie rühren sich diesmal: Es gibt Applaus beim Auftritt, besonders lauten für Karpow. Ein ganz Vorwitziger ruft sogar bravo. Verärgert wirft der Weltmeister einen strafenden Blick in die Runde.
Die Partie dämpft die Gemüter ohnehin bald wieder: Absolut nichts los! Nachdem Karpow in der Eröffnung vielleicht eine Chance ausläßt, verflacht das Spiel schnell.

3. Partie: 16.10.1987

Karpow - Kasparow
Grünfeld-Indisch
1. d4 Sf6 2. c4 g6 3. g3 c6 4. Lg2 d5 5. cd5: cd5: 6. Sf3 Lg7 7. Sc3 0–0 8. Se5 e6 9. 0–0 Sfd7 10. f4! Sc6! 11. Le3 Sb6 12. Lf2 Se7!?
Mit dieser Zugfolge will Kasparow e2-e4 verhindern. Nun hat Schwarz nämlich nach 13. e4?! de4: 14. Le4: Sbd5 15. Db3 b6 keine Probleme.

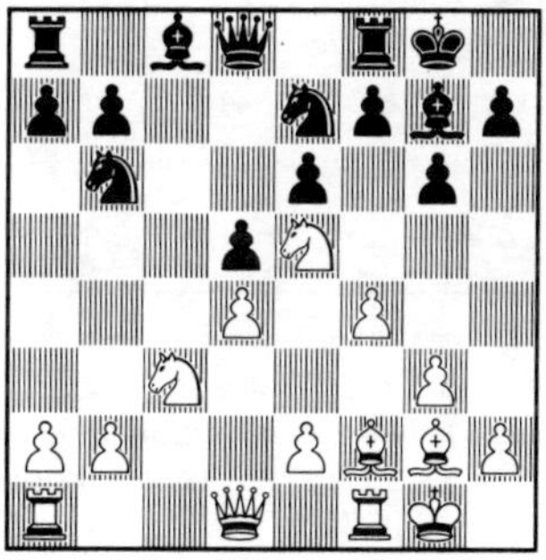

13. a4?!
Nur 7 Minuten!? Neuer Zug - neue Probleme. Wieder spielt Karpow wie in der 1. Partie sehr schnell, und wieder verliert er seinen Vorteil.
Richtig wäre sofort 13. Db3!; nach 13. ... a5 (Ld7 14. Sd7:! Dd7: 15. e4! ist günstig für Weiß - vgl. 1. Partie) 14. Tfc1 a4 15. Db5 steht Weiß besser.
13. ... a5 14. Db3 Ld7!
Gut gespielt, und diese Möglichkeit hat Karpow übersehen. Nun ergibt sich die kritische Stellung nach 15. Sd7: Sd7:.

Analysediagramm

I) 16. e4 de4: 17. Le4: Sb6 18. Tfd1 Sbd5 19. Tac1 (mit der Idee 20. Sd5: Sd5: 21. Tc5, aber ...) 19. ... Ta6! und Schwarz steht nicht schlechter;

II) 16. Db7: Tb8 17. Da6 Tb2: 18. Tfb1 Sb8 19. Dd3 Tb1:+ 20. Tb1: Sbc6 nebst Sf5 und wieder hat Schwarz genügend Gegenspiel.

15. Tfc1 Lc6 16. Sb5 Sbc8

Nach 33 Minuten findet Kasparow den richtigen Plan - der weiße Springer b5 muß getauscht werden.

17. e3 Sd6 18. Sd6: Dd6:

19. Le1

Interessant war 19. Sc6: bc6: 20. Tc5 Tfb8 21. Dc3 Tb4 (Tb2: 22. Ta5: Tab8 23. Dc5) 22. Le1 Tab8 23. Ta5: Tb2: 24. Dc5 Dc5: 25. Tc5: mit der Idee, ein günstiges Endspiel dank des a-Bauern zu bekommen; aber nach 25. ... Sf5 26. Lf2 Sd4:! 27. ed4: Tf2:! steht Schwarz auf Gewinn!

19. ... Tfb8 20. Lf1 f6 21. Sf3

21. Sd3 erlaubt 21. ... b5! zu verwirklichen.

21. ... Dd7 22. Dc2!

Weiß muß b7-b5 verhindern; schwächer wäre 22. Lb5 Sf5.

22. ... Sf5 23. Ld2 Sd6 24. b3 Tc8 25. Dd1 h6

Nur eine Demonstration. Das Unentschieden ist in jedem Zug möglich.

26. Le1 g5 27. Ta2 De8 28. Tac2 Lf8 29. Ld3 g4 Remis.

4. Partie

Nun also ist es soweit: Kasparow zum ersten Mal seit zwei Jahren (im ganzen dritten Match war er nie in dieser Lage) dabei, einen Rückstand aufzuholen! Er schafft es in bestem Stil. Einziger dunkler Punkt der Partie, eine leichte Sensation vor Ort: Warum wiederholt Karpow nicht sein 9. ... e3 bzw. was hat Kasparow dagegen gefunden, da er die Variante so schnell wieder spielt?! Schlechter als in der Partie jedenfalls konnte es für den Herausforderer kaum kommen; nach 15 bis 20 Zügen steht er bereits in totaler Defensive mit dem Rükken zur Wand. Augenzeugen beobachten Karpow nervös mit den Füßen unter dem Tisch zappelnd – angeblich ein untrügliches Zeichen, daß er sich unwohl fühlt.

Zum ersten Mal gibt es eine Hängepartie; doch eigentlich ist es keine mehr. Auch Karpows Direkttelefon in die UdSSR kann nichts mehr retten. Erwartungsgemäß gibt der Herausforderer per Anruf auf, ohne sich den Abgabezug 41. Td8 zeigen zu lassen.

4. Partie: 19.10.1987

Kasparow - Karpow
Englisch

1. c4 Sf6 2. Sc3 e5 3. Sf3 Sc6 4. g3 Lb4 5. Lg2 0–0 6. 0–0 e4 7. Sg5 Lc3: 8. bc3: Te8 9. f3 ef3:

Nach längerer Bedenkzeit (insgesamt 22 Minuten) gibt Karpow zu, daß 9. ... e3 nur für eine Partie gut war.

10. Sf3:

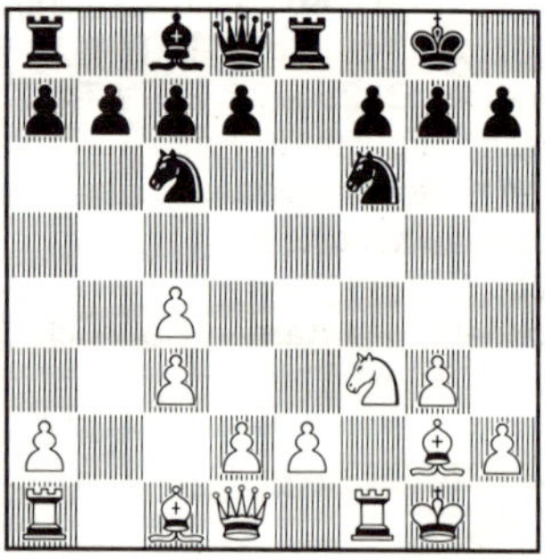

10. ... De7

„Schwarz muß Raum im Zentrum zurückerobern. Nach 10. ... De7 11. e3 d6 12. d3 Lg4 13. h3 Ld7 14. e4 sähe er sich stark eingeengt; Smyslow - Peew, Kuba 1973“ gibt Taimanow in seinem Buch an.

Es ist interessant, warum Kasparow ein zweites Mal eine laut Theorie für Weiß ungünstige Variante spielt und Karpow nicht mit der energischsten Antwort fortsetzt. In Pliester - Farago, Lugano 1983, folgte 10. ... d5 11. cd5: Dd5:! (eine Idee von Smyslow) 12. Sd4 Dh5! 13. Sc6: bc6: 14. e3 Lg4 15. Da4 Le2 16. Tf6: gf6: 17. Dc6:? (Laut Farago war 17. Lc6: Lf3 18. La8: Ta8: 19. Dh4 besser) Lb5 18. Df6: Dd1+ 19. Lf1 Df1:+ 20. Df1: Lf1: 21. Kf1: Tab8 22. d4 Tb6 23. Ke2 Teb8! und Schwarz gewann rasch. Ich glaube, Kasparow wollte nach 10. ... d5 mit 11. d4! Se4 (dc4: 12. Lg5) 12. Dc2 dc4: 13. Sh4! fortsetzen. Diese Stellung hat sicherlich auch Karpow nicht gefallen, weil Weiß mehr als genügend Kompensation für den Bauern hat.

11. e3 Se5!?

Ein neuer Versuch (2 Minuten!).

12. Sd4!

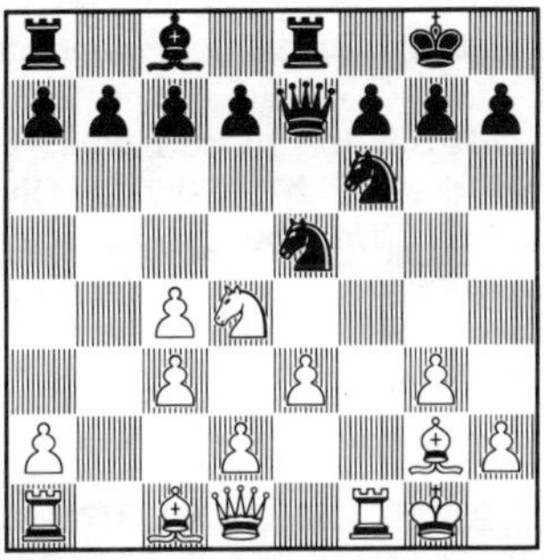

Nach 32 Minuten findet Kasparow die beste Antwort.

12. d3 Sf3:+ 13. Df3: d6 14. e4 Lg4 stellt Schwarz keine großen Probleme.

12. ... Sd3

20 Minuten überlegte Karpow, aber den Bauer nach 12. ... Sc4:? 13. Sf5 (auch 13. e4 d6 14. d3 Se5 15. Lg5 sieht nicht schlecht aus) 13. ... De5 14. e4 d6 15. d4 Da5 16. Dd3 wollte auch Viktor Kortschnoi nicht haben.

Nun bleibt Weiß nur ein Läufer; aber hat Schwarz genügend Zeit, den weißen Druck auf der f-Linie zu neutralisieren?

13. De2! Sc1: 14. Tac1: d6 15. Tf4 c6 16. Tcf1

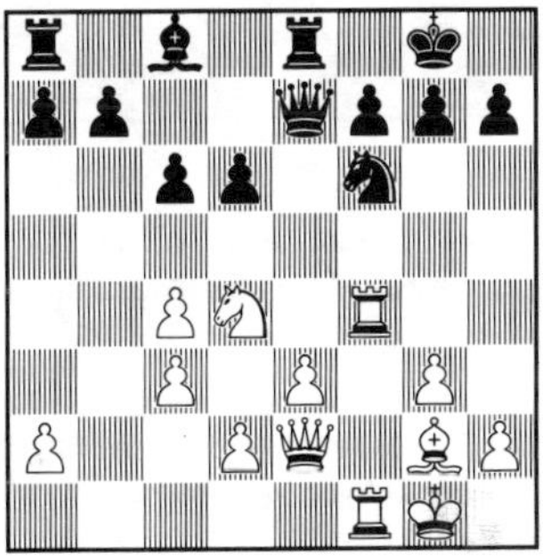

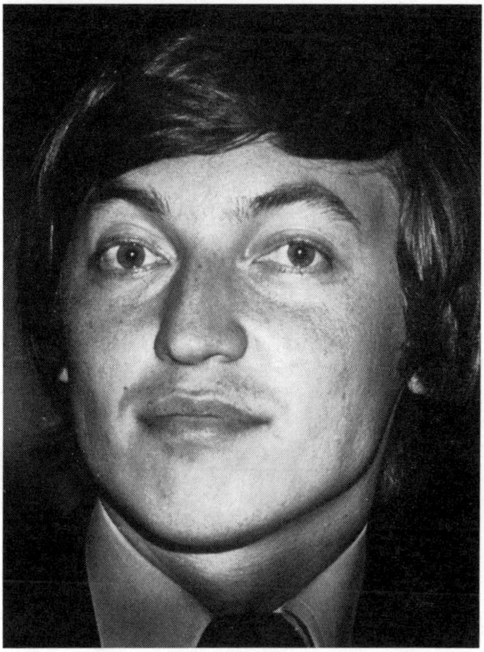

Herausforderer Karpow ist mit dem Auftakt des Wettkampfes durchaus zufrieden

Foto: Agterdenbos, Amsterdam

Hier wurde Karpow nervös; die Stellung gefiel ihm nicht, und mit Recht. Man kann feststellen: Weiß steht besser; in mehreren Varianten droht das Opfer auf f6, auch der Angriffsplan mit g3-g4-g5 ist interessant.

Schwarz muß probieren, den Punkt f7 durch Tf8 zu decken, um den Springer von f6 wegzuziehen; aber wie?

I) 16. ... Tf8 17. Tf6:! gf6: 18. Dh5! (weniger überzeugend sieht 18. Tf4 Kh8 19. Le4 Tg8 20. Lf5 Lf5: 21. Sf5: Df8 aus) 18. ... Kh8 (De5 19. Sf5 Lf5: 20. Tf5: De6 21. Lh3) 19. Tf4 Tg8

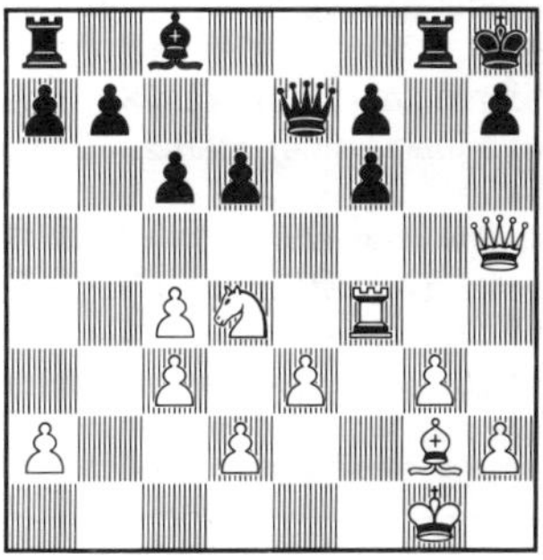

Analysediagramm

A) 20. Th4 Tg7 21. Le4 und nun:

1) 21. ... De5 22. Lf5 d5 23. cd5: Dd5: (cd5: 24. e4!) 24. Tg4 Lf5: 25. Tg7:! Kg7: 26. Sf5:+ Kh8 27. Dg4 Tg8 28. Dg8:+! Kg8: 29. Se7+ mit gewonnenem Bauernendspiel;

2) 21. ... f5! 22. Lf5: Dg5! 23. Dg5: Tg5: und Schwarz steht nicht schlecht.

B) 20. Le4! f5 (Tg7 21. Dh6!) 21. Lf5: Lf5: 22. Sf5: De6 23. Sh6 mit Vorteil für Weiß.

II) 16. ... Ld7 17. Tf6:! gf6: 18. Dh5 Kh8 (oder De5 19. Sf5 Lf5: 20. Tf5: De7 21. Lh3!) 19. Tf4 Tg8 20. Le4! (20. Th4 Tg7 21. Le4 f5 22. Lf5: f6) 20. ... f5 21. Lf5: Lf5: 22. Sf5: und die schwarze Lage sieht nicht besser als im vorigen Beispiel aus.

III) 16. ... Kh8!

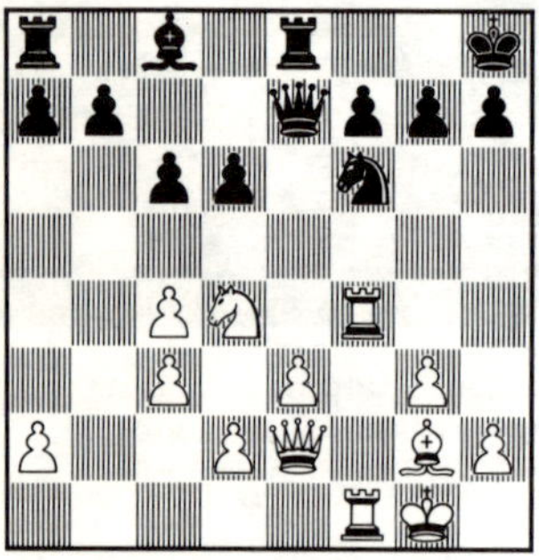

Analysediagramm

Meiner Meinung nach ist dies der einzige Weg. Nun hat Schwarz nach 17. Tf6:?! gf6: ein wichtiges Tempo für Tg8 gewonnen. 17. g4!? h6 18. h4 sieht gefährlich aus, führt aber nach 18. ... Tf8 19. g5 hg5: 20. hg5: Sh7 zu einer unklaren Stellung.
Auch nach 17. Dd3 Ld7! (aber nicht Tf8? 18. Tf6: gf6: 19. Le4) 18. Th4 h6 19. Thf4 Tad8 hat Schwarz einige Probleme gelöst.

16. ... De5?!

19 Minuten und keine prinzipielle Entscheidung. Karpow will nur das Opfer auf f6 vermeiden.

17. Dd3!

Die Überführung der Dame zum Königsflügel über das Zentrum macht einen starken Eindruck!

17. ... Ld7

Karpow muß warten. Nach 17. ... Te7 (Tf8 18. Tf6: gf6: 19. Le4) ist 18. Sf5 Lf5: 19. Tf5: De6 20. Lh3 stark. Auch 17. ... Le6 18. Sf5 d5 (Gufeld) 19. cd5:! Sd5: (cd5: 20. Sg7:) 20. Te4 Dc7 21. Th4 sieht nicht besser aus.

18. Sf5 Lf5: 19. Tf5: De6

Schwächer war De7 wegen 20. Tf6:! gf6: 21. Tf4 (aber nicht 20. Dd4 Dd8! 21. Tf6: gf6: 22. Tf6: Te5!).
Nun wollte Karpow nach 20. Tf6: gf6: 21. Tf4 spielen: 21. ... f5! 22. Lh3 f6 23. Lf5: De5.

20. Dd4!

Droht 21. Dh4 und dann gibt es nach 22. Tf6: keine Verteidigung mehr. Karpow muß also den Springer schnell von f6 wegziehen.
Man muß freilich ein Optimist wie GM Gufeld sein, um zu glauben, daß ein Gewinn nach sofort 20. ... Sd7 21. Tf7: Df7: 22. Tf7: Kf7: 23. Dd6: Se5 24. Db4 Tad8 25. d4 nicht einfach wäre.

20. ... Te7 21. Dh4!

Weniger überzeugend sieht 21. Tf6: gf6: 22. Tf6: De5 aus.

21. ... Sd7?!

Nach 25 Minuten findet Karpow nichts Besseres ... Möglich, daß 21. ... Se8!? 22. Lh3 f6! 23. Tf6: (23. Th5 De4) Df6: 24. Tf6: Sf6: seine letzte Chance war.
Nach 25. Dd4 Se8 (d5 26. cd5: cd5: 27. Lg2) 26. Lf5! (mit der Idee 27. Lh7:+ Kh7: 28. Dh4+) 26. ... g6 27. Lc2 steht Weiß besser, aber Schwarz hat Rettungschancen.

22. Lh3 Sf8

Schwarz muß das Feld h7 decken; Se5? 23. Th5 verliert sofort.

23. T5f3!

Stärker als 23. Tf7: Df7: 24. Tf7: Tf7: 25. Dd4 oder 23. Td5 (23. Tb5 Sg6!) De4 24. Td6: Dh4: 25. gh4: und Schwarz kann noch hoffen.
Kasparow geht in ein gewonnenes Endspiel mit aktivem Turm auf der 7. Reihe, gutem Läufer und Mehrbauer über.

23. ... De5 24. d4 De4 25. De4: Te4: 26. Tf7: Te3:

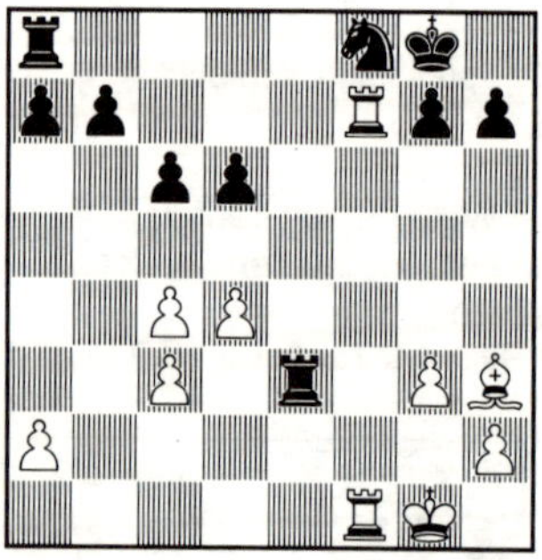

27. d5!

Der Gewinnzug. Nach 27. Tb7:?! Tc3: 28. T1f7 Tc4: 29. Tg7:+ Kh8 kann Schwarz sich noch verteidigen.

27. ... Tae8

Sicher nicht 27. ... Tc3:? 28. Tf8:+ Tf8: 29. Le6+; nach 27. ... cd5:?! folgt 28. Lg2!

28. Tb7:?

Nach 5 Minuten Kasparows erste Ungenauigkeit in dieser Partie; entscheidend war 28. c5! dc5: 29. d6 Sg6 30. Tb7: (Kasparow).

28. ... cd5: 29. cd5: T3e7 30. Tfb1 h5?!

Karpow hatte noch 12 Minuten auf der Uhr. Besser war 30. ... Kf7!?

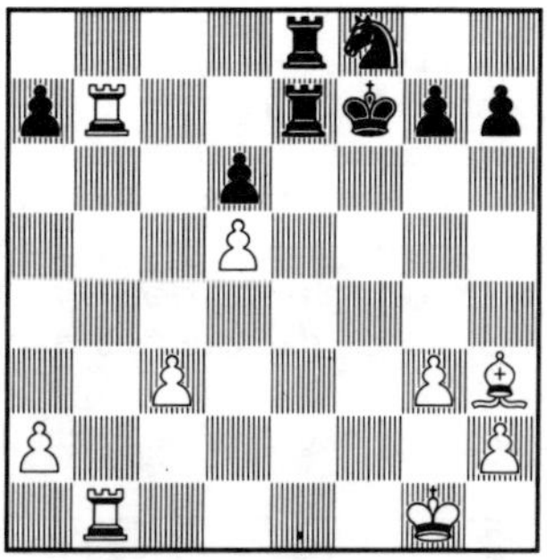

Analysediagramm

Nach 31. a4?! Tb7: 32. Tb7:+ Te7 33. Tb8 Tc7 34. a5 Sg6 35. a6 Se5 36. Tb7 Te7 mit der Idee Sd3-c5 könnte Schwarz Remis erreichen. Weiß müßte 31. Kf2! Tb7: 32. Tb7:+ Te7 33. Te7:+ Ke7: 34. Ke3 h6 (Sg6 35. Lf5) 35. Ke4 Sg6 36. c4 mit einem gewonnenen Endspiel Läufer gegen Springer spielen.

31. a4 g5 32. Lf5! Kg7 33. a5 Kf6 34. Ld3 Tb7:

Nicht Te3? wegen 35. Tf1+ Ke5 36. Tf5 matt! Chancenlos ist auch 34. ... Sd7 35. Ta7: Sc5 36. Tf1+ Kg7 37. Te7:+ Te7: 38. Lb5.

35. Tb7: Te3

GM Hecht gibt 35. ... Te7 an, aber nach 36. a6 Tb7: 37. ab7: Sd7 38. Lb5 Sb8 39. h4! gh4: 40. gh4: Ke5 41. Lc6 Kf4 42. c4 gewinnt Weiß leicht.

36. Lb5 Tc3: 37. Ta7:

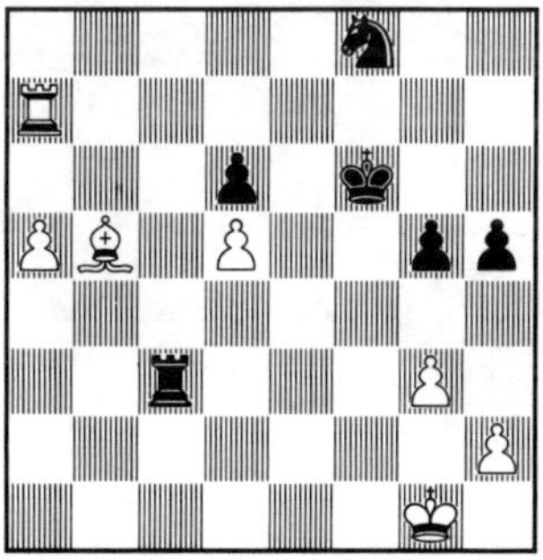

37. ... Sg6?!

Nach 37. ... Ke5 38. Lc6 Kd4 (mit der Idee 39. a6? Sg6 40. Tg7 Se5 41. a7 Ke3) gewinnt 39. Tg7! Ta3 40. Tg5: Ta5: 41. Th5:, aber das war noch eine Chance.

38. Td7

Einfacher wäre 38. a6 Ta3 (oder Se5 39. Tb7 Ta3 40. a7) 39. Tc7 Se5 40. a7 Ta2 41. Kf1! (aber nicht 41. Lc6? Sf3+ 42. Kf1 Td2! 43. a8D Sh2:+ mit Dauerschach) und Weiß gewinnt.

38. ... Se5

Nichts bringt 38. ... Ke5 39. Tg7! (aber nicht 39. a6 Kd5: 40. a7 Ta3 41. Lf1 Kc6 42. Tg7 Se5 43. Lg2+ d5) 39. ... Kf6 40. Tb7 Ta3 41. a6 Se5 42. a7 Ta2 43. Kf1!

39. Td6:+ Kf5 40. a6 Ta3 41. Td8

Der Abgabezug, und **Karpow gab die Partie auf.**

5. Partie

Nun muß also Karpow wieder kommen – und reagiert nach seiner ersten Auszeit: Es gibt kein „Beton-Indisch" mit 3. g3 c6 mehr, sondern die viel schärfere Abtauschvariante! Und wie in der 2. Partie mit einer kleinen Sensation, denn den Einschlag auf f7 haben die Bücher, wenn überhaupt, bisher nur am Rand als zweitklassig erwähnt. Kasparow braucht wieder viel Zeit; doch diesmal kommt er recht gut heraus. Dann nimmt ein Drama seinen Lauf: Der Weltmeister verliert unter dem Druck der Uhr zunehmend die Übersicht; auch Karpow trifft aber nicht immer das Beste – es geht hin und her, bis die Zeitnot Kasparow den Garaus macht: Im 37. Zug, mit hängendem Fallblättchen, sieht er ein Gespenst und stellt einfach den Bauern g6 ein. Da hilft es auch nichts mehr, daß er den flink zugreifenden Tolja hinterher nachdrücklich finster anstarrt – der tut ganz harmlos und vervollständigt sein Formular, als wenn das alles so sein müßte ... Gerüchte und Spekulationen zuhauf nach dieser Partie: War alles Taktik von Karpow – eine „halbseidene" Variante zu spielen, Kasparow zu provozieren, nach einer Widerlegung zu suchen und dabei sowohl Zeit wie Beherrschung zu verlieren? Eins ist jedenfalls klar: Psychologisch sieht es bisher ganz anders aus als beim letzten Match – diesmal gewinnt Karpow Partien, in denen alles am seidenen Faden hängt!

5. Partie: 23.10.1987
Karpow - Kasparow
Grünfeld-Indisch

1. d4 Sf6 2. c4 g6 3. Sc3 d5 4. cd5: Sd5: 5. e4 Sc3: 6. bc3: Lg7 7. Lc4 c5 8. Se2 Sc6 9. Le3 0–0 10. 0–0 Lg4 11. f3

„Zum ersten Mal in seiner Schachkarriere läßt sich Karpow auf die Hauptvariante der Grünfeldindischen Eröffnung ein" schrieb „Die Schachwoche".

11. ... Sa5!?
Diese Fortsetzung hat Timman in der Praxis erprobt. „Das Aufschieben des Tauschs auf d4 hat eine zweifache Bedeutung: einmal kann Weiß seinen Königsläufer nun nicht mit Ta1-c1 decken und zweitens wird die Variante Lc4-d5 für Weiß weniger erstrebenswert, da die c-Linie geschlossen bleibt. Weiß wird damit also mehr oder weniger zum klassischen Qualitätsopfer nach 12. Ld3 cd4: 13. cd4: Le6 14. d5 gezwungen" schrieb er in seinem Buch zur Partie Spassky-Timman, Montreal 1979.
Aber ... **12. Lf7:+!?**

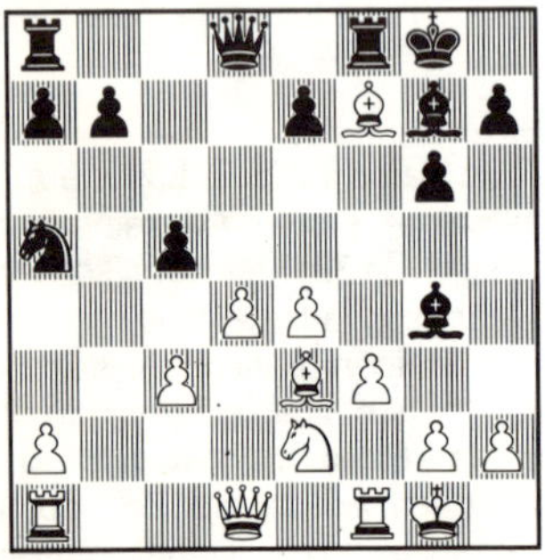

Möglicherweise die größte Überraschung in diesem WM-Kampf!
12. ... Tf7: 13. fg4: Tf1:+ 14. Kf1:
Schlecht war 14. Df1:? wegen Sc4. In Kamyschow - Flohr, UdSSR 1950, folgte (mit Abtausch auf d4) 16. Df3 Db6 17. Lf2 Db2 18. Tc1 Da2: mit Vorteil für Schwarz.
Dieses Abspiel mit Abtausch auf d4 gilt seit Jahrzehnten als ungünstig für Weiß. Er gewinnt zwar einen Bauern, erhält dafür aber eine schlechte Bauernstruktur und erlaubt dem Schwarzen ein aktives Spiel.
Die Unterlassung dieses Abtauschs muß noch günstiger für Schwarz sein; aber ich konnte das nicht beweisen - und Kasparow auch nicht!
14. ... Dd6!?
Nach 64 (!)Minuten Bedenkzeit! „Während dieses Nachdenkens wirkte Kasparow erneut unruhig; man hat vermutet, daß er sich nicht zwischen verschiedenen Alternativen entscheiden konnte" schrieb das Bulletin.
Sicher erinnerte er sich - was gibt es in der Theorie über diese Stellung?, dann fragte er sich - was hat Karpow vor?
Also, was sagt die Theorie zu 14. ... cd4: 15. cd4:?

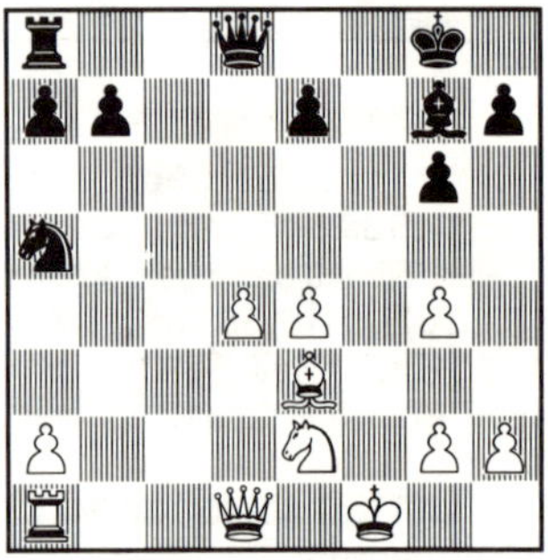

Analysediagramm

Nun gibt es folgende Alternativen:
I) 15. ... e5 - eine Idee von Pachmann.

Schachfreunde in Sevilla im Freien Foto: Agterdenbos, Amsterdam

Richardson/Boyd geben 16. de5: Le5: 17. Dd8: Td8: 18. Tc1 b5 19. La7: Sc4 20. Tc2 Sd2+ 21. Ke1 Se4: mit Ausgleich.

Ich glaube, nach 16. d5 (interessant ist auch 16. Tc1!? ed4: - falls 16. ... b5 17. de5: – 17. Sd4:) Sc4 (mit Kompensation (?) – Enzyklopädie) 17. Lf2 Lh6 18. Dd3 steht Weiß besser.

II) 15. ... Dd7 16. h3! (16. g5 ist schwächer wegen Td8! 17. Kg1 Kh8! mit der Idee Sc6, z.B. 18. De1 (18. Dd3 Sc6) Sc4 19. Lf2 Dg4!) und nun

A) 16. ... Td8 17. Kg1 e6 18. Tc1 Sc6 19. Lg5;

B) 16. ... b5 und in Kolzow - Blechzin, UdSSR 1956, geschah 17. Dd3 Td8 18. Tb1? Sc4 19. Lf2 Ld4:! 20. Td1 Lf2:! und Schwarz gewann rasch (21. Dd7: Se3+ 22. Kf2: Sd1:+), aber Weiß kann 17. Lf2 Sc4 18. Sg1 nebst Sf3 mit Vorteil spielen;

C) 16. ... De6 17. Dd3 Dc4

C1) 18. Dd2 Da6! (droht Sb3) und in Spassky - Kortschnoi, UdSSR 1955 folgte 19. Dc2 Sc4 20. Db3 Kh8 21. Kg1 Sd2?! (besser Tf8! und Schwarz steht sehr gut) 22. Ld2: De2: 23. Le3! Tf8 24. e5 b5 25. Tc1 (laut Fridstein sieht 25. Kh1! Tc8 26. Lg1 Tc2 27. Df3 besser aus) a5 26. Lg5? (26. a3!) 26. ... h6? (Df2+ 27. Kh1 Dd4: 28. Le7: Le5: mit Ausgleich) 27. Le7: a4 28. Dd1 De3+ 29. Kh1 Tf2 30. Dg1! Df4 31. a3 mit Vorteil für Weiß (1 : 0/40).

C2) 18. Dc4: Sc4:

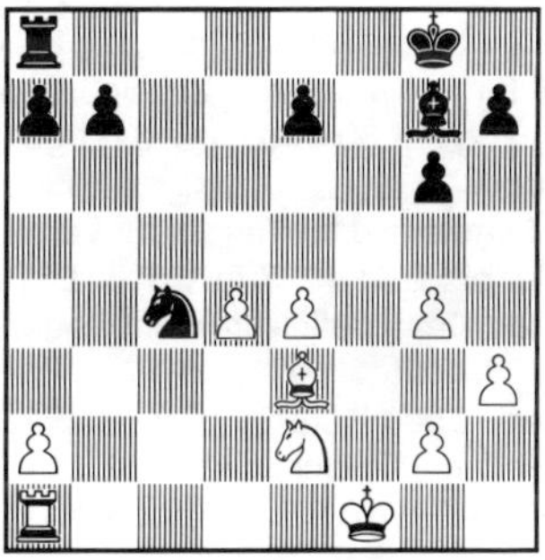

Analysediagramm

C2a) 19. Lg5

Laut Enzyklopädie hat Schwarz nach 19. ... e6 20. Td1 (Tb1!?) b5 21. e5 (auch 21. d5 h6 22. Lc1 ed5: 23. Td5: sieht nicht schlecht aus) h6 22. Lc1 g5 23. Sc3 b4 24. Se4 Kompensation für den Bauern - ich spiele gerne mit Weiß.

Recht hatte Fridstein (1955!); er gibt 19. ... h6! 20. Le7: Te8 21. Lb4 (21. Lh4 Sd2+) Te4: 22. Tc1 b5 mit Ausgleich an.

C2b) 19. Lc1! (oder 19. Lg5 h6 20. Lc1!)

Ich glaube, nach 19. ... e5 (Tc8 20. Tb1) 20. d5 Sd6 (oder Lf8 21. Tb1 b6 22. Sc3 Lc5 23. Ke2) 21. Sc3! Tc8 22. Ld2 steht Weiß besser.

III) 15. ... Dd6 und in einer Fernpartie Alfejewskij - Verner 1984 folgte 16. Kg1 De6 17. Sg3 Td8 18. Tc1 Db6 19. Se2 Sc6 20. Tb1 Sd4:! 21. Tb6: Sf3+ 22. Kf2 Td1: 23. Tb7: Sh2: 24. g5 Sg4+ 25. Kf3 Se5+ mit Remis.

Darum spielte Kasparow möglicherweise auch 14. ... Dd6!

15. e5

Nach 11 Minuten. Nun werden die weißen Felder etwas schwach; aber der weiße Plan ist (oder mußte sein!), den schwarzen Lg7 unbeweglich zu machen.

15. ... Dd5

10 Minuten. Interessant war auch 15. ... De6.

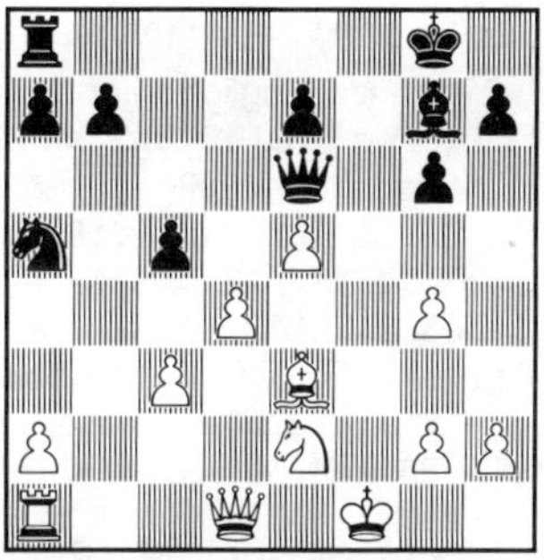

Analysediagramm

Und nun:

I) 16. h3 Sc4 17. Lf2 Tf8 18. Kg1 Df7 19. Lh4 Lh6 20. g5 Se3 mit Initiative für Schwarz (21. Dd3? Lg5:!);

II) 16. g5 Sc4 17. Lf2 Tf8 18. Kg1 Df7! 19. De1 Sa3 20. Tc1 Da2: (21. Sg3 Db2 22. Se4 Tf4);

III) 16. Sg3 Sc4 17. Lf2 Tf8 18. Kg1 Lh6 19. Dd3 Tf2:! 20. Kf2: Le3+ 21. Ke1 cd4: 22. cd4: Dd5 mit schwarzem Angriff;

IV) 16. Sf4! - die richtige Antwort; nach 16. ... Tf8 17. Kg1 Dc4 18. Sd3! oder 16. ... Dc4+ 17. De2! Tf8 18. Dc4:+! Sc4: 19. Ke2 steht Weiß besser.

16. Lf2!

Nur so; sonst könnte der schwarze Druck sehr gefährlich werden, z.B.:

I) 16. Sf4 Tf8 17. Kg1 De4;

II) 16. Sg3 Sc4 17. Lf2 Tf8 18. Kg1 Lh6 19. De2 cd4: 20. cd4: Tf2:!;

III) 16. Sg1 (mit der Idee Sf3) Sc4 17. Lf2 cd4: 18. cd4: Le5:! 19. de5: Sd2+ 20. Ke1 De5:+.

16. ... Tf8

12 Minuten; Td8 mit der Idee Le5: sieht etwas besser aus (siehe 7. Partie).

17. Kg1?

Nur 4 Minuten. Schade!

„Nach 17. g5 erreicht nämlich Weiß sein strategisches Ziel: der Läufer g7 bleibt langfristig passiv. In der f-Linie geschieht dem weißen König vorerst nichts" schrieb Pachmann, und mit Recht.

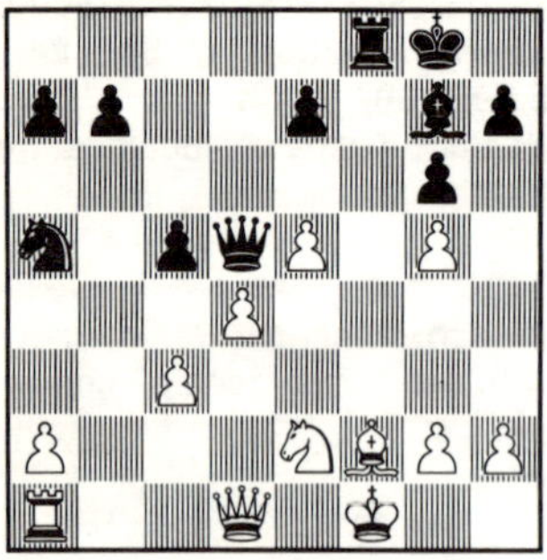

Analysediagramm

Schwarz hat folgende Möglichkeiten:

I) 17. ... Sc4 18. Kg1 De4 19. Sg3 Df4 20. De2 b5 21. Se4 mit Vorteil für Weiß;

II) 17. ... De4 18. Sg1! (stärker als 18. Kg1 Df5 19. Le3 Sc4 20. Db3 b5!) 18. ... Sc4 19. Sf3 Se3+ 20. Le3: De3: 21. Db3+ Kh8 22. Te1!; nun hat Schwarz nach 22. ... Tf3:+ 23. gf3: Df3:+ 24. Kg1 Dg4+ 25. Kf2 Dh4+ 26. Ke2 Dg4+ 27. Kd2 Dg5:+ 28. Kc2 nicht genug Kompensation für die Qualität;

III) 17. ... Df7!? 18. De1 Df5 (Sc4 19. Sg1! nebst Sf3) 19. Sg3! (19. h4 Dg4!) Dg5: 20. De2! und Weiß steht besser.

17. ... Lh6!

Nun kommt der schwarze Läufer ins Spiel.

18. h4

Sicher wollte Weiß 19. g5 spielen, aber dazu kommt er nicht.

18. ... Df7! 19. Lg3

Nach 19. De1? wäre Ld2 zu stark.

19. ... Le3+ 20. Kh2 Dc4!

Gut gespielt; Schwarz verhindert 21. d5? wegen Dg4:. Aber 17(!) Minuten - nun verbleiben Kasparow nur noch 35!

Schwächer war 20. ... Sc4?! wegen 21. Dd3 Dd5 22. a4!

21. Tb1!

33 Minuten. Karpow aktiviert seinen Turm, weil nun Da2:? 22. Ta1 Db3 23. Db3: Sb3: 24. Ta7: für Weiß günstig wäre.

21. ... b6!

Nach weiteren 6 Minuten; nun bleiben 29 für 19 Züge!

22. Tb2 Dd5

8 Minuten! Nun kommt der schwarze Springer ins Spiel; nur für Ausgleich reichte 22. ... Sc6 23. Db3 Db3: 24. Tb3: cd4: 25. cd4: Ld4:.

23. Dd3 Sc4 24. Tb1 b5!

Ein phantastischer Zug! Es geht nicht 24. ... Se5:? 25. Le5: Tf2 wegen 26. Tg1; darum will Kasparow den Turm ablenken.

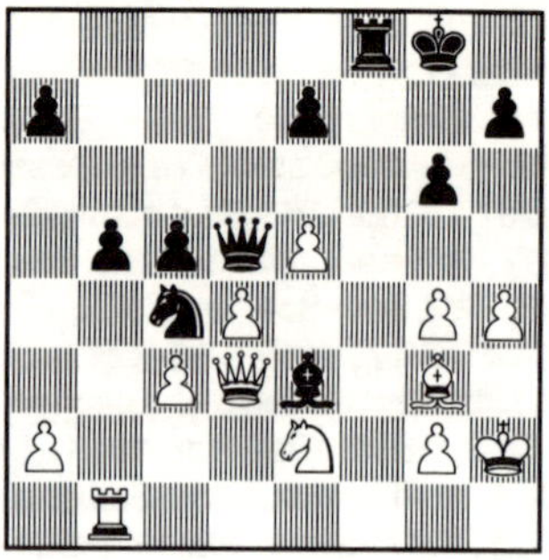

25. Kh3?!

17 Minuten; aber Karpow hat noch 46 Minuten Bedenkzeit übrig!

Sehr gefährlich war 25. Tb5:?. GM Gufeld gibt nun 25. ... Se5: 26. Tc5: (26. Le5:? Tf2 mit Matt) Sg4:+! 27. Kh3 Dd7 28. Dc4+ Kh8 29. Dd5 Sf2++ mit Dauerschach. Viel stärker sieht 25. ... Sd2! aus, z.B. 26. Kh3 (26. Tc5: De6!) Tf1! 27. Tc5:? (oder 27. De3:? Th1+) Th1+ 28. Lh2 Sf1.

Aber ich glaube, daß es besser war, sofort 25. Sg1! zu spielen. Nach 25. ... cd4: 26. cd4: Ld4: 27. Kh3! (27. Sf3? Lg1+) nebst Sf3 könnte Weiß ohne Probleme Remis erreichen.

25. ... a6?!

Nur eine Minute; aktiver war 25. ... b4! 26. cb4: cd4: mit Vorteil für Schwarz, z.B. 27. Sc3 De6 28. Se4 h5! 29. Sg5 hg4:+ 30. Kh2 Lg5: 31. hg5: Se3.

26. Sg1! cd4:

Nach 11 Minuten, d.h. Kasparow verbleiben nur noch sechs bis zum 40. Zug! 26. ... Lg1: 27. Tg1: Td8 (cd4: 28. Dd4:) gefiel ihm nicht wegen 28. h5!.

27. Sf3!

23 Minuten, aber Karpow hat noch immer 30! Keine Probleme für Schwarz stellt 27. cd4: Lg1:! 28. Tg1: Td8 29. Te1 Dd4:; auch mit nur sechs Minuten könnte Kasparow ohne Risiko auf Gewinn spielen.

27. ... Td8

27. ... Tf3:? 28. gf3: Df3: 29. cd4: gibt keine Angriffs chancen.

28. a4! dc3:

1 Minute; laut Pachmann steht Weiß nach 28. ... ba4:?! 29. Tb4 Tc8 30. Ta4: a5 (Sb2 31. Da6) 31. cd4:! Sb2 32. De3: Sa4: 33. Da3 klar besser.

29. Dc3: De6

Wieder eine Minute; nach 29. ... Ld2 30. Db3! oder 29. ... Dd3 (mit der Idee 30. Dd3: Td3: 31. ab5: Sa3) 30. Db4! Lc5?! 31. Dc5: Db1: 32. De7: wäre es schwer für Schwarz, mit 4 Minuten gegen Karpows 18 zu spielen.

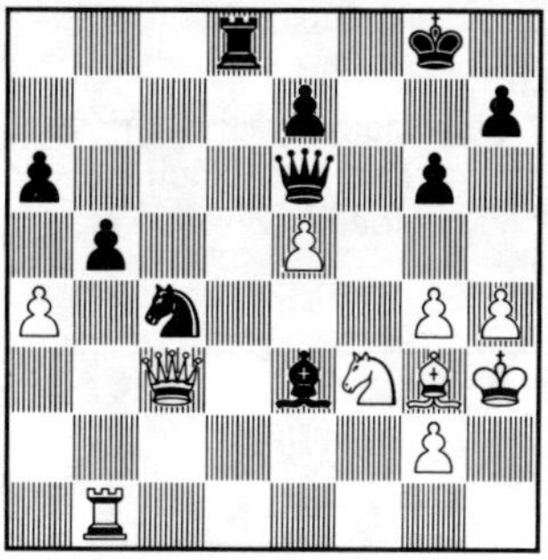

30. Kh2?!
Nur 2 Minuten; Karpow versucht auf Kasparows Zeitnot zu spielen! Richtig war 30. ab5: h5 31. Kh2 hg4: 32. Sg5 Lg5: 33. hg5: ab5: 34. Tb5: mit etwa gleichen Chancen.
30. ... ba4:?
Eine Minute; 30. ... Dg4: 31. ab5: ab5: 32. Tb5: Sd2 33. Sd2: Ld2: 34. Dc5 gefiel Kasparow nicht.
Aber nach 30. ... Sd2! 31. Sd2: Ld2: nebst b4 steht Schwarz wieder besser dank seines starken b-Bauern.
31. Tb4 Sd2 32. Ta4: Sf1+?!
Eine Minute; noch zwei übrig! 32. ... Sf3:+ 33. gf3: Ld2 reichte noch für Ausgleich.
33. Kh3 Td1
Eine Minute. 33. ... h5 34. Da1! Sd2 35. Sh2! sieht besser für Weiß aus.
34. Dc2!
7 Minuten. Sicher könnte Karpow nach 34. Ta6: Da6: 35. Db3+ Kg7 36. Dd1: mit einem Mehrbauern verbleiben, aber reicht das zum Gewinn? Er will mehr!
34. ... Tc1 35. De2 h5!?
Nun hängen nach 36. Le1 oder 36. Se1 plötzlich die schwarzen Figuren; besonders der Springer f1. Das war der Grund, 34. Ta6: nicht zu spielen, aber Karpow wählt nicht die richtige Entscheidung. Wie kann Schwarz nach 36. Se1! (36. ... Sg3: 37. De3:) seinen Springer retten?
36. Le1?!

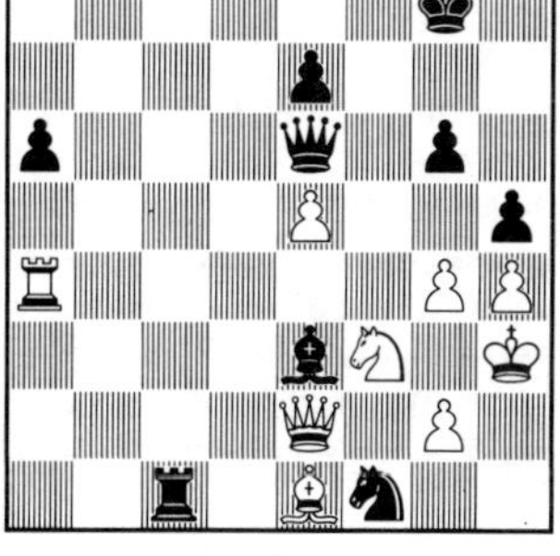

36. ... Dd7?!
Nach 36. ... Ta1!! (noch ein phantastischer Ablenkungszug) 37. Dc4 (37. Tc4 hg4:+ 38. Tg4: Ta4!) 37. ... hg4:+! (Dc4: 38. Tc4: Kf7 39. gh5: gh5: 40. g4! hg4: 41. Tg4: Ta2 42. Tg2 sieht nicht gut für Schwarz aus) 38. Dg4: Dg4:+ 39. Tg4: Kf7 40. g3 (mit der Idee 41. Kg2) Ta2 könnte sich Schwarz trotz der Abseitsstellung des Springers f1 im Endspiel retten.
37. Da6:
Nichts gibt 37. Te4 wegen Dd5!.

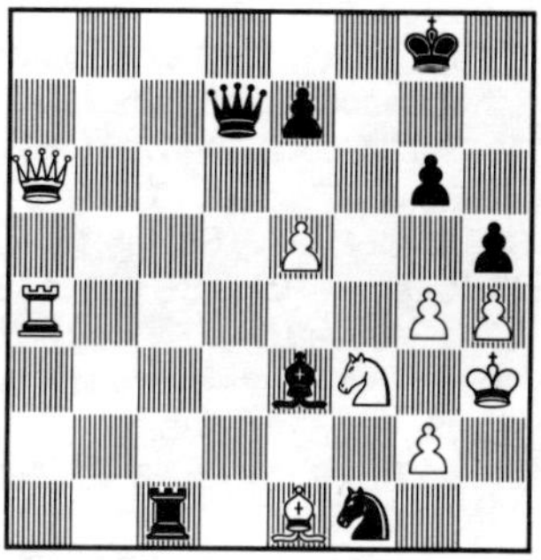

37. ... Ta1??
Zu spät ... Zeit, Zeit – alles kann passieren, wenn die letzten Sekunden laufen, aber solch ein unglaublicher Bock?!
Nach 37. ... Kg7 38. e6 Dc6 39. gh5:! gh5: 40. Dc6: Tc6: 41. Te4 hat Weiß mit einem Mehrbauern und dank der Abseitsstellung des Sf1 Gewinnchancen, aber auch Schwarz gute Chancen auf Remis.
38. Dg6:+ und Schwarz gab auf.
„Garri Kasparow war höchst verärgert und blitzte seinen Bezwinger Karpow wütend an, als er in der fünften Partie in höchster Zeitnot eine lächerlich einfache Drohung übersah, wonach seine Stellung sofort zusammenbrach" schrieb Dr. Pfleger.
Das kann man verstehen ...

6. Partie

Jetzt kommen sie endlich, die Zuschauer – bei der 5. Partie und nun nach diesem neuerlichen Spektakel natürlich erst recht. Doch diesmal gibt es wieder nicht viel zu sehen: Kasparow scheint zwar Stärke zeigen zu wollen, indem er abermals keine Auszeit nimmt; doch am Brett gelingt ihm nicht viel, obwohl er Karpow nach dessen Eröffnungsabweichung (g6) demonstrativ zufrieden anschaut, wie man beobachtet haben will. Vielleicht war um den 15./16. Zug herum etwas drin, wie die Großmeister im Pressezentrum meinen; danach steuert die Geschichte auf ein farbloses Remis zu.

6. Partie: 26.10.1987

Kasparow - Karpow
Englisch

1. c4 e5 2. Sc3 Sc6

In der dritten Englischen Partie zieht Karpow das geschlossene System vor.

3. g3 g6 4. Lg2 d6!?

Mit der Idee, nach Tb1 und b2-b4-b5 das Feld d8 für den Rückzug des Springers c6 zu bekommen. Um dies besser zu verstehen, zwei Beispiele aus der Praxis Karpows (mit Weiß!):

4. ... Lg7 5. e3 d6 6. Tb1 Sge7 7. b4 a6 (Es drohte 8. b5, aber der Textzug zeigt sich später als eine wichtige Schwächung) 8. d3 Le6 9. Sd5 0-0 10. Se2 Dd7 11. Sec3 Sd8 12. a4 Sc8 (c6? 13. Sb6 - das ist die Folge von 7. ... a6) 13. Se4 f6 14. 0-0 c6 15. Sdc3 Sf7 16. Dc2 f5 17. Sd2 g5 18. a5 mit Vorteil für Weiß, Karpow - Polgar, Bilbao 1987;

4. ... Lg7 5. Tb1 Sf6 6. e3 0–0 7. Sge2 d6 8. b4! Le6 9. b5 Sa5 10. d3 mit besserem Spiel für Weiß, Karpow - Ljubojevic, Bugojno 1986.

5. Tb1 Lf5 6. d3 Dd7 7. b4 Lg7 8. b5 Sd8

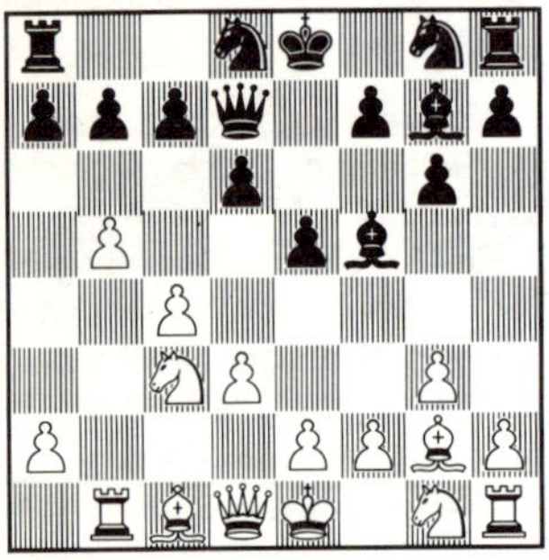

9. Sd5!?

Kostet Zeit, aber so will Weiß den Punkt d6 schwächen. In Smejkal - Rajkovic, Jugoslawien 1971, folgte 9. e3 Sf6 10. Sd5 h5 11. h4 0–0 12. Se2 Sh7 13. Dc2 Te8 14. e4 Lg4 15. f3 Le6 16. 0–0 und Weiß steht besser.

Larsen spielte mit Erfolg 9. h4!? mit der Idee 9. ... h5 10. Sf3.

9. ... c6 10. bc6: bc6: 11. Sc3 Se7

24 Minuten überlegte Karpow.

Meiner Meinung nach könnte Schwarz probieren, die Zeit, die Weiß durch Sc3-d5-c3 verloren hat, auszunutzen. Aktiver war 11. ... Le6!? mit der Idee 12. La3 f5.

12. La3 0–0 13. Sf3 h6?!

Um sich mit Le6 und f7-f5 etwas Raum am Königsflügel zu erobern, nach nur 3 Minuten Bedenkzeit! Schwarz mußte 13. ... Sc8! spielen mit der Idee 14. 0–0 (14. h4 h6 15. Sd2 Le6 16. Da4 f5) Lh3! 15. Da4 Lg2: 16. Kg2: f5 17. Tb3 De8 und genügendem Gegenspiel.

14. 0–0 Le6

14. ... Sc8 hat keinen Zweck mehr; Weiß kann den Läufertausch vermeiden. Nach 15. Se4?! wäre jetzt Sc8! mit der Idee f5 viel stärker.

15. Da4! f5

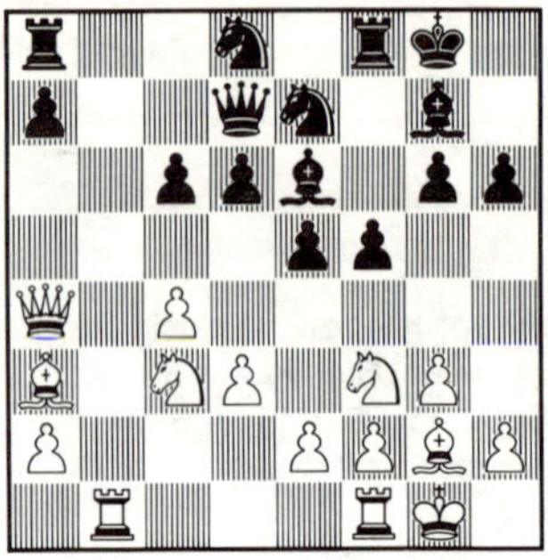

16. Sd2?!

2 Minuten(!) und ein schablonenhafter Zug. Nach 16. Tb3! Sf7 17. Tfb1 Tfc8 18. Da6 mit der Idee Sf3-e1-c2 hätte Schwarz Schwierigkeiten.

16. ... Sf7 17. Tb3 Tab8

Gerade rechtzeitig.

18. Tfb1 Tb3: 19. Tb3: Tc8! 20. Da6 Sd8

Das Einbruchsfeld b7 ist gut gedeckt.

21. Lb4 Tb8 22. Sa4

Nichts bringt laut Andersson auch 22. La5 (oder 22. Da3 Sc8!) Tb3: 23. Sb3: Db7 24. Db7: Sb7: 25. Lc7 wegen 25. ... e4! 26. Sa4 ed3: 27. ed3: d5.

22. ... Kf7 23. Lc3 Tb3: 24. ab3: Dc7 25. e3

Oder 25. La5 Db7 mit Ausgleich.

25. ... Lc8 26. Da5 Da5: 27. La5: Se6 28. b4 Remis.

Kasparow bot das Unentschieden an; Karpow akzeptierte. Nach 28. ... c5 wäre die Stellung ausgeglichen.

7. Partie

Ein sichtlich enttäuschter Weltmeister beim TV-Interview nach der 6. Partie, der endlich eine längst fällige Auszeit nimmt, und nun wieder Schwarz spielen muß – hat Karpow in dieser Partie die große Chance? Viel fehlt daran nicht. Anscheinend ahnt auch das Publikum, daß ein kritischer Tag ist: Zum erstenmal alle 831 Plätze ausverkauft; darüber hinaus auch der Analyseraum mit weiteren 400!

Die Fans sehen durchaus etwas für ihr Geld. Karpow bekommt wieder großen Zeit- und diesmal auch Stellungsvorteil. Der Weltmeister schwebt tatsächlich am Rand des Abgrunds, auch wenn er in Zeitnot vielleicht mit dem Qualitätsopfer so etwas wie Initiative zu erreichen hofft. Doch Karpow will der entscheidende Schlag nicht gelingen – wahrscheinlich gibt er vor Abbruch mehr als eine Chance aus der Hand. In der Hängestellung scheint kaum noch etwas drin; sonst hätte es Karpows bekannt gutes Team (einschließlich des „roten Telefons" in die UdSSR!) vermutlich gefunden. Als sich herausstellt, daß Weiß in der Tat nichts Konkretes vorweisen kann, lebt der Weltmeister auf: Zum Schluß schraubt er den letzten Zug geradezu ins Brett und bietet Remis an. Händedruck, Unterschrift – dann ist Karpow weg. Und am Fernsehen sieht man diesmal den Kasparow, wie man ihn kennt ...

7. Partie: 30.10.1987
Karpow - Kasparow
Grünfeld-Indisch
1. d4 Sf6 2. c4 g6 3. Sc3 d5 4. cd5: Sd5: 5. e4 Sc3: 6. bc3: Lg7 7. Lc4 c5 8. Se2 Sc6 9. Le3 0–0 10. 0–0 Lg4 11. f3 Sa5 12. Lf7:+!?

Laut den „Experten" von Sevilla „hatte Kasparow nicht damit gerechnet, daß Karpow diese Variante nochmals spielen würde."
„Mit Staunen verfolgten die Zuschauer, daß Karpow im Blitztempo exakt die gleichen Eröffnungszüge machte, die ihn in der 5. Partie in eine kritische Lage gebracht hatten" schrieb „Schach-Magazin 64".
Aber warum denn nicht? Sie haben etwas gefunden, Garri!?
12. ... Tf7: 13. fg4: Tf1:+ 14. Kf1: Dd6
Nach 14 Minuten.
15. e5 Dd5 16. Lf2 Td8!?
Weitere 21(!) Minuten; Gesamtzeitverbrauch: Karpow 13 Minuten, Kasparow 46(!). In der 5. Partie geschah 16. ... Tf8.

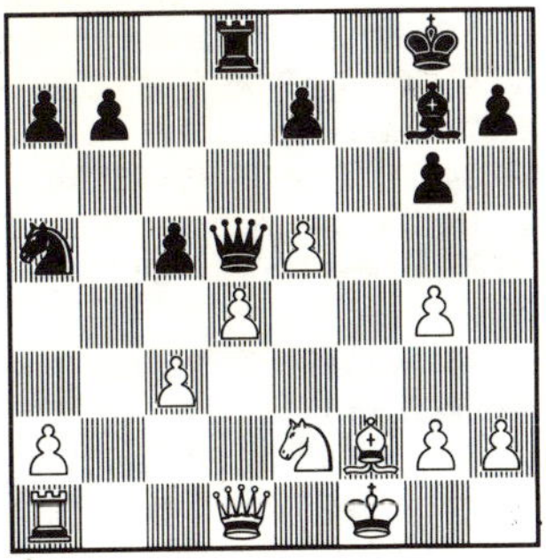

17. De1!
14 Minuten; es drohte Le5:, und nach 17. Sf4 Dc4+ 18. Dd3 Dd3:+ 19. Sd3: cd4: 20. cd4: Sc6 21. Sc5 Sd4: 22. Sb7: Td5 hat Schwarz keine Probleme.
17. ... De4 18. g5!
Karpow hat etwas gelernt von der 5. Partie.
18. ... Df5!
17 Minuten; nach 18. ... Dg4 19. h4 Sc4 könnte Weiß 20. Sg1! nebst Sf3 spielen.
19. h4?!
Mir gefällt mehr 19. Sg3! Dg5: 20. De2! mit der Idee 21. Se4 und Weiß steht besser.
19. ... Sc4 20. Kg1
20. Sg1? geht nicht wegen Dd3+. Nun will Weiß Sg3 nebst Se4 spielen.
20. ... Dg4!
Verhindert 21. Sg3? wegen cd4: 22. cd4: Td4:! 23. Ld4: Dd4:+ mit gewonnener Stellung für Schwarz. Nun droht 21. ... h6!.

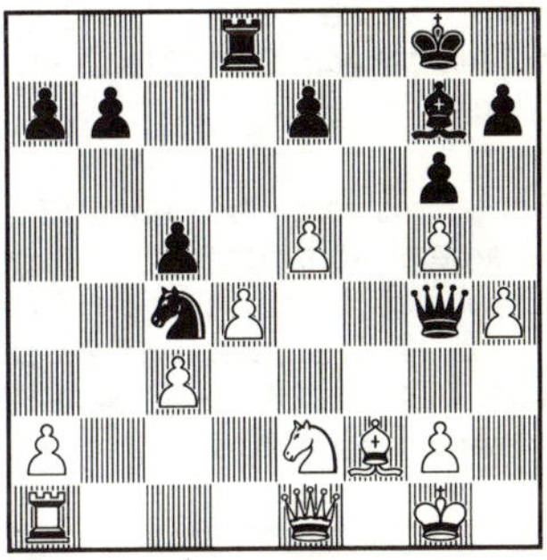

21. a4!
8(!) Minuten. Karpow findet einen sehr interessanten Gegenspielplan mit der Fesselung des Springers c4.
21. ... h6! 22. Ta2!
Mit der Idee Db1; nach 22. gh6:? Lh6: steht Schwarz sehr gut.
22. ... hg5: 23. Db1!
Nach 20 Minuten; nichts bringt 23. hg5: Dg5: 24. Sg3 wegen Dg4!. Nun hängt der Bg6, und es droht Db3.
23. ... gh4:!
17 Minuten; nun bleiben Kasparow nur noch 31! Schwächer war 23. ... Kh7?! wegen 24. h5! Dh5: 25. Db3 Sb6 26. De6! g4 27. De7: mit Vorteil für Weiß.
24. Db3!
Sicher nicht 24. Db7:? wegen Se5:! 25. De7: (25. de5: Td1+ 26. Kh2 Le5:+) 25. ... Sf3+ 26. Kf1 Tb8 und Schwarz gewinnt.
24. ... De6 25. Sf4 Df7 26. Sg6:!

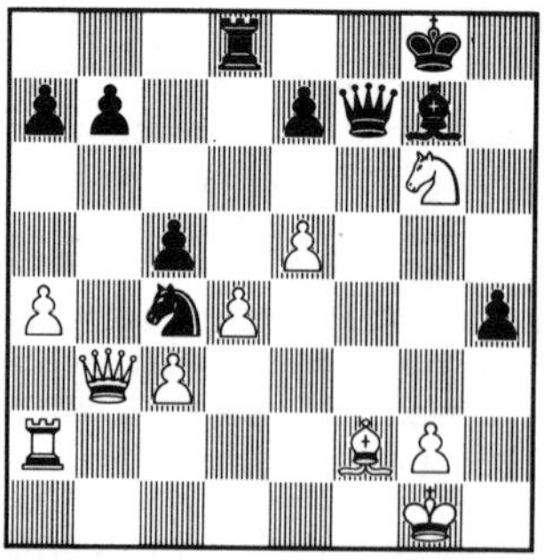

26. ... Dg6:

4 Minuten. Nach 26. ... Se5:? 27. Se7:+ Kf8 28. Df7:+ Kf7: 29. Lh4:! (aber nicht 29. de5:? Td1+ 30. Kh2 Le5:+ 31. Kh3 Ke7: 32. Lc5:+ Ke6 33. La7: Kf5! und es droht Th1 matt!) 29. ... cd4: 30. Tf2+! Ke6 (oder Ke8) 31. Sf5 erreicht Weiß eine Gewinnstellung.

27. Dc4:+ Kh8 28. Tb2!

25 Minuten. Karpow spielt auf Gewinn! 28. Lh4: cd4: 29. cd4: Dg4 (oder Db1+ 30. Kh2 De4 31. Lf2 Dh7+ mit Dauerschach) 30. Lf2 Le5: 31. De2 führt zum Ausgleich.

28. ... cd4:?

Nach 6 Minuten; es verbleiben noch 15.
„Kasparow ärgerte sich, nicht 28. ... h3! gespielt zu haben" schrieb das Bulletin. Er hatte Grund dazu! Nach 28. ... h3! 29. Df1! (aber nicht 29. g3? wegen cd4: 30. cd4: De4! 31. Df1 Le5:! 32. Dh3:+ Kg7) ergibt sich eine kritische Position.

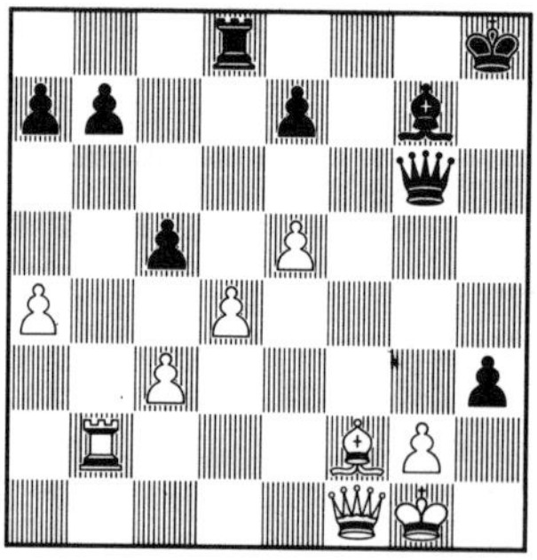

Analysediagramm

Und nun ...

I) 29. ... Le5:? 30. de5: Td1 31. Le1 und Weiß gewinnt, weil der Turm b2 das kritische Feld g2 deckt;

II) 29. ... Tf8 30. g3 Dg4 31. Kh2 Tf5 32. De2 De2: 33. Te2: Tf3 34. Tc2 cd4: 35. cd4: Ta3 36. Kh3: Ta4: 37. Tc7 und die schwarze Lage ist kritisch;

III) 29. ... hg2: 30. Dg2: Dg2: 31. Kg2: b6 32. Kf3! (Andersson(?) gibt 32. a5? cd4: 33. cd4: Td5 34. ab6: ab6: 35. Tb6: Le5: mit Remis) 32. ... cd4: 33. cd4: mit klarem Vorteil für Weiß, z.B. 33. ... Td5 34. Ke4 Ta5 35. Tc2.

IV) 29. ... De4!
Die rettende Fortsetzung! Es kann folgen 30. Te2! (schlecht wäre 30. g3? Le5:! 31. Dh3:+ Kg7 oder 30. gh3:? Tg8!) 30. ... hg2:! (nicht Dd3 31. g3 Dc3: 32. Dh3:+) 31. Te4: gf1:D+ 32. Kf1: cd4: 33. cd4: Td5 mit Ausgleich.

29. cd4: Dg4

Mit der Idee 30. ... Le5:; nun wäre 29. ... h3 30. Df1 günstig für Weiß, z.B. 30. ... De4 31. Tb3!.

30. Df7!

Nur so; nach 30. De2?! Td4:! 31. Ld4: Dd4:+ 32. Kh1 (32. Df2 Dd1+) Le5: hat Schwarz keine Probleme.

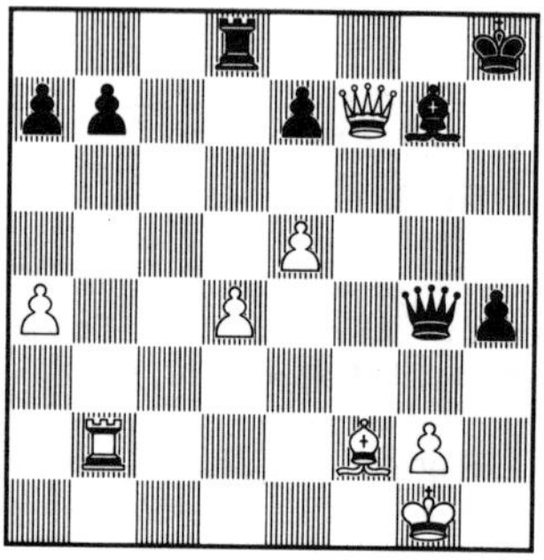

30. ... Td4:!?

Nach 8 Minuten; noch 7 verbleiben Kasparow. Das Qualitätsopfer ist keine Rettung, aber auch 30. ... h3 31. Df3! oder 30. ... Tf8 31. De7: h3 32. Dh4+ war hoffnungslos.

31. Ld4: Dd4:+ 32. Tf2 De5:

Sicher nicht Le5:? 33. Df8+ Kh7 34. De7:+ und ohne den Be7 verliert Schwarz schnell.

33. Tf5?!

Nur 2(!) Minuten; Karpow hat noch 25, Kasparow fünf! Nun kommt die Serie von Zügen, bei denen nur zu fragen bleibt: was ist mit Karpow passiert? „Karpow spielt auf Mattdrohungen, die sich als Fata Morgana erweisen" schrieb Pachmann.
Nach 33. Df4! Da1+ 34. Tf1 Dd4+ 35. Dd4: Ld4:+ 36. Kh2 Lf6 37. Kh3 Kg7 38. Td1 ist das Endspiel für Weiß leicht gewonnen.

33. ... De1+ 34. Tf1 De5 35. Kh1?!

Wieder war 35. Df4! möglich und 35. ... Dh5 geht nicht wegen 36. Db8+ Kh7 37. Db7:.

35. ... b6

Nach 35. ... Lf6? wäre 36. Tc1! stark.

36. Df4 Dh5! 37. Df5

Nichts bringt 37. Db8+ Kh7 38. Da7: wegen 38. ... h3 39. De7: hg2:+ 40. Kg2: Dg4+ 41. Kh2 Da4:! und Weiß kann nicht gewinnen; aber möglich war

37. Tf3! Lf6 38. Db8+ Kg7 39. Da7: Dc5 40. Da6 mit Gewinn.
37. ... De2

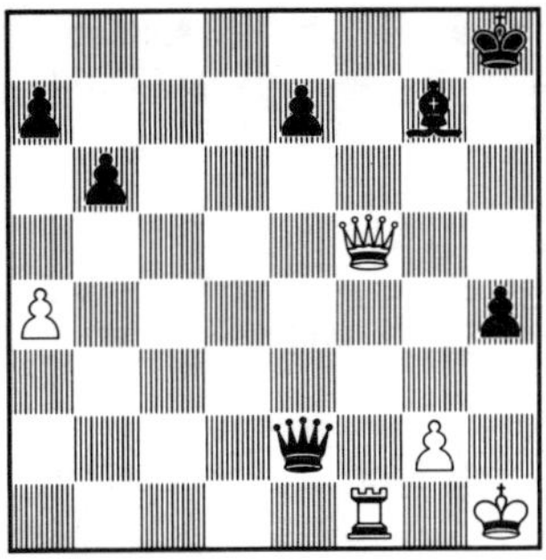

38. Tc1?
Die Idee war nicht schlecht, aber die Ausführung ... Richtig wäre 38. Dc8+! Kh7 39. Tc1! (mit der Idee 40. Dc2+) Dh5 40. Dc2+ Kh8 41. Dd1! und Weiß gewinnt leicht.
38. ... Lf6!
Nun bekommt der schwarze König noch das Feld g7, und der Be7 ist gedeckt; es wird unklar, ob Weiß noch gewinnen kann.
Mit seinen letzten Zügen hat Karpow womöglich nicht nur den Gewinn dieser Partie verpaßt!
39. Dg6
Droht 40. Tc8 matt.
39. ... De6 40. Td1
Nun droht 41. Td8 mit Matt.
40. ... Dc8
Und was nun?
41. Tf1 Dd7

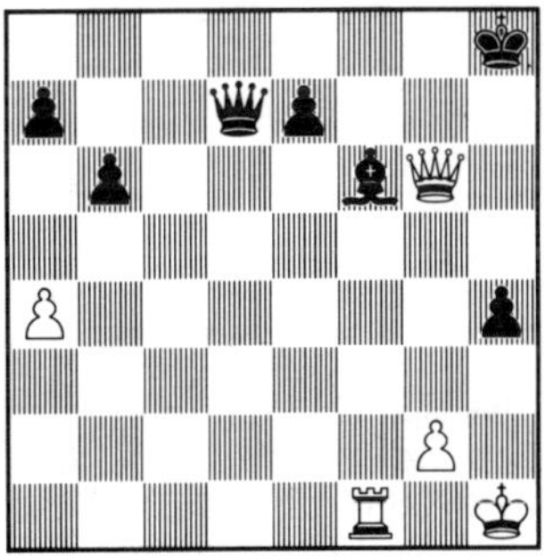

42. Dh5+
Der Abgabezug. Weiß kann noch den Damentausch erzwingen, aber dann kommt der schwarze König zur rechten Zeit, um den Damenflügel zu verteidigen.
42. ... Kg7 43. Tf4 Dd2 44. Tg4+ Kf8 45. Df5
Droht 46. Dc8+ Kf7 47. Dg8 matt.
45. ... Dc1+ 46. Kh2 Dc7+ 47. Df4 Df4: 48. Tf4:
Jetzt muß Weiß versuchen:
1) den Abtausch des a-Bauern zu vermeiden;
2) eine Zugzwangstellung zu erreichen, um den schwarzen h-Bauern zu gewinnen.
48. ... Ke8 49. Kg1!
Der weiße König muß das Feld d3 erreichen, um nach a7-a6 und b6-b5 die Möglichkeit zu haben, a4-a5! zu spielen.
49. ... a6 50. Kf2 Kd7 51. Ke2 Kd6 52. Kd3 Kc5
Schlecht war nämlich nun 52. ... b5? 53. a5! Kc5 wegen 54. Kc2 mit der Idee Kb3 und der Turm kann erfolgreich den Ba6 angreifen.
53. Tc4+ Kd5 54. Tc7 a5 55. Tc4

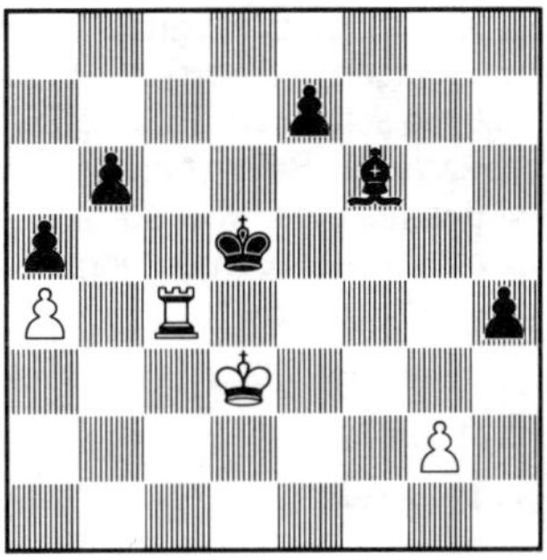

55. ... e5!
Nur so! Passive Verteidigung nach 55. ... Lg5 56. Te4 Lf6 57. Tg4 Kc5 58. Tf4! führt zum Zugzwang: 58. ... Kd5 59. Tf5+ Kc6 60. Kc4 und Weiß gewinnt.
56. Tg4 Le7 57. Tg7 e4+ 58. Ke3
Die gleiche Stellung ergibt sich nach 58. Ke2 Lf6 59. Tg6 Ld4 60. Tg5+.
58. ... Lc5+ 59. Ke2 Ld4 60. Tg5+ Kc4 61. Tf5!?
16 Minuten; der letzte Versuch! Nun gewinnt Weiß nach 61. ... Kb4? 62. Tf4! ein Tempo und die Partie: 62. ... b5 63. Te4: Kc3 64. ab5: a4 65. Td4: Kd4: 66. b6 a3 67. b7 a2 68. b8D a1D 69. Dh8+.
61. ... Kc3! 62. Th5
Nun kommt bei 62. Tf4 b5 63. ab5: a4 der schwarze a-Bauer zuerst.
62. ... Kc4 63. Tf5
Karpow laviert noch; es ist für ihn schwer zuzugeben, daß er diese Partie nicht gewinnen kann!
63. ... Kc3 64. Tg5 Kc4 65. Th5 Lf6 66. Tb5 Ld4 67. Th5 Lf6 68. Th6 Ld4 69. Th4:
Es gibt keine andere Möglichkeit.
69. ... b5! 70. ab5: a4 71. Te4: a3 72. b6 a2 73. Td4:+ Kd4: 74. b7 a1D 75. b8D Da6+ 76. Kf2 Df6+ 77. Kg1 Ke4 78. Db4+ Kf5 79. De1 Dd4+ Remis.
Kasparow mußte nach dieser Partie sehr zufrieden sein – im Gegensatz zu Karpow!

8. Partie

Kommt jetzt die psychologische Wende im Match? Es scheint fast so, wenn man betrachtet, wie aufgedreht Kasparow nach der geretteten 7. Partie wirkt und wie passiv, ja ängstlich Karpow die 8. angeht. Er bringt zwar wieder etwas Neues (3. ... c5); doch das macht diesmal auf den Gegner keinen besonderen Eindruck. Manche sehen Kasparows Mienen und Gesten so, als ob er sich nur mit Mühe das Lachen verbeißen könne. Aber obwohl er besser steht, scheint eine Zeitlang wenig los; doch im Mittelspiel bleibt Karpow seltsam untätig und führt nur seinen ohnehin wenig nützlichen Springer auf a5 und b7 spazieren. Hinzu kommt ein positioneller Irrtum – und allmählich geht es bergab: als Kasparow das ganze Spiel auf den Königsflügel verlagert und dort endlich zum Angriff übergeht, fällt die schwarze Stellung fast unmerklich in sich zusammen. Selbst den Großmeistern in Sevilla geht das anfangs nicht so recht auf; beim ersten Blick auf die Abbruchstellung ist vereinzelt gar noch von Remis die Rede ...

8. Partie: 2.11.1987

Kasparow - Karpow
Englisch
1. c4 e5 2. Sc3 d6
Wieder eine neue Variation.
3. g3 c5
„Karpow hatte vor dem Wettkampf behauptet, Kasparow spiele nur in einigen Eröffnungen stark, die er gut kenne. Deshalb versucht Karpow wohl auch in der Eröffnungsphase der Partien ganz neue Wege zu gehen“ schrieb Ludek Pachmann. Englisch ist eine neue Eröffnung für Kasparow, und Karpow probiert, Stellungen zu bekommen, wo man mehr verstehen als wissen muß.
4. Lg2 Sc6 5. a3!?

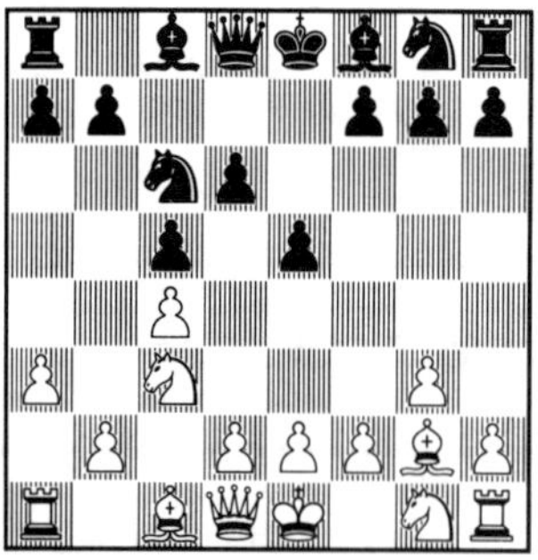

„Normal“ sieht 5. e3 aus; in Hort - van der Sterren, Lone Pine 1979, folgte (durch Zugumstellung) 5. ... g6 6. Sge2 Lg7 7. a3 Sge7 8. Tb1 a5 9. b3 Tb8 10. Sb5! 0–0 11. Sec3 f5 12. d3 Le6 13. Sd5 und Weiß steht besser.
Weiß will sofort b2-b4 durchsetzen oder Schwarz zwingen, a7-a5 (Feld b5!) zu spielen.

5. ... g6?!
Mir gefällt mehr Sge7! mit der Idee 6. Tb1 Le6 7. d3 d5 8. cd5: Sd5: 9. Sf3 Le7.
6. b4! Lg7
Sicher nicht 6. ... cb4: 7. ab4: Sb4:? 8. Da4+ Sc6 9. Tb1 Se7 10. Sd5 und die schwarze Lage ist kritisch.
7. Tb1
2 Minuten; 7. bc5: dc5: 8. Lc6:+ bc6: 9. Tb1 Se7 ist nicht zu überlegen - die schwarze Bauernstruktur wäre nicht „schön“, aber der Läufer g2 ist wichtiger.
7. ... Sge7 8. e3
24 Minuten; nach 8. b5 Sd4 9. e3 Se6 wäre der Springer auf e6 nicht schlecht plaziert.
8. ... 0–0 9. d3!
Besser als 9. b5 Sa5 10. d3 Le6.
9. ... Tb8
26 Minuten; Schwarz steht schlechter ...
Unlogisch ist 9. ... Dd7 (mit der Idee Sd8, Borik) wegen 10. 0–0 b6 11. b5 Sd8 12. a4 Lb7 13. e4. Aber möglicherweise verspricht 9. ... cb4: 10. ab4: a6 11. Sge2 Le6 mehr Gegenspiel?!
10. Sge2 Le6 11. b5! Sa5

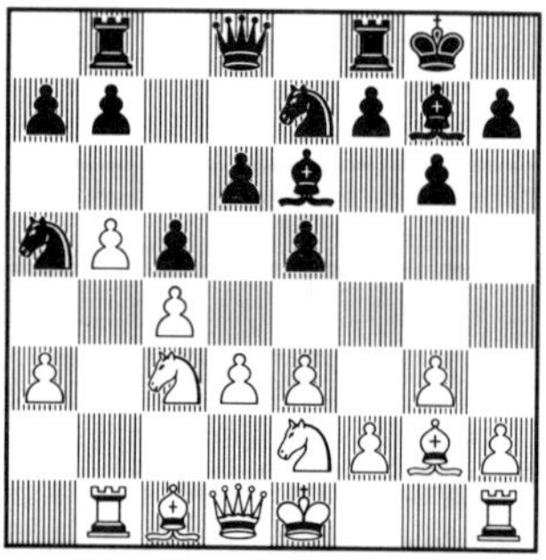

12. Ld2!
Verhindert taktisch 12. ... d5? wegen 13. cd5: Sd5: 14. Se4 (auch nach 14. Sd5: Ld5: 15. Ld5: Dd5: 16. e4 Dd8 17. Da4 b6 18. La5: ba5: 19. Dc4 haben wir ein Lehrbeispiel „guter Springer gegen sehr schlechten Läufer“) 14. ... Tc8 15. Da4 b6 16. Tc1.
12. ... b6 13. 0–0 Sb7 14. e4
16 Minuten überlegte Kasparow, ob es nichts Besseres gibt, um d6-d5 zu verhindern.
14. ... Kh8
Es ist klar, daß die schwarze Position mit dem Springer auf b7 schlechter ist. Schwarz muß versuchen, durch f7-f5 Gegenspiel zu erlangen.

Nach sofort 14. ... f5 könnte Kasparow mit 15. ef5: Sf5: 16. Da4! antworten - 16. ... Sd4 17. Sd4: cd4: 18. Se4 sieht günstig für Weiß aus.

15. Dc1?!

15. Dc2 mit der Idee Tbe1 gefällt mir mehr; nun ist eine Drohung (Da4) weg.

15. ... f5 16. Lg5

Es drohte 16. ... fe4: und 17. ... Sf5.

16. ... De8 17. Le7:

Nach 17. Dd2 (mit der Idee fe4:? 18. Le7:) folgt 17. ... Sg8!

„Ein strategisch wichtiger Abtausch: Weiß behält eine absolute Herrschaft über den zentralen Punkt d5“ schrieb Pachmann über den Textzug. Im Prinzip ist das korrekt, aber nur nach folgendem Fehler von Schwarz.

17. ... De7: 18. ef5:

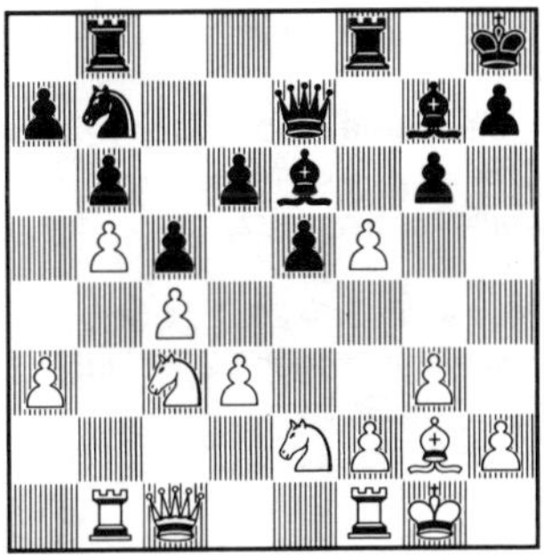

18. ... Lf5:?

7 Minuten Bedenkzeit und der entscheidende Fehler. Vielleicht weil Karpow noch nicht Königsindisch mit Schwarz spielte? Nun bekommt Weiß noch das Feld e4 für seine Figuren.

Die kritische Stellung ergibt sich nach 18. ... gf5:! 19. Sd5. Schwarz muß Weiß „zwingen“, f2-f4 zu spielen:

I) 19. ... Ld5:? 20. Ld5: Sd8 21. Kg2! Se6 22. Le6: De6: 23. f3 und Weiß steht besser;

II) 19. ... Dd7! 20. f4 und nun 20. ... Ld5:! 21. Ld5: Sd8 mit genügend Gegenspiel für Schwarz.

19. Sd5 Dd7 20. Dd2 Sa5

Nach 20. ... Sd8 (mit der Idee Se6) folgt 21. a4! Se6 22. a5 ba5: 23. Ta1.

21. Sec3 Tbe8 22. Se4 Sb7 23. a4 Sa5 24. h4

Nun folgt ein Stadium des Lavierens. Kasparow will den Vorstoß f2-f4 in möglichst günstiger Situation ausführen. Zum Beispiel wäre es gut, Schwarz zu h7-h6 (h5) zu zwingen, um eine Schwäche auf g6 hervorzurufen.

Karpow muß warten; eine traurige Aufgabe!

24. ... Sb7 25. Kh2 Tb8 26. Ta1 Sa5 27. Ta3 Tf7 28. Dc3 Td8 29. Ta2 Lh6 30. Sg5! Tff8

Sicher nicht 30. ... Lg5:? 31. hg5:.

31. Te2 Lg7 32. Dc2 Tde8 33. Se3! Lh6 34. Ld5! Lg7 35. Dd1! h6

Der Bauer h7 kommt in Bewegung! (vgl. oben)

36. Se4 Dd8 37. Ta2 Lc8 38. Sc3 h5 39. Le4 Te6 40. Scd5 Lh6 41. Sg2 Kg7 42. f4!

In dieser Stellung mußte Karpow seinen Abgabezug machen.

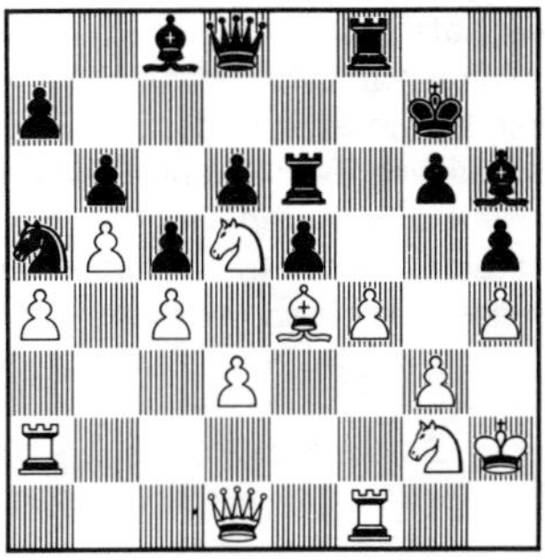

42. ... ef4:?

Laut Kasparow war 42. ... Lb7 43. f5 Ld5: (gf5: 44. Lf5: Ld5: 45. cd5: Tef6 46. Dh5:) 44. fe6: Le6: die einzige Chance.

Aber was hat Schwarz nach 45. Taf2 für die Qualität?

43. Sgf4: Te5

Dies wird Karpow als seine einzige Chance angesehen haben. Nach 43. ... Lf4: 44. Sf4: Tef6 45. Taf2! (45. Sh5:+ gh5: 46. Dh5: T8f7!) hat Schwarz keine Verteidigung, z.B. 45. ... Lg4 (Lb7? 46. Se6+) 46. Dc2 und droht 47. Sg6:!

Auch 43. ... Te4: 44. de4: Sc4: 45. Taf2 Kh7 46. Sh5:! Tf2:+ 47. Tf2: gh5: 48. Tf7+ Kg6 49. Tf6+ Df6: 50. Sf6: Kf6: 51. Df1+ gibt keine Rettung.

44. Sg6:! Tf1: 45. Df1: Te4: 46. de4: Kg6: 47. Tf2

Die schwarzen Figuren können ihrem König nicht helfen.

47. ... De8

Eine schöne Variante ergibt sich nach 47. ... Lg7 48. Tf7! Le6 49. Se7+ Kh7 50. Df6! Lf7: 51. Df7: Df8 52. Dg6+ Kh8 53. Dh5:+.

48. e5! de5: 49. Tf6+ Kg7 50. Td6! Schwarz gab auf.

9. Partie

Auch Karpow demonstriert ein wenig Stärke nach seiner zweiten Niederlage. Keine Auszeit diesmal, dafür der Versuch, mit Weiß gleich wieder Druck zu machen. Es klappt nur teilweise: Kasparow muß in der Tat heikle Probleme lösen, doch andererseits bekommt der Herausforderer auch keine konkreten Gewinnchancen. Ein, zwei Chancen (vgl. untenstehende Analysen) läßt er anscheinend aus - interessanterweise auch noch in der Hängepartie, die eigentlich jedermann klar als Remis einschätzte. Danach noch bis zum 70. Zug weiterzuspielen war nicht gerade nötig; macht Karpow vielleicht, wie später des öfteren vermutet wurde, daraus eine Taktik in solchen Endspielen, um den leicht erregbaren Gegner zu „ärgern"? Insgesamt eine harte Kampfpartie, wenngleich ohne dramatische Höhepunkte.

9. Partie: 4.11.1987
Karpow - Kasparow
Grünfeld-Indisch

1. d4 Sf6 2. c4 g6 3. Sc3 d5 4. cd5: Sd5: 5. e4 Sc3: 6. bc3: Lg7 7. Lc4 c5 8. Se2 Sc6 9. Le3 0–0 10. 0–0 Lg4 11. f3 Sa5 12. Lf7:+

„Man hat sich mittlerweile an diese Stellung gewöhnt" schrieb „Die Schachwoche".

12. ... Tf7: 13. fg4: Tf1:+ 14. Kf1: cd4:

Nach 8 Minuten. Stefan Kindermann gab zu: „Eine gewisse Ironie schwingt mit, weil gerade die Unterlassung dieses Abtausches bisher von Experten als besondere Feinheit gepriesen wurde."

15. cd4: Db6!?

Ein neuer Versuch.

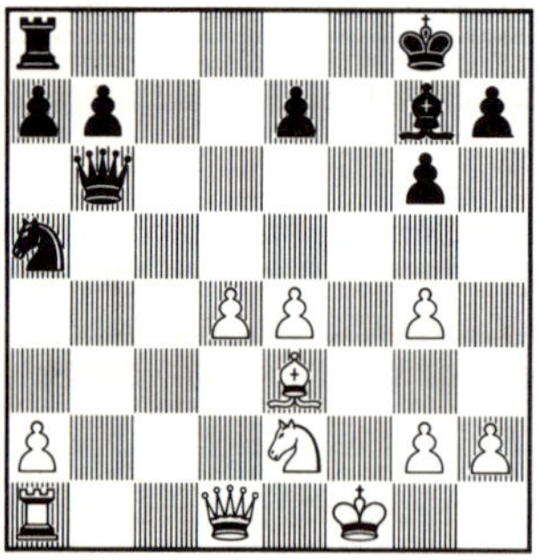

16. Kg1!

11 Minuten; nach 16. h3?! (16. Dd3?! Tf8+ 17. Kg1 Db2!) mit der Idee, den Bauern g4 zu verteidigen, folgt 16. ... Sc4 17. Lf2 Db2! 18. Kg1 Tf8 mit Initiative für Schwarz, z.B. 19. Tb1 Da2: 20. Tb7: Lh6!

16. ... De6

2 Minuten. Nun wäre 16. ... Sc4 17. Lf2 Db2 nicht gut wegen 18. Sf4! Tf8 19. Sd3.

17. Dd3!

1 Minute(!). Weiß will den Bg4 zurückgeben, um einen Positionsvorteil zu erreichen.

Nach 17. Sg3 Td8 18. Tc1 (18. Tb1 Ld4: 19. Ld4: Sc6 20. Se2 Sd4: 21. Sd4: Dc4) 18. ... Db6 19. Se2 (19. Tb1 Ld4:!) Sc6 20. Tb1 haben wir mit Zugumstellung die Position aus der Fernpartie Alfejewskij - Verner 1984 (siehe Anmerkungen zur 5. Partie), in der geschah 20. ... Sd4:! 21. Tb6: Sf3+ 22. Kf2 Td1: 23. Tb7: Sh2: 24. g5 Sg4+ 25. Kf3 Se5+ mit Remis.

17. ... Dg4:

Das Endspiel nach 17. ... Dc4 18. Dc4: Sc4: 19. Lf2 e5 (durch Zugumstellung) wird Kasparow in der 11. Partie versuchen; aber hier kann Weiß mit Erfolg 18. Dd2! Da6 19. Dc2 Sc4 20. Lf2 Tf8 21. g5 spielen.

18. Tf1!

4 Minuten; schwächer wäre 18. Tc1 wegen Tc8.

18. ... Tc8

8 Minuten; die Türme zu tauschen wäre nach 18. ... Tf8?! 19. Tf8:+ Lf8: (oder Kf8: 20. d5) 20. d5 b6 21. Sd4 ungünstig für Schwarz.

19. h3!

13 Minuten. 19. d5 Sc4 20. Ld4 Se5 21. Le5: Le5: 22. h3 bringt nichts wegen 22. ... Dg5!.

19. ... Dd7 20. d5 Sc4

Nach 20. ... e5?! war 21. La7: möglich.

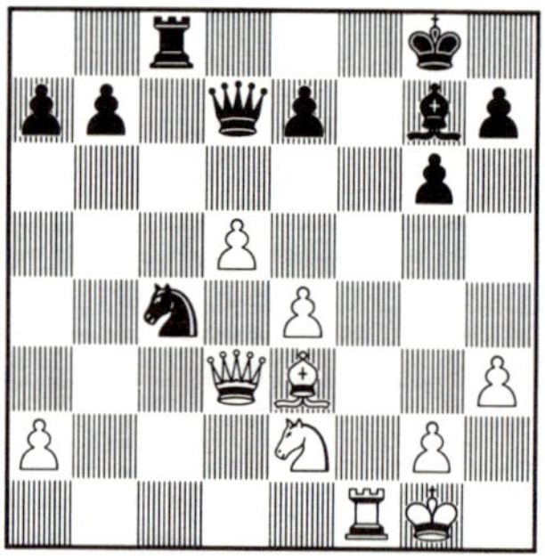

„Diese Stellung, könnte sein, stand in beiden Lagern auf dem Analysetisch" schrieb „Die Schachwoche".

Zeitverbrauch: Karpow 31 Minuten, Kasparow 36. Eine kritische Position: 21. La7:? geht nicht wegen b6 22. Tc1 Da7: 23. Tc4: Tc4: 24. Dc4: b5+.

Ich glaube, Weiß kann Vorteil behaupten, wenn sein Springer nach e6 kommt; darum sieht 21. Sd4! logisch aus. Die Stellung nach 21. ... Se3: (Se5 22. Db3 oder Da4 22. Se6 Se5 23. Db1 ist nicht besser) 22. De3: Ld4: (Dc7 23. Se6 Db6 24. Db6: ab6: 25. Tb1) 23. Dd4: wäre sehr unangenehm für Kasparow.

21. Ld4?!

23 Minuten. Karpow will diese Position durch Zugumstellung bekommen, aber ...

21. ... e5!

Nach 34 Minuten! 21. ... Se5 22. Le5:! (aber nicht 22. Dg3 Dd6 23. Kh1 Tc4) Le5: 23. Sd4 gefiel Kasparow nicht, aber er mußte genau folgende Komplikationen kalkulieren.

22. de6: De6: 23. Lg7: Kg7: 24. Sf4 Dd6!

Nach 24. ... Db6+ 25. Kh1 hat Schwarz nichts Besseres als 25. ... Dd6; aber der weiße König fühlt sich auf h1 wohler!

25. Dc3+

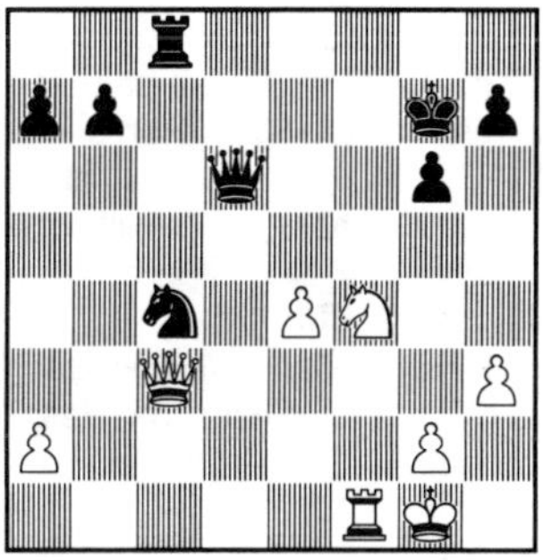

25. ... Kh6!

1(!) Minute und der einzige Zug!

25. ... De5? verliert wegen 26. Se6+! Kh6 (Kg8 27. Dc4: Tc4: 28. Tf8 matt) 27. Dc1+ g5 28. Tf5; nach 25. ... Kg8 26. Sd5 Sb6 27. Sf6+ Kh8 28. Db2 Dc5+ 29. Kh2 Dc3 30. Se8! Sd7 (Db2:? 31. Tf8 matt!) 31. Dc3: Tc3: 32. Tf7 ergibt sich ein für Weiß gewonnenes Endspiel.

26. Sd5 De5 27. Dd3

8 Minuten; nichts bringt 27. Df3 wegen Sd2 28. De3+ Dg5 (29. Tf4 Tc1+)

27. ... Kg7! 28. Sf6 Dd6!

Weiß steht etwas besser, weil die Lage des schwarzen Königs nicht sicher ist; aber es gibt keinen direkten Weg zur Verstärkung der Initiative.

29. Dc3

Karpow hat noch 50, Kasparow noch 60 Minuten - diesmal kommt keine Zeitnot in Frage.

29. ... De5 30. Dd3 Dd6 31. Dc3 De5 32. Db3!?

Karpow ist nicht mit Remis einverstanden.

32. ... Tc7

Schlecht wäre 32. ... b6? wegen 33. Da4 oder 32. ... Sd6? 33. Sd7.

33. Dd3

Weiß hat 33. ... Dd6?? (oder Sd6? 34. Dd6:!) wegen 34. Se8+ verhindert und will nun 34. Dd8! spielen.

33. ... Tf7! 34. Dc4:

6 Minuten; es gibt nichts Besseres.

34. ... Tf6: 35. Td1

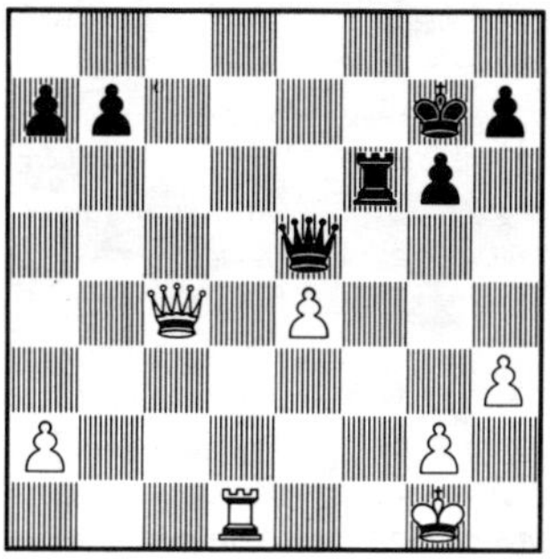

35. ... b5?

7 Minuten. Ich glaube nicht, daß Schwarz auf Gewinn spielen wollte; nach 35. ... Tf7 wäre das Remis nur die Frage von einigen Zügen.

36. Td7+ Kh6 37. De2

Nun steht wieder Karpow besser.

37. ... Dc5+

Nach 20(!) Minuten.

38. Kh2 De5+ 39. g3 Dc3 40. Kg2! Dc4 41. De3+

Sicher nicht 41. Dc4:? bc4: 42. Ta7: Tc6 und Weiß hat keine Gewinnchancen (43. Tf7 c3 44. Tf1 c2 45. Tc1 Kg5).

41. ... g5 42. Td2 Df1+ 43. Kh2

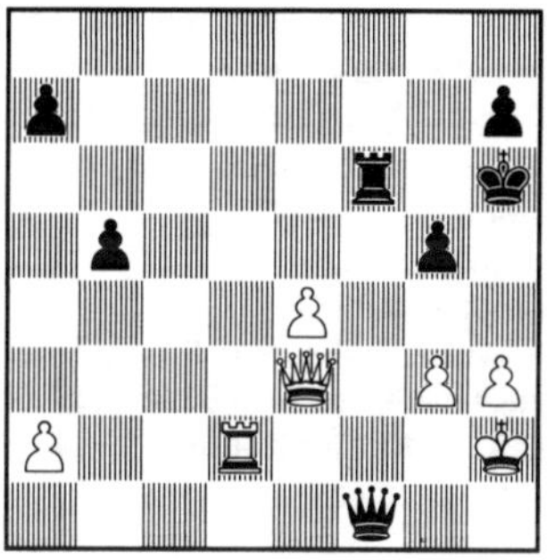

Die Abbruchstellung.

43. ... Df3 44. Dd4!

Nach 44. Df3: Tf3: 45. Td6+ Kg7 46. Td7+ Kg6 47. Ta7: Te3 ergibt sich ein „totes“ Remis.

44. ... Te6 45. e5

Nichts bringt 45. Tf2? De4: 46. Tf6+ Kg7.

45. ... Df5 46. Te2 a5!?

Kasparow opfert einen Bauern, um Gegenspiel zu bekommen. Nach 46. ... a6 47. Kg2 mit der Idee g4 mußte Schwarz sich mit einer langfristigen Verteidigung abfinden.

47. Dd5?

Ich glaube, Schwarz hätte große Probleme, wenn Weiß 47. Kg2! (47. g4 Df1 48. Tf2 Dc4 49. Dd8 Dc5! 50. Tf6+ Kg7 51. Te6: Df2+ mit Dauerschach) 47. ... b4 48. g4! gespielt hätte.

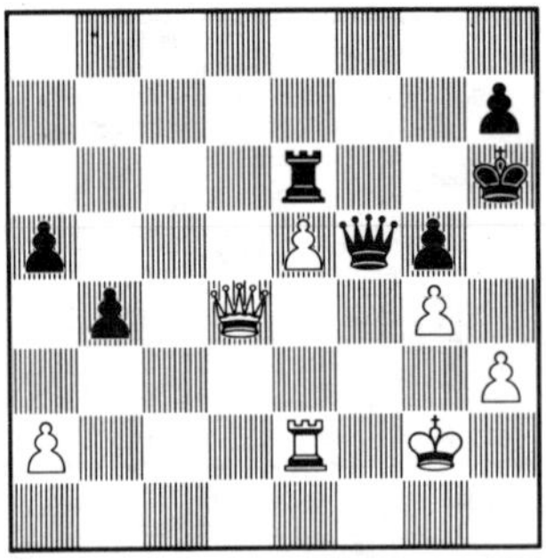

Analysediagramm

Zum Beispiel:

I) 48. ... Df4 49. Df4: gf4: 50. Kf3 a4 (Kg5 51. h4+!) 51. Kf4: Kg6 52. h4 mit einem gewonnenen Endspiel für Weiß;

II) 48. ... Df7 49. Dd5 a4 50. Tf2 De7 51. Tf5 b3 52. ab3: ab3: 53. h4! und der schwarze König sieht „nackt" aus.

47. ... b4 48. Da5: Dd3 49. Tg2

War ein Bauer soviel wert?

49. ... Dd4 50. Da8 De5:!

Aber nicht Te5:? wegen 51. Df8+ Kg6 52. Tf2.

51. Df8+ Kg6 52. Db4: h5! 53. h4

Das Endspiel nach 53. Db2 Db2: 54. Tb2: Ta6 55. Kg2 Ta3 bietet keine Chancen.

53. ... gh4: 54. Dh4: Td6 55. Dc4 Td4 56. Dc6+ Kg7 57. Db7+ Kh6 58. Dc6+ Kg7 59. Tc2 Th4+ 60. Kg2 De4+!

Das Turmendspiel ist Remis; nun gibt es noch eine kleine „Demonstration".

61. De4: Te4: 62. Tc7+ Kg6 63. Ta7 Te3 64. Kh3 Tc3 65. Ta8 Tc4 66. a4 Kg5 67. a5 Ta4 68. a6 Kh6 69. Kg2 Ta3 70. Kf2 Kg7 Remis.

10. Partie

1. e4 von Kasparow - ist heute Großkampftag angesagt? Umso größer die Enttäuschung, als schon nach 20 Zügen absolut ohne Pfeffer die Bühne wieder leer wird. Man glaubt zeitweise, daß Kasparow mit dem Läuferpaar bzw. der f-Linie auf Vorteil ausgehen könnte; es gelingt ihm aber nicht, daraus etwas zu machen, und die Schlußstellung sieht wohl inhaltsreicher aus, als sie tatsächlich ist. Mag sein, daß beide nach einer Woche mit drei schweren Kampf- und Hängepartien auch ganz froh waren über eine „unerklärte Auszeit"?!

10. Partie: 6.11.1987
Kasparow - Karpow
Caro-Kann

1. e4!?

Nach der langen Verteidigung in der 9. Partie will Kasparow ein „ruhiges Leben"; wer weiß, was Karpow gegen 1. c4 spielen kann?

1. ... c6

Keine große Überraschung. Karpow war im Kandidatenfinale gegen Sokolow, Linares 1987, mit Caro-Kann sehr zufrieden.

2. d4 d5 3. Sd2 de4: 4. Se4: Sd7 5. Sf3

Interessant wäre 5. Lc4 Sgf6 6. Sg5 e6 7. De2 Sb6 8. Lb3!? (nach 8. Ld3 h6 9. S5f3 c5 10. dc5: Lc5: 11. Se5 Sbd7 12. Sgf3 Dc7!? hatte Weiß keinen Vorteil; Sokolow - Karpow, 7. Partie Linares 1987) 8. ... h6 9. S5f3 a5 10. a3 wie in Tal - Speelman, Subotica (izt) 1987; aber Tal hat alte Beziehungen mit Karpow ...

5. ... Sgf6 6. Sf6:+ Sf6: 7. c3

„Dies ist so ruhig, daß es in keinem Buch zu finden ist. Mit 7. Lc4 wird die Fesselung des Sf3 verhindert (7. ... Lg4? 8. Lf7:+!)" wunderte sich Pachmann.

7. ... Lg4 8. h3!

In Pilnik - Petrosjan, Amsterdam 1956 (Kandidatenturnier) folgte 8. Le2 e6 9. h3 Lh5 10. Se5 Le2: 11. De2: Ld6 12. Lg5 Dc7 13. 0–0–0 Sd7 mit Ausgleich (Enzyklopädie).

8. ... Lf3:

Nun sieht 8. ... Lh5 9. g4! Lg6 10. Se5 e6 11. h4 gut für Weiß aus; das könnte eine Erklärung für 7. c3 sein.

9. Df3:

Steht Weiß mit seinem Läuferpaar etwas besser oder nicht?

9. ... e6

In der 14. Partie wird Karpow 9. ... Dd5!? spielen, um 10. Lc4! zu vermeiden.

10. Lc4! Le7 11. 0–0 Sd5

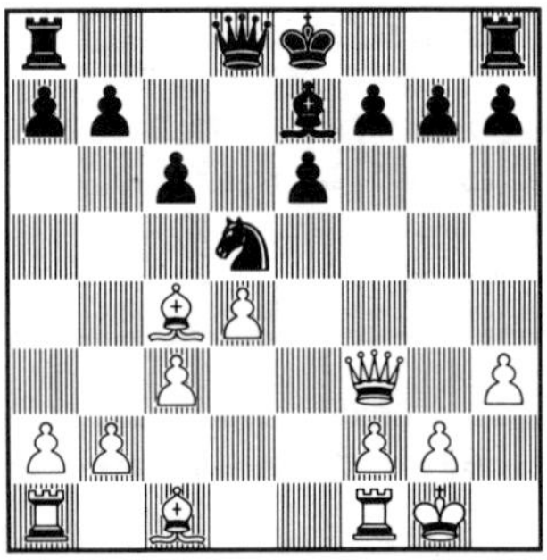

12. Le3?!

Dieser Zug macht keinen guten Eindruck. Kaspa-

row will seinen Läufer auf e3 abtauschen lassen, um die halboffene f-Linie zu bekommen.
Richtig war 12. Te1!. Nach 12. ... Lg5 13. Ld5:! cd5: 14. Lg5: (aber nicht 14. Dh5 Lc1: 15. Te6:+? Kf8) Dg5: 15. Te5 Dd8 (oder Dd2 16. Te2 Dg5 17. Tae1) 16. Tae1 oder 12. ... 0–0 13. Te2! Te8 (Lg5 14. Ld5: ed5: 15. Lg5: Dg5: 16. Tae1) 14. Ld2 hat Schwarz noch keinen Ausgleich erreicht.
12. ... Db6 13. De2 0–0 14. Tad1 Ld6
Warum tauscht Schwarz nicht sofort auf e3 und läßt den Läufer e3 dem evtl. mit Lc1 entgehen?
Nach 14. ... Se3: 15. fe3: c5 könnte Kasparow 16. d5 e5 17. d6! Ld6: 18. Dh5 spielen.

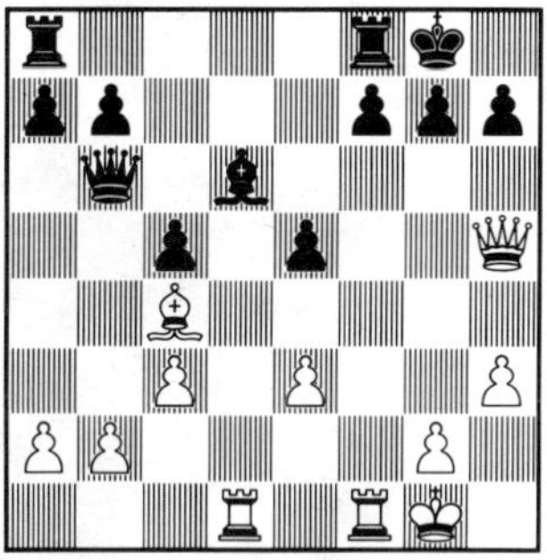

Analysediagramm

Und nun:
I) 18. ... g6? 19. Df3 Dc7 20. Df6 Tad8 21. e4! und es droht h4-h5-h6; 21. ... De7 22. Td6:! Dd6: 23. Lf7:+ Tf7: 24. Df7:+ gibt klaren Vorteil für Weiß;
II) 18. ... Dc7 19. Lf7:+ Tf7: 20. Df7:+ Df7: 21. Tf7: Kf7: 22. Td6: Te8 23. Kf2 b6 24. Kf3 mit einem besseren Endspiel für Weiß.
15. Lb3
Nichts bringt 15. Lc1 wegen Dc7 16. Df3 Lf4.
15. ... Se3:
Nun wäre 15. ... Dc7 16. Df3 Lf4 17. Ld5: Le3: 18. Le6:! günstig für Weiß.
16. fe3: c5 17. Tf3
Weiß erreicht nichts mit 17. d5 e5.
17. ... Tae8 18. Tdf1 Te7 19. Df2 Dc7 20. Dh4

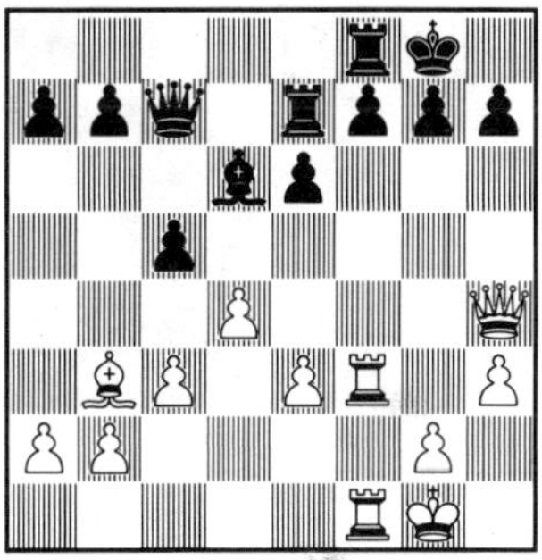

„Zur Verblüffung der anwesenden Journalisten im Pressezentrum bot hier Kasparow das Remis an, was Karpow nach einigen Minuten akzeptierte" schrieb „Die Schachwoche".
Aber Kasparow steht nicht besser, z.B. 20. ... e5 21. Ld5 (21. Tg3?! g6 22. Dh6 c4 23. Lc2 e4 24. Tg5 f5 ist günstig für Schwarz) ed4: 22. ed4: cd4: 23. cd4: Dc2 und beide müssen mit Remis zufrieden sein.

11. Partie

Wie das Schicksal so spielt: Auf den Tag genau vor zwei Jahren verlor Karpow den Titel; die 11. Partie trug schon damals ein gut Teil dazu bei - und nun schießt Karpow in ihr wieder einen Bock, der vielleicht noch schlimmer ist, womöglich gar einen ganzen Punkt wegwirft, auf jeden Fall aber wettkampftaktisch und psychologisch den Herausforderer in ein tiefes schwarzes Loch stürzt! Kasparow behauptet zwar hinterher, er habe nach der Eröffnung noch gut gestanden; doch selbst er kommt nicht umhin zuzugeben, daß Karpow dann stark weitergespielt und klaren Vorteil erreicht habe. Ob Gewinnstellung, daran scheiden sich die Geister.

Was dann passiert, ist ein Kapitel für sich. Kasparow sagt, er habe ganz kurz zuvor, beim Turmzug nach f6 ungefähr, das seltsame Gefühl gehabt, daß Karpow gleich einen groben Fehler machen könnte. Der Weltmeister folgt seiner „inneren Stimme", spielt Lb6 a tempo - und fast ebenso schnell, nach höchstens einer Minute, steht schon der weiße Turm auf c6 ... Man kann die Gebärde unmöglich beschreiben; man muß sie am Bildschirm gesehen haben, wie sich Kasparow mit innerlichem Triumphgeschrei auf das in die Falle getappte Opfer stürzt. Gibt es wirklich einen „geheimen Draht" zwischen den Gedankengängen von Spielern - auch Fischer hat in Anmerkungen zu einer Partie einmal so etwas behauptet – ; ein Fall für Parapsychologen?!

Real bleibt nur eins: Qualität und Partie sind weg. Karpow zeigt äußerlich kaum eine Regung; zur allgemeinen Überraschung tritt er sogar noch zur Hängepartie an (kann er noch immer nicht glauben, daß sie verloren ist?), doch der Weltmeister läßt nichts mehr anbrennen.

Der Weltmeister hat gut lachen – nach der 11. Partie geht Garri Kasparow erstmals in Führung
Foto: Agterdenbos, Amsterdam

11. Partie: 9.11.1987
Karpow - Kasparow
Grünfeld-Indisch

1. d4 Sf6 2. c4 g6 3. Sc3 d5 4. cd5: Sd5: 5. e4 Sc3: 6. bc3: Lg7 7. Lc4 c5 8. Se2 Sc6 9. Le3 0–0 10. 0–0 Lg4 11. f3 Sa5 12. Lf7:+ Tf7: 13. fg4: Tf1:+ 14. Kf1: Dd6

Wieder kommt Kasparow auf seine Verteidigungsmethode aus der 5. und 7. Partie zurück.

GM Hort bietet 14. ... Dd7 15. h3 Db5 an, aber was hat Schwarz nach 16. Kg1?

15. Kg1!?

Karpow, überzeugt von seiner Eröffnungsstrategie in der 9. Partie, ändert seine strategische Konzeption: Statt mit 15. e5! den Läufer g7 einzuengen, will er wie in der 9. Partie nach 15. ... De6 den Bg4 zurückgeben und 16. Dd3 cd4: 17. cd4: Dg4: 18. Tf1 spielen. Das hat Kasparow auch erwartet ...

15. ... De6 16. Dd3 Dc4!?

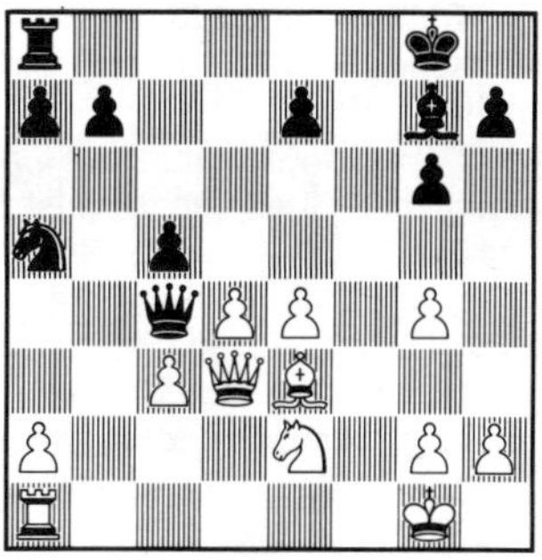

In dieser Stellung mit Abtausch auf d4 könnte Weiß 18. Dd2! spielen (siehe Anmerkungen zur 9. Partie), und nach 18. ... Da6 (der schwarze Springer

Die Kampfstätte in Sevilla: Karpow (links) und Kasparow Foto: Agterdenbos, Amsterdam

a5 hängt) 19. Dc2 hat Weiß im Vergleich zu Spassky - Kortschnoi, UdSSR 1955 (erwähnt in den Anmerkungen zur 5. Partie) ein wichtiges Tempo mehr.
Nun „zwingt“ die Unterlassung des Abtausches Weiß, ein Endspiel zu spielen; aber ist das so günstig für Schwarz?

17. Dc4:+

Nichts bringt 17. Dd2 wegen De6.

17. ... Sc4: 18. Lf2 cd4: 19. cd4: e5

1 Minute; eine bekannte Idee - nach 20. d5 bekommt Schwarz den Blockadespringer auf d6.
Zeitverbrauch: Karpow 14 Minuten, Kasparow 4 Minuten.

20. d5 Lh6!

Nach 12 Minuten. 20. ... Sd2 21. Sg3 Lh6 22. Te1! nebst Sf1 wäre günstig für Weiß.

21. h4 Ld2 22. Td1!

Es drohte 22. ... Sd6 23. Sg3 Lf4.

22. ... La5!

29 Minuten. Nach 22. ... b5 war laut Wirthensohn („Die Schachwoche“) 23. Sc1 stark.

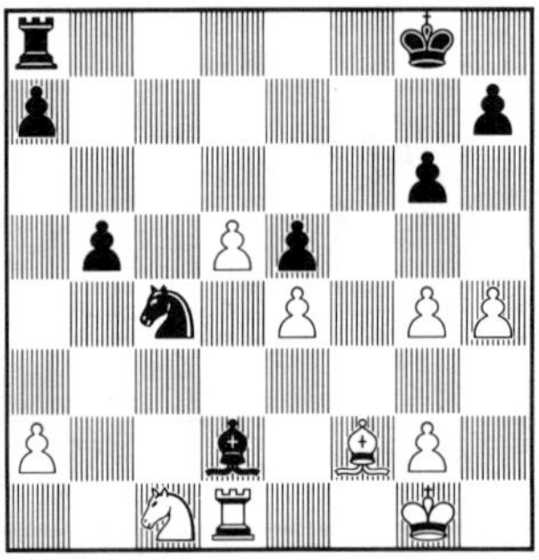

Analysediagramm

Folgende Varianten demonstrieren das:

I) 23. ... Lc1: 24. Tc1: Sd6 25. Lg3 Te8 26. Te1 a5 27. Kf2 Kf7 28. Te2! nebst Ke3-d3 mit Vorteil für Weiß.

II) 23. ... a5 24. Sb3! (24. Sd3 Lc3!) Lb4 (oder Lc3 25. d6 a4 26. d7 Td8 27. Sc5 Sb6 28. Td6 La5 29. Sb7) 25. Lc5 Lc5: 26. Sc5: Tc8 (Sd6 27. Sd7 Se4: 28. Se5: Sd6 29. Tc1) 27. Sb7! Tc7 28. d6 Td7 29. Td5 Sb6 30. Sc5 und Weiß steht auf Gewinn.

23. Tc1

8 Minuten; nun folgt auf 23. Sc1 Sd6.

23. ... b5

19 Minuten. GM Taimanow glaubt, Schwarz mußte ohne b7-b5 auskommen (das Feld c6!). Er gibt 23. ... Sd6 24. Sg3 Lb6!? (Tf8 25. La7:) 25. Lb6: ab6: 26. Tc7 Ta4, aber nach 27. h5! (nicht 27. Td7 Se4: mit Ausgleich) Se4: 28. Se4: Te4: 29. h6! ist das Endspiel gewonnen für Weiß.

24. Tc2

14 Minuten. 24. a4?! bringt nichts wegen Sd6 25. Sg3 b4.

24. ... Sd6 25. Sg3 Sc4 26. Sf1

Kein Remis, ein Spiel auf Zeitgewinn.

26. ... Sd6

15 Minuten. Kasparow wartet; er will nicht a7-a6 spielen (mit der Absicht, den Turm a8 ins Spiel zu bekommen), um die Möglichkeit La5-b6 zu behalten.
Nach 26. ... Lb6 folgt im Moment 27. a4! (aber nicht 27. Lb6:?! ab6: 28. Kf2 Tf8+ 29. Ke2 Tf4 oder 28. Sd2 Se3 29. Tc3 Sg4:) 27. ... Lf2:+ 28. Kf2: Sd6 29. Sd2 mit Vorteil für Weiß.

27. Sg3 Sc4 28. g5!

Um sich ein Einbruchsfeld (f6) zu sichern.

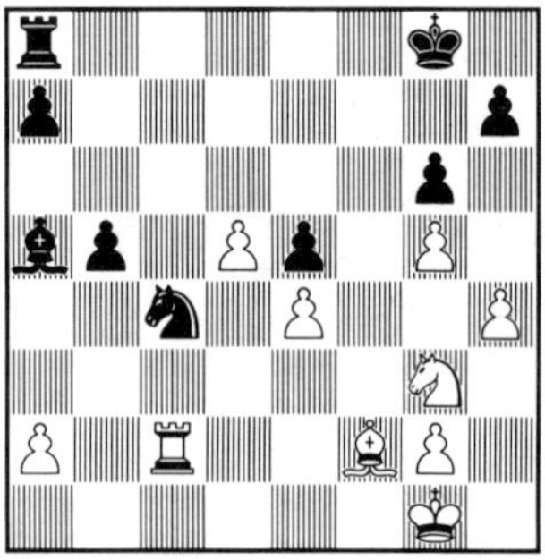

Eine kritische Stellung; was muß nun Schwarz spielen?

28. ... Kf7!

Nach 38 Minuten. Praktisch gibt es noch drei Möglichkeiten für Schwarz:

I) 28. ... Lb6 29. a4! Sa3 30. Tb2! ba4: 31. Ta2 mit Vorteil für Weiß;

II) 28. ... a6 29. Sf1! und nun:
A) 29. ... Sd6 30. Tc6! Se4: 31. Sg3 Sc3 32. d6! Kf7 (Sa2:? 33. d7 Td8 34. Ta6:) 33. d7 Td8 34. Lc5!, denn nach 34. ... Td7: 35. Tf6+ Kg8 36. h5 gh5: 37. Sh5: bekommt Weiß gefährlichen Angriff, z.B. 37. ... Td8 38. Ta6: Lc7 39. Sf6+;
B) 29. ... Tf8 30. Se3 Sd6 31. Tc6 Se4: 32. Sg4 Sf2: 33. Sf2: Tf4! 34. Sd3 Td4 35. Se5: Td5: 36. Sg4 mit Vorteil für Weiß;

III) 28. ... Kg7 29. Sf1 Sd6 30. Tc6! Se4: 31. Sg3 Sc3 32. d6! mit gefährlicher Initiative.

29. Sf1

17 Minuten; Karpow hat noch 47.

29. ... Sd6 30. Sg3

11 Minuten; nun bringt 30. Tc6?! Se4: 31. Sg3 Sc3 nichts (32. d6 Ke6!).

30. ... Sc4 31. Kf1!

Nach 31. Kh2 folgt Lb6!.

31. ... Ke7!?

15 Minuten. 31. ... Lb6 erlaubt Weiß 32. a4!, z.B. 32. ... Sa3 33. Tb2! ba4: 34. Ta2 und Weiß steht besser. Nun droht 32. ... Lb6!.

32. Lc5+!

Auf 32. Ke2 gibt Kortschnoi 32. ... Lb6! 33. Lb6: ab6: 34. Sf1 Ta4 35. Se3 Sd6 36. Tc7+ Kf8 mit Ausgleich an.

32. ... Kf7

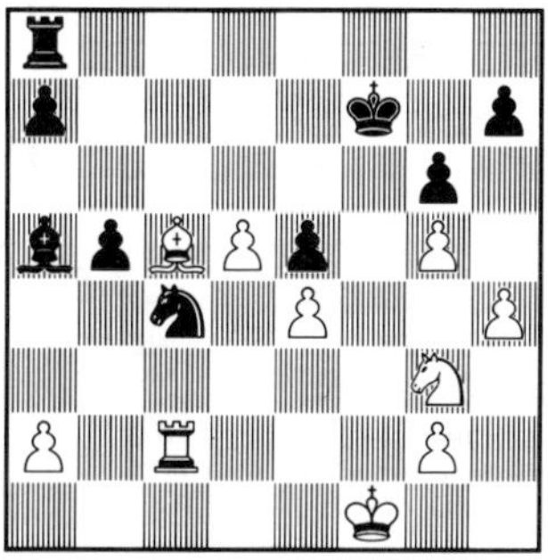

Wieder eine kritische Position.

Meiner Meinung nach konnte Weiß nun durch 33. Ke2 Lb6 34. a4! Lc5: 35. ab5: Tb8 36. Tc4: Tb5: 37. Sf1 nebst Sd2 ein günstiges Endspiel bekommen.

33. Tf2+?! Kg7 34. Tf6?!

Nach 6 Minuten; Karpow hat noch 28 übrig! Und trotzdem „die Einleitung zu einem völlig verfehlten Plan, der in einem großen Fehler gipfelt" (Schachwoche).

Nichts bringt 34. h5?! wegen 34. ... Ld2! (auch Lb6!? sieht nicht schlecht aus) 35. Le7 Lf4. Eine schöne Variante ergäbe sich dagegen nach 34. ... Tc8? 35. h6+ Kg8 36. Le7 Lb6 (Se3+ 37. Ke2 Sg4 38. Tf3!) 37. Tf6 Le3 38. Te6! Te8 39. Ke2 Lf4 40. Sf5! gf5: 41. ef5: und Schwarz hat keine Verteidigung gegen die weißen Bauern.

34. ... Lb6!

Laut Bulletin a tempo gespielt! Kasparow hat noch 16 Minuten.

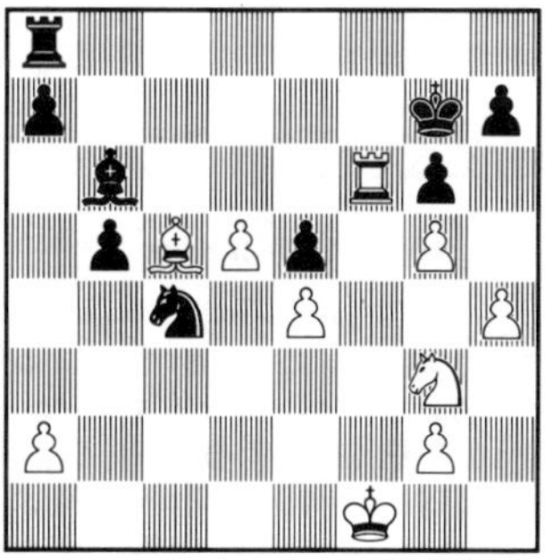

35. Tc6??

Als Kasparow diesen Zug sah, konnte er seinen Augen nicht glauben und sah 2-3 Minuten wie verloren aus.

1 Minute(!) und ein Fehler, der die Partie sofort verliert.

„Wenn ich das Geschenk erhalten hätte, welches ich Kasparow in der 11. Partie machte! Dieser Punkt ist so groß wie der Segen des Himmels ..." sagte Karpow später in einem Interview.

Richtig war 35. Le7! (35. Lb6: ab6: 36. Tf2 Ta3 sieht schlecht aus; auch nach 35. Lf2 Tf8! 36. Lb6: Sb6: 37. Tf3 Sa4 38. Se2 Sc5 39. Sg3 Tf4 steht Schwarz etwas besser) 35. ... Te8 36. d6 Ld8 37. Ld8: Td8: 38. Te6 Td7 mit Ausgleich.

35. ... Sa5! 36. Lb6:

2 Minuten; bestimmt war das kein „leichter" Zug!

36. ... Sc6: 37. Lc7

Wenn Weiß den Bauern e5 gewinnen könnte, wäre es noch nicht so schlimm, aber ...

37. ... Tf8+! 38. Ke2 Tf7 39. Ld6 Td7

Damit bleibt der Bauer e5 am Leben, und Weiß hat keine Chancen mehr.

40. Lc5 Sa5 41. Sf1

Die Abbruchstellung.

41. ... Tc7!

Für den Abgabezug verbrauchte Kasparow 31 Minuten; danach dauerte die ganze Hängepartie nur noch 15 Minuten.

42. Ld6 Tc2+ 43. Kd3 Ta2: 44. Se3

Oder 44. Le5:+ Kf7 45. Se3 Ta3+ 46. Ke2 b4 und Weiß kann aufgeben.

44. ... Kf7 45. Sg4 Sc4 46. Se5:+ Se5: 47. Le5: b4 48. Lf6 b3 49. e5

Nach 49. Kc3 folgt Te2.

49. ... Tg2: 50. e6+ Kf8 Weiß gab auf.

Ich glaube, Karpow wird die Variante mit 12. Lf7:+! nicht mehr spielen; aber es gibt nur einen Grund dafür – kein Glück!

12. Partie

Schon nach der 11. Partie, so die englische Zeitung „Spectator", sagte Kasparow: „Glauben Sie mir, wir versuchen beide einen K.O.-Schlag zu landen, aber keiner von uns hat mehr die Kraft dazu." Nach seinem Debakel in der 11. Partie braucht vor allem Karpow eine Erholung: Die Wahl des Damengambits zeugt vom Motto „Sicherheit zuerst". Es scheint zwar, wie speziell der Bedenkzeitverbrauch zeigt, doch einiges in dieser äußerlich ruhigen Partie drin gewesen zu sein; aber sie läuft ungeachtet dessen bald auf ein friedliches Ende hinaus.

12. Partie: 11.11.1987
Kasparow - Karpow
Damengambit
1. c4 e6
Nach der Tragödie in der 11. Partie braucht Karpow eine Erholungspause; zum ersten Mal kommt das Damengambit vor.
2. Sc3 d5 3. d4 Le7
Mit diesem Zug will Schwarz Lg5 noch verhindern; nach 4. Sf3 kann Weiß seinen Königsspringer nicht mehr nach e2 entwickeln (was Botwinnik gerne spielte).
4. cd5: ed5: 5. Lf4
Wenn Weiß versuchen will, den Zug 3. ... Le7 auszunutzen, ist dies die empfehlenswerteste Methode.
5. ... Sf6
In letzter Zeit haben beide Rivalen diese Zugfolge bevorzugt.
6. e3 Lf5!?
Eine Idee von Ubilawa, Karpows Sekundant in Sevilla.
In der 8. Partie Kasparow - Karpow, Titelkampf London 1986, folgte 6. ... 0–0 7. Ld3 c5 8. Sf3 Sc6 9. 0–0 Lg4 10. dc5: Lc5: 11. h3 Lf3: 12. Df3: d4 13. Se4 mit einem aktiven Spiel für Weiß. Nun will Karpow aktiv spielen!
„Interessant ist, daß Karpow diese zweischneidige Variante wählte und Kasparow den Verwicklungen aus dem Weg ging; früher war die Einstellung beider Rivalen anders" schrieb Pachmann.
7. Sge2
Nach 6 Minuten; die Stellung nach 7. Sf3 0–0 8. h3 spielte Kasparow gegen Karpow mit Schwarz, 22. Partie Moskau 1985.
Die Frage ist – kann Weiß mit 7. Db3!? einen Vorteil erreichen; Karpow spielt nicht oft Gambit!
Nach 7. ... Sc6! ergibt sich eine kritische Position.

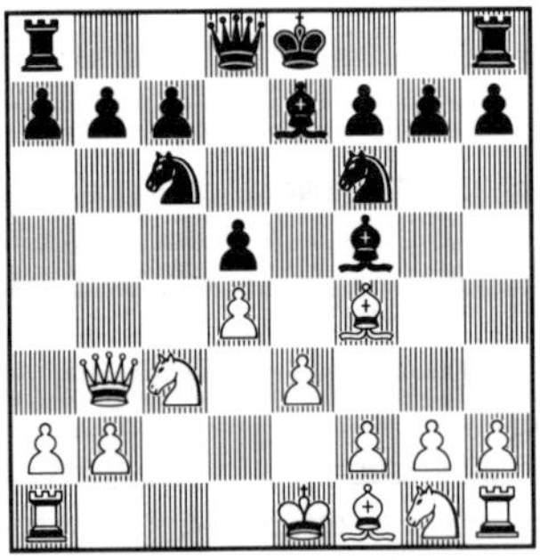

Analysediagramm

Und nun:
I) 8. Db7: Sb4
A) 9. Tc1 0–0
A1) 10. Dc7: Dc7: 11. Lc7: Tac8 12. Le5 Se4 und Schwarz hat ausreichend Kompensation für die beiden geopferten Bauern, z.B. 13. a3 Sc3: 14. bc3: (14. Tc3: Sa2!) Sc6.
A2) 10. a3!? Sc2+ 11. Tc2: Lc2: 12. Lc7:
In der Partie Knaak - Ubilawa, Warna 1985, folgte 12. ... Dd7 13. Lb5! Dg4 14. Sge2 mit Vorteil für Weiß (14. ... Dg2: 15. Tg1 Df3 16. Le5). Ich glaube, Schwarz muß die Qualität zurückgeben; die Stellung nach 12. ... Dc8! 13. La6 Db7: 14. Lb7: Tab8 15. Lb8: Tb8: 16. Ld5: Tb2: 17. Lf3 La3: 18. Sge2 Lb4 19. 0–0 Ld3 ist etwa ausgeglichen.
B) 9. Lb5+ Kf8
B1) 10. Td1 Ld6! 11. Ld6: cd6: und es ist schwer für Weiß, die Zugwiederholung nach Ta8-b8 zu vermeiden.
Weniger überzeugend sieht 10. ... a6 11. La4 Sd3+ 12. Td3: Ld3: 13. Lc7: Dc8 aus wegen 14. Dc8:! (aber nicht 14. Db6? Lb5! 15. Lb3 Dd7 16. Sge2 Tc8 17. Le5 Se4! mit Vorteil für Schwarz, Gofstein - Ubilawa, UdSSR 1983) 14. ... Tc8: 15. La5 und das Endspiel bietet laut Salow für Weiß bessere Perspektiven.
B2) 10. Tc1 a6! 11. Le2 Se8!, um die Zugwiederholung Ta8-b8-a8 zu erzwingen. Ekström („Die Schachwoche") gibt 10. ... Tb8 11. Dc7: Dc7: 12. Lc7: Tb5: 13. Sb5: Sd3+ 14. Kd2 Lb4+ 15. Sc3 Se4+ 16. Kd3: Sc3:+ 17. Kd2 Sa2:+ an, aber nach 18. Tc3! steht Weiß klar besser.
B3) 10. Kd2!?

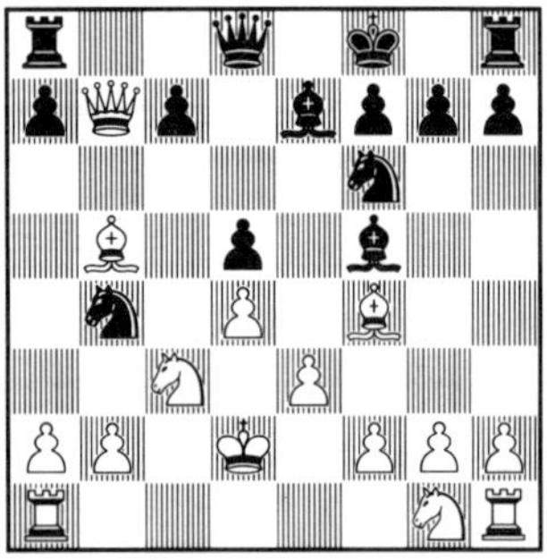

Analysediagramm

In der Partie Salov - Timoschenko, UdSSR 1986, folgte 10. ... a6 (nach 10. ... Ld6?! gibt Salov 11. Ld6: cd6: 12. Le8! mit Vorteil für Weiß an) 11. La4! Sd3 12. Lc7: Dc8 13. Dc8: Tc8: 14. La5! Sf2: (nicht besser ist 14. ... Sb2: 15. Lb3 Sc4+ wegen 16. Lc4: Tc4: 17. Se2 La3 18. f3 Lb2 19. Td1 Ke7 20. g4) 15. Tf1! S6e4+ 16. Se4: Se4:+ 17. Ke2 Sd6 18. Sf3 mit Vorteil für Weiß.

Aber der Weltmeister hat bestimmt kein Vertrauen zu solchen Zügen. Logisch sieht 10. ... c5! aus; nach 11. Lc7 Dc8 12. Dc8:+ Tc8: 13. Le5 cd4: 14. ed4: Se4+ steht Schwarz sehr gut.

II) 8. a3!?
Laut Kortschnoi die beste Antwort; aber wie geht es nach 8. ... Sa5 weiter?

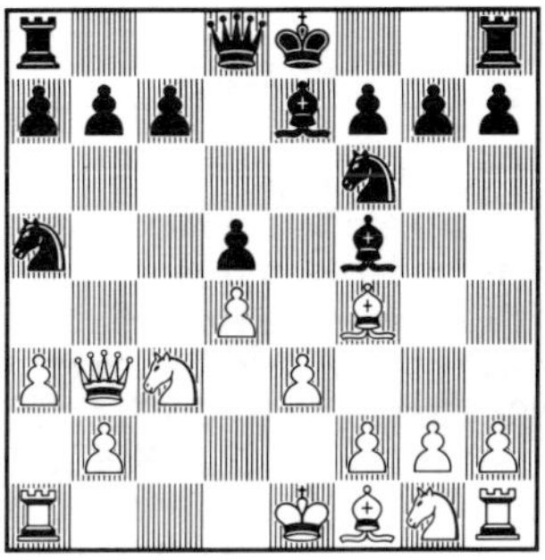

Analysediagramm

A) 9. Da4+ c6 und nun:
A1) 10. b4?! Sc4 11. Lc4: dc4: 12. b5 a6! 13. bc6: (13. b6 Sd5) b5 mit Vorteil für Schwarz;
A2) 10. Sf3 0–0! (aber nicht 10. ... Sh5? wegen 11. Lc7! Dc7: 12. Sd5: Dd8 13. Se7: Ke7: 14. b4 Sc4 15. Lc4: b5 16. Dd1 bc4: 17. Se5 und Weiß steht auf Gewinn, Gavrikov - Ubilawa, Tbilisi 1983) 11. Le2 b5 12. Dd1 Sc4 13. Dc1 a5 mit schwarzer Initiative, Georgadse.
B) 9. Da2!? c5! 10. dc5: und nun:
B1) 10. ... d4!? 11. Td1 Le6 12. Db1 Sb3 13. Sf3 Lc5: 14. Lb5+ ist etwas günstiger für Weiß;
B2) 10. ... 0–0! 11. Sf3 (11. b4?! d4! 12. Td1 Le6 nebst Sb3) Lc5: 12. b4 Lb6! 13. Le5! Tc8 14. Td1 Le6 15. Sa4 Sc4 16. Lc4: Tc4: 17. Sb6: ab6: mit etwa gleichen Chancen, Ruban - Makarow, UdSSR 1987.

7. ... 0–0
6 Minuten; nach 7. ... c6 8. Sg3 ergibt sich eine theoretische Stellung; und nun:
I) 8. ... Lg6?! 9. h4 h5 10. Ld3 Ld3: 11. Dd3: g6 12. 0–0–0 Sa6 13. Kb1 Da5 14. Lg5 mit Vorteil für Weiß, Portisch - Pietzsch, Kecskemet 1966.
II) 8. ... Le6!? 9. Ld3 g6 10. 0–0 0–0 mit etwa gleichen Chancen, Bronstein - Flesch, Miskolc 1963, gibt die Enzyklopädie an.
Karpow will mit etwas Risiko spielen und, wenn möglich, c7-c5 ausführen.
8. Tc1!?
3 Minuten; nach 8. Sg3 Le6 9. Ld3 könnte Karpow 9. ... c5 spielen.

8. ... c6
11 Minuten. Nun ist 8. ... c5 9. dc5: nicht so klar:

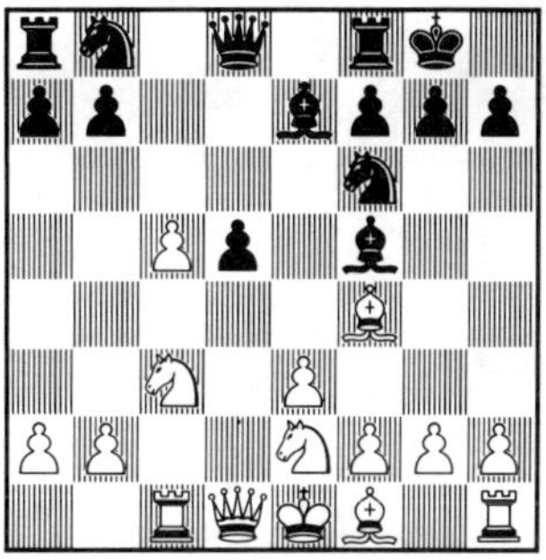

Analysediagramm

Und nun:
I) 9. ... Lc5: 10. Sd5:!; z.B. Sd5: 11. Tc5: Sf4: 12. Dd8: Td8: 13. Sf4: und Schwarz hat keine Kompensation für den Bauern;
II) 9. ... Sc6 10. Sd4 Lg4 11. Le2! Le2: 12. Sde2: und Weiß steht etwas besser.

9. Sg3
1 Minute; dieser Zug sieht logisch aus, aber ich glaube, Weiß kann nur durch 9. f3!? mit der Idee g4 auf Vorteil hoffen.
9. ... Le6!
9. ... Lg6?! 10. h4 h6 11. h5 Lh7 12. Ld3 Ld3: 13. Dd3: gibt klar bessere Chancen für Weiß.
10. Ld3 Te8!?
19 Minuten. Der Läuferabtausch nach 10. ... Ld6?! 11. Ld6: Dd6: 12. 0–0 ist günstig für Weiß, und für g7-g6 hat Karpow noch Zeit.

11. Db3
12 Minuten; auf diese Weise probiert Kasparow etwas Zeit zu gewinnen, weil sich die schwarze Dame bald zurückziehen muß. Nach 11. h3 wollte Karpow 11. ... g6! spielen (aber nicht Sbd7 12. Sf5!).
11. ... Db6! 12. Dc2 Sbd7 13. 0–0
Nichts bringt 13. Sf5 Lf8 14. Sd6 wegen Ld6: 15. Ld6: c5! 16. dc5: Sc5: 17. Lc5: Dc5: mit Ausgleich.
13. ... g6 14. h3
24 Minuten. Weiß will Sge2 spielen und der Läufer f4 kann auf h2 ein sicheres Feld finden.
14. ... Lf8
Laut Ljubojevic war 14. ... Tac8 15. Sge2 c5 nicht schlecht, aber Karpow will nicht mit „Isolani" spielen.
15. Sge2 Tac8 16. Dd2 Sh5 17. Lh2 Sg7!
Mit dem Zweck, den „schlechten" Läufer e6 mittels Lf5 abzutauschen.
18. g4! Dd8

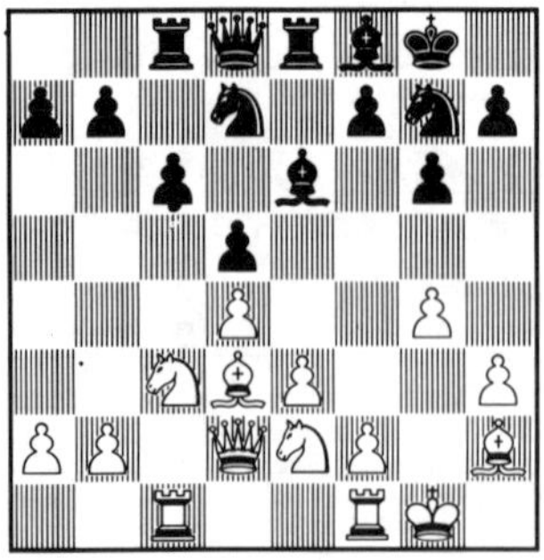

19. f3?!

Logischer sieht 19. Sf4! Ld6 20. Sce2 Lb8 21. Kg2 mit etwas besseren Chancen für Weiß aus.

19. ... Sb6 20. b3 La3 21. Tc2

Mit diesem Zug bot Kasparow **Remis** an; nach 10 Minuten akzeptierte Karpow das Angebot.
Nach 21. ... c5 22. dc5: (22. Sb5?! Lb4 23. Dc1 c4 24. bc4: dc4: 25. Le4 Dd7 nebst f5 ist günstig für Schwarz) 22. ... Lc5: 23. Sd4 Ld7 24. a4 steht Weiß etwas besser.
Richtig wäre 21. ... De7! mit der Idee 22. e4 c5 – nun ergibt sich eine Stellung mit gleichen Chancen.

13. Partie

Obwohl die Variante mit 12. Lf7:+ eigentlich keine schlechte Bilanz brachte – nur an der „Trefferquote" in der 7., 9. und 11. Partie fehlte es! –, versucht Karpow in seiner wettkampftaktisch nun prekären Situation etwas Neues: Keineswegs ohne Erfolgschancen, wie der Partiekommentar und die Einschätzungen vor Ort zeigen; doch anscheinend läßt Karpow wieder im kritischen Moment einen möglichen Vorteil aus den Händen gleiten. Der Eindruck beginnt sich zu verfestigen, daß der Herausforderer in punkto Vorbereitung mehr zu bieten hat, aber auch mehr „Schwächen im Abschluß" zeigt.

13. Partie: 13.11.1987
Karpow - Kasparow
Grünfeld-Indisch
1. d4 Sf6 2. c4 g6 3. Sc3 d5 4. Sf3 Lg7 5. cd5: Sd5: 6. e4 Sc3: 7. bc3: c5 8. Tb1!?

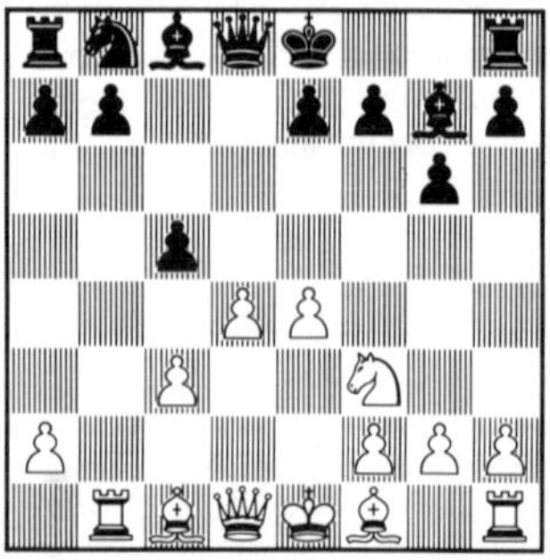

Noch eine Überraschung!
Erstmals wählt Karpow eine Idee von GM Lew Schamkowitsch; der Sinn dieses Zuges ist, 8. ... Sc6 mit 9. d5 zu beantworten.
In der Partie Kasparow - Natsis, Schacholympiade Malta 1980, folgte 8. ... 0–0 9. Le2 Sc6 10. d5 Lc3:+ 11. Ld2 Ld2:+ 12. Dd2: Sd4 13. Sd4: cd4: 14. Dd4: Da5+ 15. Dd2 Dd2:+ 16. Kd2: Td8 17. Ke3 b6 18. Tbc1 mit Vorteil für Weiß (1 : 0, 32).
Nach dieser Partie kam dieses System in Mode, und es wurde bis ungefähr 1986 zu der Hauptvariante von Grünfeld-Indisch.
Aber die Mode und der Erfolg sind oft verbunden; in der letzten Zeit hat Schwarz neue Wege gefunden, und heute ist diese Variante nicht mehr so populär.
Kasparow wählt eine Verteidigungsmethode, welche Kortschnoi in einigen Partien mit Erfolg spielte.
8. ..., 0–0 9. Le2 cd4: 10. cd4: Da5+ 11. Dd2!
Nach 11. Ld2 Da2: 12. 0–0 hat Weiß möglicherweise genügend Kompensation für den Bauern, aber nicht mehr; Karpow will mit gleichem Material besser stehen.
11. ... Dd2:+ 12. Ld2:

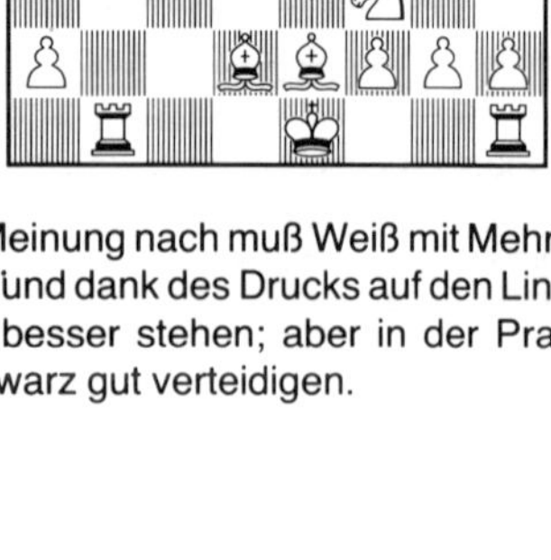

Meiner Meinung nach muß Weiß mit Mehrbauer im Zentrum und dank des Drucks auf den Linien b und c etwas besser stehen; aber in der Praxis kann sich Schwarz gut verteidigen.
12. ... e6

Diesen Zug bevorzugt Kortschnoi, im Gegensatz zu Ftacnik, welcher in der Enzyklopädie 12. ... b6 für stärker hält.
Eine kritische Position ergibt sich nach 12. ... b6 13. 0–0! (13. Tbc1 Lb7 14. Ld3 Td8! mit der Idee 15. Tc7 Td7 bringt nichts) 13. ... Lb7 (13. ... Td8?! 14. Tbc1 La6 15. La6: Sa6: 16. Tc4! mit Vorteil für Weiß, Sarno - Lputjan, Genf 1986) 14. d5 La6.

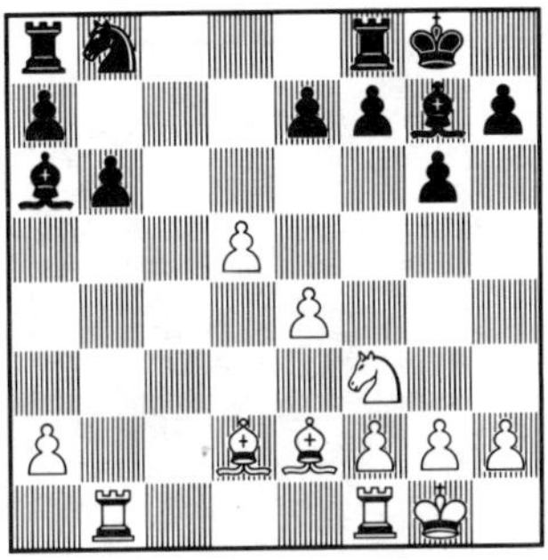

Analysediagramm

Schlagen oder nicht schlagen – das ist die Frage.

I) 15. La6: Sa6: 16. Le3 f5! (etwas passiv sieht 16. ... Tfc8 17. Tfc1 Kf8 aus) 17. e5 f4 und Schwarz steht gut.
II) 15. Tfe1! Le2: 16. Te2: Sa6 17. Le3 und nun:
A) 17. ... f5 18. Ld4! (in der Partie Lputjan - Zeschkowski, UdSSR-Meisterschaft 1986, folgte 18. Lg5 fe4: 19. Te4: Tf5! 20. Te7: Td5: 21. Le3 Lf8 22. Tb7 Sc5 23. Lc5: Lc5: mit Ausgleich) 18. ... fe4: 19. Te4: mit besserem Spiel für Weiß;
B) 17. ... Tfe8 18. Tc2!? (18. Sd4 Ld4: 19. Ld4: e6 20. de6: Te6: mit Remis (?; Weiß steht etwas besser); Halifman - Zeschkowski, Minsk 1985) mit der Idee 18. ... e6 19. d6 e5 20. Tc4! und droht 21. Ta4.

13. 0–0!

In der Partie Winants - Kortschnoi, Brüssel 1986, folgte 13. Tc1 Sc6! (aber nicht 13. ... b6? 14. Ld3! La6 15. Ke2! Td8, de Boer - Kortschnoi, Niederlande 1986; 16. La6: Sa6: 17. Tc4 mit Vorteil für Weiß) 14. d5 ed5: 15. ed5: Se7 16. d6!? (auch nach 16. Lb4 Te8 17. Lb5 Sd5:+! 18. Le8: Sb4: 19. Lb5 Sa2: 20. Tc7 Le6 21. Tb7: Sc3 steht Schwarz besser) 16. ... Sf5 17. Lf4 Te8 18. Tc7 Te4! mit besseren Chancen für Schwarz.

13. ... b6 14. Tfd1!?

14. Tbc1 verspricht weniger, z.B. 14. ... Lb7 15. Lb4 Td8 16. Lb5 (mit der Idee 17. Le7) 16. ... La6!? 17. a4 Lb5: 18. ab5: a6 19. d5?! (19. ba6: Sa6: 20. Lc3 b5 mit etwa gleichen Chancen) 19. ... ed5: 20. ed5: Lf6 und Schwarz steht besser; Petursson - Lputjan, Hastings 1986/87.

14. ... Lb7 15. d5! ed5: 16. ed5: Sd7

Sicher nicht 16. ... Ld5:? wegen 17. Lb4 Td8 18. Lc4 und Weiß gewinnt.

17. Lb4!

In der Partie Djukic - Jansa, Nis 1985, folgte 17. Lb5 Sc5 18. Lb4 Tfd8 19. Lc5: bc5: 20. Lc4 Td7 21. Sg5 Ld4 22. Se4 Kg7 23. Sd6! Td6: 24. Tb7: mit Remis.

17. ... Tfc8

Schwarz muß die c-Linie kontrollieren; nach 17. ... Tfe8? gibt Adorjan 18. Lb5 Tad8 19. Tbc1 a6 20. Tc7! ab5: 21. Tb7: mit klarem Vorteil für Weiß.

18. Le7!

Diesen Zug gibt Tukmakow in seiner Analyse.
Weiß hat noch zwei interessante Möglichkeiten:

I) 18. Sd4!?
Ich glaube, nach 18. ... Sf6 19. d6 Td8 20. Lf3 Lf3: 21. gf3:!? Td7 hat Schwarz keine Probleme.
II) 18. Lb5 Sf6 19. d6 Sd5

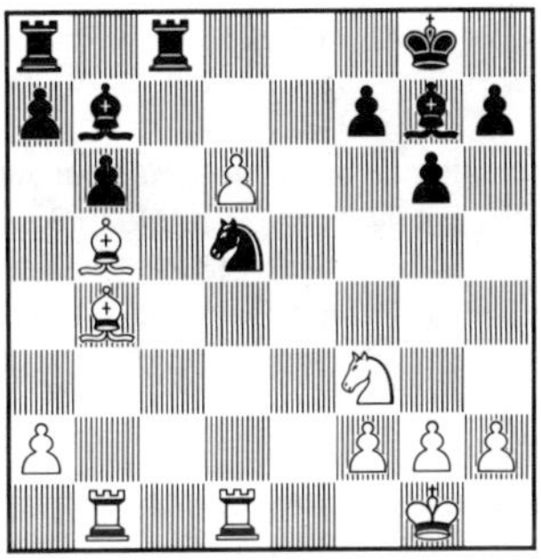

Analysediagramm

Eine kritische Stellung; der weiße d-Bauer sieht gefährlich aus, aber in der Praxis konnte Weiß nicht seinen Vorteil beweisen ...
A) 20. d7!?
In der Partie Miralles - Kortschnoi, Cannes 1986, folgte 20. ... Td8 21. Td5:!? Ld5: 22. Le7 h6! 23. a4 Le6 24. Td1 f5 25. Ld8: Td8: 26. Sd2 a6 27. La6: Td7: mit Ausgleich (Remis, 42).
B) 20. Sd4 Sb4: und nun:
B1) 21. Tb4: Lf8 22. Sf3! (22. Sb3 Td8 23. Tbd4 a6 24. Le2 Td7) 22. ... Tc5! 23. a4 Td8 24. Tbd4 (24. d7 Tf5 25. Tc4 Lc5), Schmidt - Kouatly, Türnau 1986, und nun könnte Schwarz nach 24. ... Tf5! kleinen Vorteil erreichen;
B2) 21. d7 Tc5! 22. Tb4: (22. Se6? geht nicht wegen 22. ... fe6: 23. d8D+ Td8: 24. Td8:+ Lf8 25. Tb4: Tc1+ 26. Lf1 La6) 22. ... Td5 23. La4 Td8 24. Te1 Lf6! 25. Te8+ Kg7 26. h3 T8d7:!? (Tukmakow gibt 26. ... Td6! mit der Idee a7-a6 an) 27. Ld7: Td7: 28. Sf3? Td1+ 29. Kh2 Lf3:! 30. gf3: Td2 mit Vorteil für Schwarz, Lputjan -

Tukmakow, UdSSR-Meisterschaft 1985.

C) 20. La6 (eine Idee von de Wit) La6: 21. Td5: Lb7 (oder Lc4 22. Td2 Td8) 22. Td2 (22. T5d1 Td8 24. Tbc1 Td7) 22. ... Td8 23. d7? Lc6 24. Tad1 La4.

Nun zurück zur Partiestellung nach 18. Le7!?:

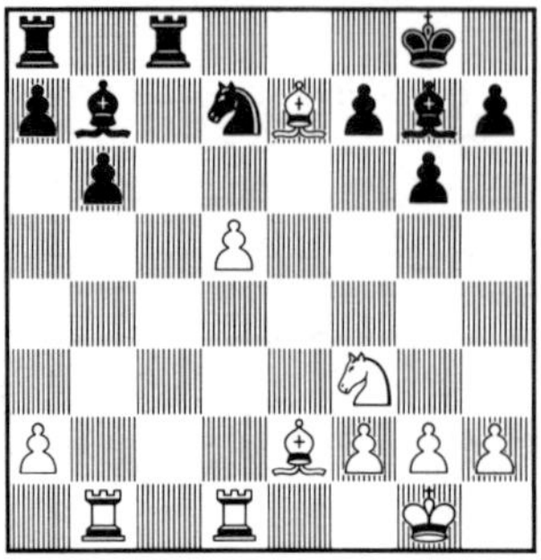

18. ... Lf6

Nach 36(!) Minuten. „Kasparow scheint von 18. Le7 überrascht gewesen zu sein" schrieb das Bulletin.

Adorjan (ein alter Freund von Kasparow) gibt in seinem Buch „Gewinn mit Grünfeld" 18. ... Tc2 19. Lb5 Sc5 20. d6 Lf3: 21. gf3: Lf8 22. Lc6 Tb8 an (23. Lf6 Lg7), aber kann sich Schwarz nach 23. Tdc1 Tc1:+ 24. Tc1: noch bewegen? (24. ... Tc8? 25. Tc5: bc5: 26. d7).

19. d6 Kg7

12 Minuten; eine kritische Position ergibt sich nach 19. ... Le7: 20. de7: Sf6 21. Lb5.

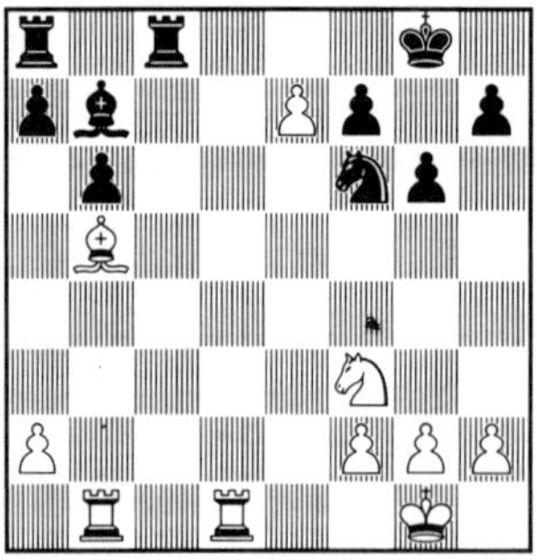

Analysediagramm

Ist der weiße Freibauer auf e7 stark oder schwach?

In der Partie Wells - Wolff, Oakham 1986, folgte 21. ... Kg7

21. ... a6 22. Ld7 Tc7 (22. ... Sd7:? 23. Td7: Lf3: 24. gf3: Te8 25. T1d1 nebst Td8) 23. Se5 Kg7! (aber nicht 23. ... Sd7: 24. Td7: Td7: 25. Sd7: Kg7 26. Tb6:) führt zur Zugumstellung.

22. Se5 a6 23. Ld7 Tc7 24. g4! (einzige Möglichkeit, auf Gewinn zu spielen; 24. Tb6: Sd7: 25. Sd7: Te8 führt zum Ausgleich) 24. ... Le4! 25. Tbc1 Tc1: 26. Tc1: Sd7: 27. Sd7: Te8.

Meiner Meinung nach könnte Weiß nun mit 28. g5! Te7: 29. Sf6 Lf5 30. h4 mit der Idee Td1-d8 seine Initiative behalten.

Zurück zur Partiestellung nach 19. ... Kg7:

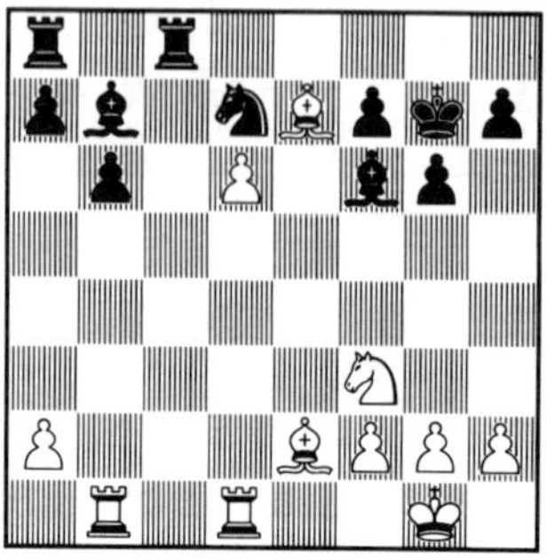

20. Te1?!

Nach 50(!) Minuten.

Alle „Experten" in Sevilla waren einig, daß die schwarze Stellung kritisch ist und Weiß nur den richtigen Weg finden muß.

Laut Karpow (in einem Interview nach der Partie) möglich, daß 20. Sd4 etwas besser gewesen wäre als die Partiefortsetzung, nach der Weiß kaum Gewinnaussichten bekommt.

Karpow mußte mehrere Möglichkeiten analysieren; das können wir auch probieren:

I) 20. Lb5 Lc6 21. La6 (21. Lc6: Tc6: 22. g4 Te8) 21. ... Te8 22. Lf6:+ Kf6: 23. Sd4 La4 nebst Sc5 und Weiß hat nichts erreicht; Kindermann.

II) 20. Lf6:+ Kf6: (aber nicht Sf6:? 21. d7 Td8 22. Se5) 21. Sd4 (21. Lb5 Lf3:! 22. gf3: Td8 sieht gut für Schwarz aus) 21. ... Tc5 22. Sb5 (22. Lg4?! Se5 23. Lh3 g5! bringt nichts) 22. ... Te8 23. Lf1 a5 und „scheint die aktive schwarze Figurenstellung zum Ausgleich zu genügen" schrieb Kindermann („Die Schachwoche").

III) 20. Sd4! Le4! (nach 20. ... Le7:?! 21. de7: Sf6 22. Te1 oder 20. ... Ld4: 21. Td4: steht Weiß klar besser) und nun:

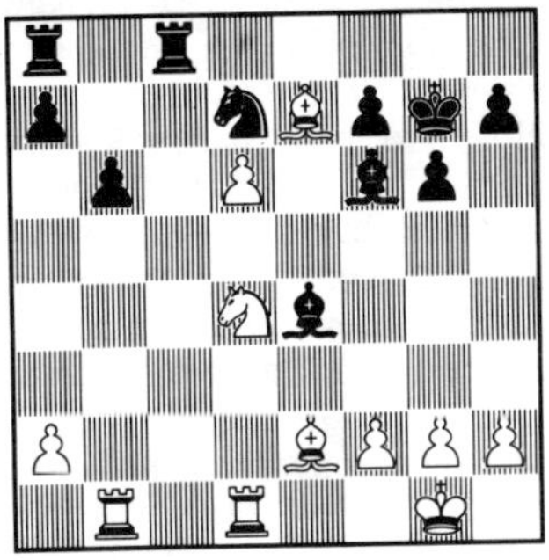

Analysediagramm

A) 21. Tb3?! Ld4: 22. Td4: Tc1+ 23. Td1 Td1:+ 24. Ld1: Tc8 mit Gegenspiel für Schwarz;

B) 21. Lf6:+?! Sf6:! (stärker als Kf6: 22. Tb3) 22. Tb3 Tc5 nebst Td8 und Schwarz steht nicht schlechter;

C) 21. Lb5!

Nun, dank des Springers auf d4, ist dieser Läuferzug sehr stark; nach 21. ... Sc5 22. Tbc1! (aber nicht 22. d7? Sd7: 23. Ld7: Le7:!) mit der Drohung 23. d7 könnte Weiß seinen Vorteil behaupten.

20. ... Tc5 21. Lb5 Lc6 22. Lc6: Tc6: 23. Tbd1

Im Vergleich zum sofortigen 20. Lb5?! Lc6 21. Lc6: Tc6: 22. g4 Te8 hat Karpow ein Tempo gewonnen; könnte er durch 23. g4!? Schwarz vor Probleme stellen?

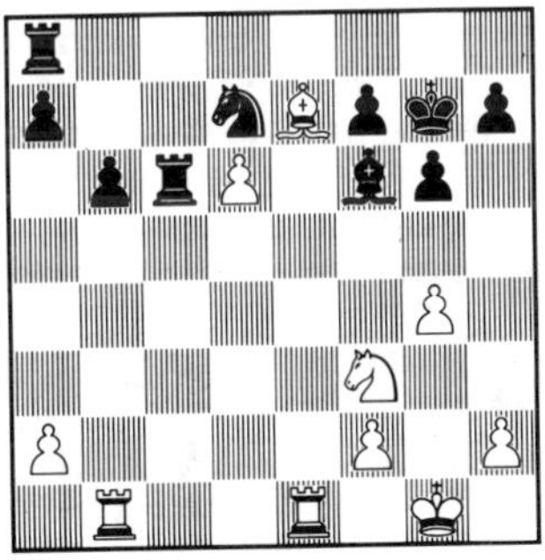

Analysediagramm

Und nun:

I) 23. ... Lc3?! 24. Te3 f6 (Tae8 25. g5) 25. g5! f5 26. Tc1 Tac8 27. Kg2! mit der Idee 28. T1c3:! Tc3: 29. Lf6+ Sf6: 30. gf6:+ Kf6: 31. d7;

II) 23. ... Le7:! 24. de7: Te8 25. Sd4 (25. Tbd1 Tc7!) Tc5 26. Sb5 Te5! und Schwarz steht etwas besser.

23. ... Lc3! 24. Te3 f6! 25. g4 g5

Dieses Manöver von Kasparow hat Karpow übersehen; nun steht Schwarz nicht schlechter.

26. h4

Laut Kindermann war besser 26. Sd4 Ld4: 27. Td4: mit ungefähr gleichen Chancen; die offene h-Linie wird von Schwarz ausgenutzt.

26. ... h6 27. hg5: hg5: 28. Sd4

Karpow wählt einen riskanten Weg zum Remis; logischer sieht 28. Td5! aus mit der Idee 28. ... Tac8 29. Sg5:! fg5: 30. Tg5:+ Kf7 31. Tf3+ Ke6 32. Te3+ mit Dauerschach.

28. ... Ld4: 29. Td4: Th8 30. Te1 Tc2 31. a4 a5

31. ... Se5 führt nach 32. Te5:! fe5: 33. Td1 Tc4! (aber nicht Kf7? 34. Lg5:) 34. f3 Tc2 35. d7 Thh2 zum Remis.

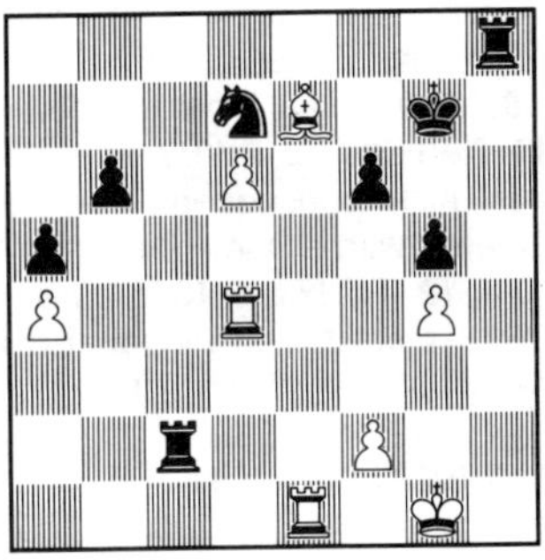

32. f4!?

„Ein scheinbar riskanter Vorstoß, denn Schwarz kann nun mit beiden Türmen die zweite Reihe besetzen. Aber Weiß verschafft sich Gegenspiel – Druck gegen f6" schrieb Pachmann.

32. ... Kg6

Kasparow spielt noch auf Gewinn, durch 32. ... Thh2 könnte er sofort Remis erzwingen.

33. fg5: Kg5: 34. Tf1! Kg6

Nach 34. ... Thh2 wollte Karpow 35. Tf6:! Sf6: 36. d7 spielen, was auch zum Remis führt.

35. Tf2 Thc8 36. Tdf4 Tf2:

Remis auf Vorschlag Kasparows. Nach 37. Kf2: Tc5! nebst Kg6-f7-e6 ist die Stellung gleich.

14. Partie

Wieder eine 1. e4-Partie ohne viel Inhalt - kommt Kasparow mit dem eigentlich seit dem Linares-Match zu erwartenden Caro-Kann Karpows nicht zurecht, oder zieht er den Königsbauern paradoxerweise nur dann, wenn er es ruhig angehen lassen will?!

14. Partie: 16.11.1987
Kasparow - Karpow
Caro-Kann
1. e4 c6 2. d4 d5 3. Sd2 de4: 4. Se4: Sd7 5. Sf3 Sgf6 6. Sf6:+ Sf6: 7. c3!? Lg4 8. h3 Lf3: 9. Df3: Dd5!?
Karpow ändert seine Verteidigung; in der 10. Partie spielte er 9. ... e6.
10. Le2!
Nur zum Ausgleich würde 10. Dd5: cd5: führen, aber nun wäre das Endspiel nach Df3: 11. Lf3: dank des Läuferpaars günstiger für Weiß.
10. ... e6 11. 0–0 Ld6 12. Dd3!?
Kasparow ist nicht konsequent; nun will er mit Angriff auf die schwarze Dame Zeit gewinnen.
Logischer war 12. Td1!? Lc7 13. c4 Df3: (Dd7 14. Lg5) 14. Lf3: – das ist nicht viel, aber diese Stellung wollte Kasparow so ähnlich schon bisher erreichen.
12. ... Lc7 13. Lf3 Dd7 14. Td1
Hier glaube ich, daß 14. Te1! 0–0 15. Lg5 für Weiß mehr verspricht, z.B. 15. ... De7 16. Te2 h6 17. Ld2 Tad8 18. Tae1.
14. ... 0–0 15. c4 Tad8 16. Db3
Die Fesselung 16. Lg5 bringt nach De7! nichts.
16. ... De7 17. g3
Nun droht 18. Db7: (17. Db7:? Lh2+).
17. ... Lb8 18. Le3
Auch nach 18. Lg5 antwortet Schwarz mit 18. ... Td7 nebst h6. Der einzige aktive Plan für Weiß wäre, den Vorstoß d4-d5 vorzubereiten, aber das könnte nur zu einem großen Abtausch führen.
18. ... Td7 19. Td2 Tfd8 20. Tad1 h6 21. a3 und Remis auf Angebot Kasparows.

15. Partie

Das Blut, das die Schachfans sehen wollten, werde noch fließen – so soll Kasparow sich in dieser Phase des Wettkampfs geäußert haben. In der 15. Partie ist es fast soweit – in doppeltem Sinn: Einmal gibt es am Brett eine der bisher aufregendsten Schlachten; zum anderen fast einen Skandal, der Keene zu dem Ausspruch veranlaßt: „Jetzt machen sie das Licht aus und gehen mit Äxten aufeinander los." Der Anlaß ist fast eine Lappalie: Als Karpow reichlich spät (um die Mittagszeit des nächsten Tages) über sein Teammitglied Pischenko das unzweifelhafte Remis in der Hängepartie anbieten läßt, ist Kasparow nicht zu erreichen. Später wird kolportiert, eine spanische Köchin habe Bescheid erteilt, der Weltmeister sei nicht zu sprechen, obwohl zwei Leute Kasparows in Reichweite gesessen hätten, um auf den erwarteten Anruf zu reagieren. Wie dem auch sei, Karpow fühlt sich brüskiert, als Hauptschiedsrichter Gijssen zweimal im Lager des Weltmeisters abgewiesen wird – und verlangt, sein Remisangebot zurückziehen zu können! Das geht natürlich den Regeln nach nicht. Trotzdem erscheint der Herausforderer, offenbar vor Wut kochend, im Spielsaal um weiterzuspielen – und auch ein seinerseits empörter Kasparow, der anscheinend Gijssens Zusicherung nicht traut, er müsse das Remis nur annehmen, um alles klar zu machen! Es riecht nach Skandal. Doch da die Lage klar ist und der Schiedsrichter keinen Zweifel an seiner Entscheidung erkennen läßt, setzt sich anscheinend „irgendwie" im letzten Moment noch auf beiden Seiten die Vernunft durch ...

15. Partie: 20.11.1987
Karpow - Kasparow
Grünfeld-Indisch
1. d4 Sf6 2. c4 g6 3. Sc3 d5 4. Sf3 Lg7 5. Db3
Eine neue „Waffe".
5. ... dc4: 6. Dc4: 0–0 7. e4 Sa6
Die Prins/Ragosin-Variante. Schwarz will sofort c7-c5 ausführen. Kasparow hat kein Vertrauen zu der ungarischen Variante, obwohl Adorjan in seinem Buch „Gewinn mit Grünfeld-Indisch" 7. ... a6 als bestes (und das einzige) angibt.
8. Le2 c5 9. d5 e6 10. 0–0 ed5: 11. ed5: Lf5

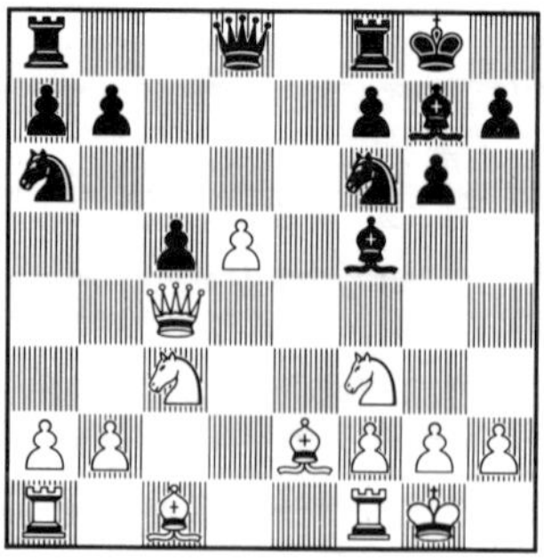

Wieder kommt es zu einem strategischen Duell – ist der d-Freibauer stark oder schwach?

12. Td1!?

In der 19. Partie des Revanchekampfs in Leningrad 1986 folgte 12. Lf4 Te8 13. Tad1 Se4?! (13. ... Db6!) 14. Sb5 Df6? (14. ... Ld7!) 15. Ld3 Sb4? (15. ... Db2:!?) 16. Sc7 mit einer für Weiß gewonnenen Stellung.

Aber GM Gawrikow hat bewiesen, daß Schwarz mit Erfolg 12. ... Db6! spielen kann. In einer sensationellen Partie Beljavsky - Gawrikow, UdSSR-Meisterschaft 1987, folgte 13. h3 Db2:! 14. g4 Lc2 15. Tac1 Sd7 16. Sb5 La4! 17. Sd6 Sb6 18. De4 Tae8! 19. Se8: Te8: 20. Se5 Le5: 21. La6: ba6: 22. Tce1 Lc3! 23. De8:+ Le8: 24. Te8:+ Kg7 25. d6 Da2: und Weiß gab auf.

12. ... Te8 13. d6!?

Bestimmt stärker als 13. Lg5?! h6 14. Lf6: Lf6: 15. a3 Db6 16. Td2 Tad8 mit gutem Spiel für Schwarz, Adamski - Timoschenko, Slupsk 1979.

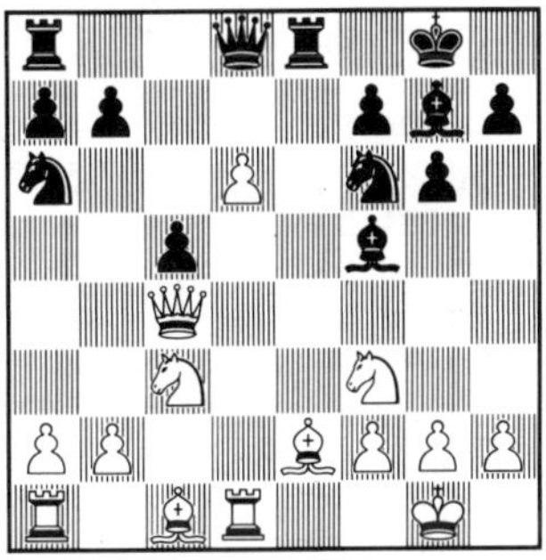

Der weiße Plan ist Lf4, Td2; die Dame kommt zurück auf d1 und der Bauer d6 ist unangenehm für Schwarz. Jetzt will Weiß ohne a3-a4 auskommen wegen der Schwäche auf b3. Nur einen Nachteil hat dieser Plan: er ist meiner Meinung nach nicht dynamisch genug. Schwarz hat nur ein Gegenspiel: h7-h6, um Sf6-d7 vorzubereiten und den Bc5 zu decken; sodann Sa6-b4 oder c4 und Sa6-c5, und aktives Spiel am Damenflügel zu bekommen.

13. ... h6!

33(!) Minuten. Ein günstiger Zug, weil 13. ... Sb4?! schlecht wäre wegen 14. Sg5! Tf8 (Dd7? 15. Dc5: Sc2 16. Lb5) 15. Lf4.

Auch nach 13. ... Se4 14. Sb5 Ld7 15. a4

aber nicht 15. Lf4? Lb2: (16. Tab1? Lb5: 17. Db5: Sc3)

15. ... Da5 (Df6 16. Ta3) könnte Weiß mit 16. Sg5! Sg5: 17. Lg5: fortsetzen.

14. h3?!

Die Fortsetzung von Karpows Strategie in diesem Match – etwas mehr Risiko! Aber dieser Zug war nicht nötig, und in der 21. Partie spielt Karpow sofort 14. Lf4.

Nun erlaubt er Schwarz ein aktives Spiel am Damenflügel zu bekommen, und das Wichtigste, den Sa6 sofort zu aktivieren, welches er durch 14. a3! verhindern könnte mit der Idee Sd7 15. Da2!. Karpow wollte nicht nach 14. ... Se4 15. Sb5 Ld7 16. a4 ein Tempo verlieren, aber war das Tempo so wichtig?

Die kritische Position ergibt sich nach 16. ... Da5!.

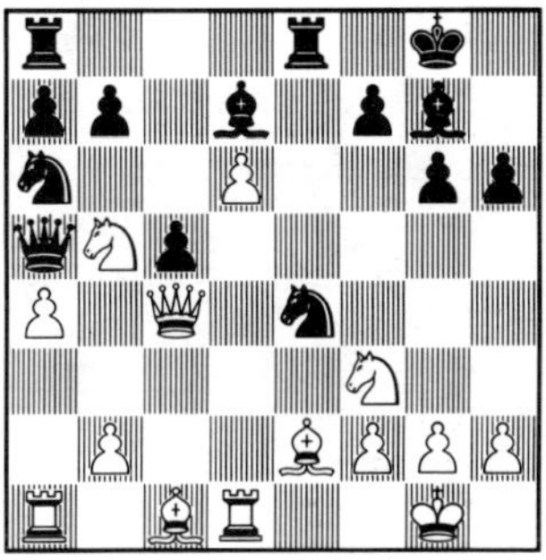

Analysediagramm

I) 17. Ld3 Db4! 18. Db4: cb4: 19. Sc7 Sc7: 20. dc7: Lc6;

II) 17. Lf4 und nun:

A) 17. ... Db4?! 18. Db4: cb4: 19. Sc7 Sc7: 20. dc7: Lc6 21. Sd4 mit Vorteil für Weiß;

B) 17. ... Lb2:?! 18. Tab1 Lg7 19. Ld3 mit der Idee 19. ... Lc6 20. d7 Te6 21. Sa7:!;

C) 17. ... g5! 18. Lg3 Lb2: 19. Tab1 Lg7 und Schwarz kann zufrieden sein, weil 20. Ld3 wegen Sg3: nichts bringt.

III) 17. Ta3!

Meiner Meinung nach gibt 17. ... Db4 18. Te3 Lc6 19. Sh4 bessere Chancen für Weiß.

14. ... Sb4! 15. Lf4

15. Dc5:? geht nicht wegen Sc2 16. Tb1 Sd7! 17. Db5 (oder 17. Dc4 Tc8) 17. ... a6 mit Vorteil für Schwarz.

15. ... Sd7 16. Td2 a6 17. Db3!

Nach 17. a4 Le6! 18. De4 Tb8 19. Db1 g5 20. Le3 f5 sieht die weiße Stellung nicht gut aus; Georgadse.

17. ... b5 18. Dd1

Die weiße Dame ist noch gerade zur Zeit „nach Hause gekommen".

18. ... c4 19. a4!

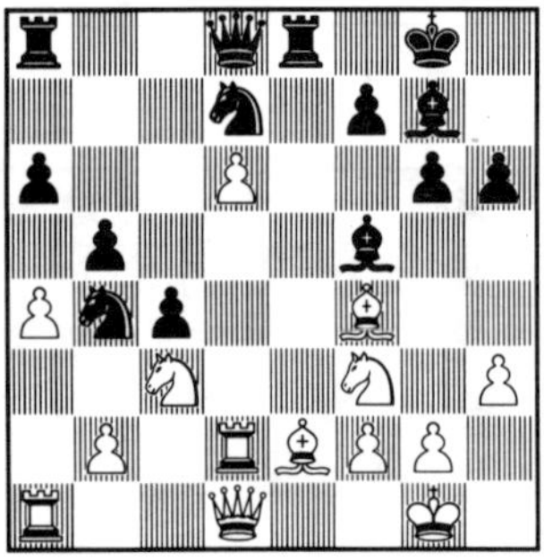

Die kritische Position.

19. ... Sc5!?

Kasparow will keine Zeit verlieren, um den Bauern b5 zu verteidigen. Wir prüfen andere Möglichkeiten:

I) 19. ... Tb8 20. ab5: ab5: 21. Ta7 Db6 (Sc5 22. d7) 22. Tc7 und laut Kindermann steht Weiß etwas besser;

II) 19. ... Db6!?
Diese Fortsetzung sieht gefährlicher aus, aber: 20. ab5: ab5: 21. Ta8: Ta8: 22. Le3 Db8 23. Sd4 Ld4: 24. Ld4: (aber nicht 24. Td4:? Sc2) Ld3 25. Ld3: Sd3: 26. Se4!? f5 27. Td3:! cd3: (fe4:? 28. Td2) 28. Db3+ Kf8 29. Le3! Kg7 (g5 30. De6!) 30. Ld4+ mit Zugwiederholung.

20. ab5: Sbd3

Nach 20. ... Sb3?! 21. Ta4! Sd2: 22. Tb4: bekommt Weiß die besseren Chancen.

21. Ld3: Sd3: 22. Td3:!

Weiß hat keine Wahl, aber dieses Qualitätsopfer sieht nicht schlecht aus.

22. ... cd3:

Nach 22. ... Ld3: 23. Ta6:! (aber nicht 23. Sd5?! ab5:! 24. Ta8: Da8: 25. Sc7 Dc6 26. Se8: De8: mit Vorteil für Schwarz) 23. ... Ta6: 24. ba6: Da5 (Db6 25. Da4) 25. Da4! Da4: 26. Sa4: sind die weißen Freibauern sehr gefährlich, Kindermann.

23. Sd5!

Nun ist 23. Ta6: Ta6: 24. ba6: Da5 25. Da4 Da4: 26. Sa4: Ta8 27. Sc5 Lb2: nebst La3 günstig für Schwarz.

23. ... ab5:! 24. Se7+ Kh7

Nach 24. ... Te7:?! 25. de7: De8 26. Ta8: Da8: 27. Dd2 steht Weiß besser, z.B. 27. ... Kh7 28. Db4! Dc6 29. Le5.

25. Ta8: Da8: 26. Sf5: gf5: 27. Dd3: De4 28. Db5:

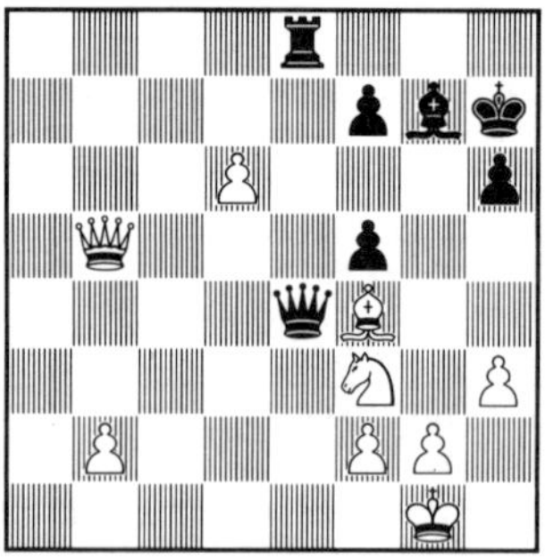

Weiß hat zwei Bauern für die Qualität, aber Kasparow probiert noch, auf Gewinn zu spielen.

28. ... Ta8!?

Nach 28. ... Td8 kann Weiß mit 29. Db6 Td7 30. Db5 die Züge wiederholen.

29. Ld2 Td8 30. Dc5!

Karpow will die Möglichkeit haben, den Bauern f5 anzugreifen; schwächer war 30. Db6 Td7 31. b4 wegen 31. ... Lf8.

30. ... De6!

Nach 30. ... Lb2:?! 31. Dc7 De8 (Tf8 32. d7 Lf6 33. Dd6 De7 34. Df4) 32. Sh4!? (Kindermann gibt 32. Dc2 Db5 33. Sh4 Td6: 34. Sf5: Dd3 35. Db2: Df5: mit Remis) kann Weiß sehr aktiv werden.

31. Lf4 Lb2: 32. Sh4 Lf6 33. Df5:+!

33. Sf5:?! wäre ungenauer wegen Tc8! 34. Da5 Lc3 35. Db5 De1+ 36. Kh2 (36. Df1 De4) Df2: 37. Lg3 Tc5! 38. Lf2: Tb5: und Schwarz kann noch auf Gewinn spielen.

33. ... Df5: 34. Sf5: h5! 35. g4 hg4: 36. hg4:

Nun steht Weiß etwas besser, aber ohne Chancen auf Erfolg.

36. ... Kg6 37. Kg2 Lb2 38. Se7+ Kf6 39. Sc6 Td7 40. Sb8 Td8 41. d7 Ke6 42. Kf3 La3

Hier wurde die Partie abgebrochen; der Abgabezug von Karpow war **43. Lc7**. Nach 43. ... Td7: 44. Sd7: Kd7: reicht der Mehrbauer von Weiß zum Sieg nicht; darum ohne Wiederaufnahme **Remis.**

16. Partie

Offenbar haben sich die Gemüter noch nicht beruhigt: Nach der turbulenten 15. Partie und dem nervenzermürbenden Drumherum reagieren sich nun beide am Brett ab und liefern sich nochmals ein erbittertes Duell. Karpow bringt eine Abweichung gegenüber der 4. bzw. 2. Partie; aber wahrscheinlich konnte Kasparow trotzdem eine gewisse Initiative festhalten. Als er die Chance dazu ausläßt, nimmt im Mittelspiel Karpow das Heft in die Hand. Der „Schwindelversuch" des Weltmeisters, in schlechterer aber wohl haltbarer Stellung bei Karpows knapper Zeit auf Chance spielen zu wollen, schlägt auf ihn zurück, da der Herausforderer keine Schwäche mehr zeigt und die Position zudem nicht gerade ideal für taktische Tricks aussieht. Als das Zeitnotduell vorbei ist, sitzt Kasparow vor einer Ruine – wie Augenzeugen beobachten, schlägt er beim Nachdenken über den Abgabezug einmal leicht, aber nachdrücklich mit der Faust auf den Tisch ... Das Ende kommt wie erwartet ohne Wiederaufnahme.

16. Partie: 23.11.1987
Kasparow - Karpow
Englisch

1. c4 e5 2. Sc3 Sf6 3. Sf3 Sc6 4. g3 Lb4 5. Lg2 0–0 6. 0–0 Te8!?

In der 2. und 4. Partie setzte Karpow mit 6. ... e4 7. Sg5 Lc3: 8. bc3: Te8 fort, aber dann folgte 9. f3!.

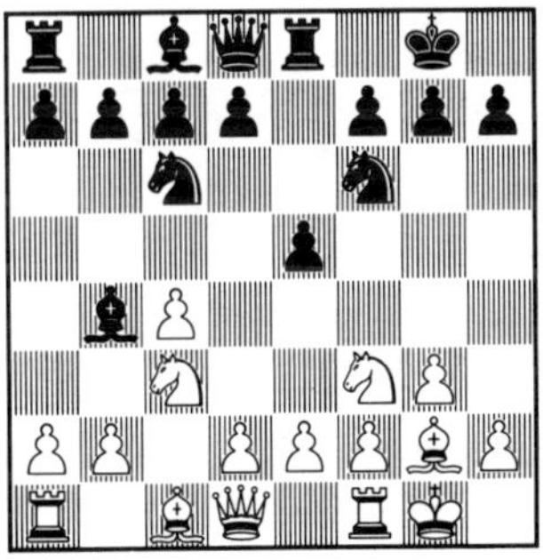

7. d3!?

A tempo gespielt! Laut Watson hat Schwarz nach 7. Sd5 Sd5: 8. cd5: Sd4 9. Se1 c6 10. e3 Sb5 11. d3 Sc7 12. Sc2 Lf8 13. dc6: dc6: 14. De2 Le6 15. Td1 Dd7 16. b3 Lg4 17. Lf3 Lf3: 18. Df3: Tad8 19. Lb2 Dd5 keine Probleme.

7. ... Lc3:!

Schwächer wäre 7. ... h6 wegen 8. Sd5! Lf8 9. Sf6:+ Df6: 10. Sd2! d6 11. Se4 Dd8 12. Sc3 und Weiß steht besser, Petrosjan - Gheorghiu, Moskau 1967.

8. bc3: e4 9. Sd4

Die Stellung nach 9. Sg5 ed3: 10. ed3: gefällt Kasparow nicht. Laut Taimanow kann Schwarz mit 10. ... h6 11. Se4 b6! 12. Lf4 Lb7 13. Te1 Sa5 14. c5!? (Eine Idee von Romanischin) Se4: 15. de4: Lc6 nebst Sa5-b7 fortsetzen.

9. ... h6

In der Partie Botwinnik - Basman, Hastings 1966/67, folgte 9. ... ed3: 10. ed3: Sd4: 11. cd4: d5 12. Le3 Le6 13. Tc1 und Weiß besitzt die besseren Aussichten.

10. de4:!

Die Enzyklopädie gibt nur 10. c5?! ed3: 11. Dd3: Se5 12. Dc2 De7 13. La3 Sc4 14. Da4 Sa3: 15. Da3: De5 mit ungefähr gleichen Chancen, Stean - Hartston, England 1972.

10. ... Se4:

Diese Stellung scheint nicht neu zu sein für beide Rivalen. Zeitverbrauch: Kasparow 11 Minuten, Karpow 7 Minuten.

11. Dc2 d5!

2 Minuten!

11. ... Sf6?! 12. c5 De7 13. La3 Se5 14. Db3 oder 11. ... Sd4: 12. cd4: d5 13. cd5: Dd5: 14. e3 Lf5 15. Db2!, drohend 16. f3, sieht gut für Weiß aus.

12. cd5:

38(!) Minuten; nichts bringt 12. Tb1 (mit der Idee Tb5) wegen Sd4: 13. cd4: Lf5! und droht Sg3: (14. g4 Lh7!).

12. ... Dd5:

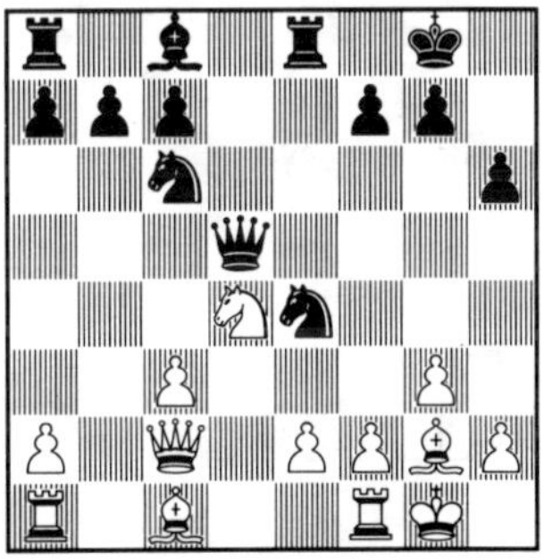

Die erste kritische Position in dieser sehr interessanten und spektakulären Partie.

13. e3!

15 Minuten. Warum Kasparow nicht den aktiveren Zug 13. Td1 wählte, wunderte man sich in Sevilla. Nach der Partie hat Karpow folgende Varianten demonstriert:

13. ... Lf5! (aber nicht Sa5? 14. Sb3) und nun:

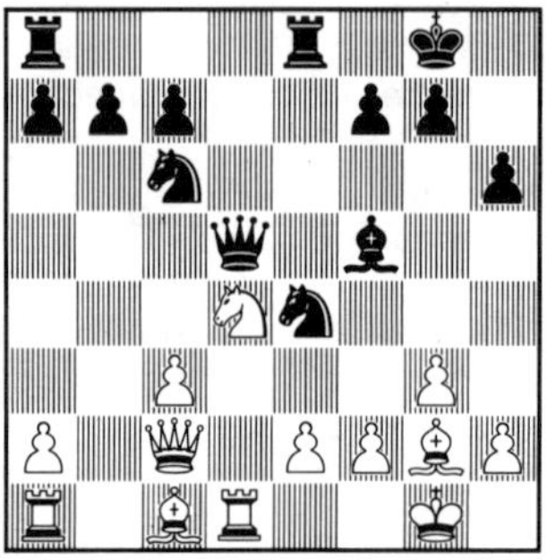

Analysediagramm

I) 14. Sf5:? Df5: mit der Doppeldrohung Df2:+ und Sg3:;

II) 14. f3? Sf2! 15. e4 Sd1:! 16. Dd1: Dc5 17. ef5: Dc3: und Schwarz gewinnt;

III) 14. Db2!? Da5! 15. Sf5: Df5: 16. Le3 Sa5! mit gutem Spiel für Schwarz.

13. ... Sa5!?

Nun überlegte Karpow 38 Minuten!

Schwarz will eine „eiserne" Kontrolle über das Feld c4 haben, sonst steht Weiß nach c3-c4 und Lb2 mit Läuferpaar etwas besser.

14. f3?

Nur 12 Minuten; das war viel zu früh!

Kasparow hilft Schwarz, von der Fesselung (Se4-Dd5) loszukommen und damit ein gutes Spiel zu erhalten.

Meiner Meinung nach war 14. Td1! richtig.

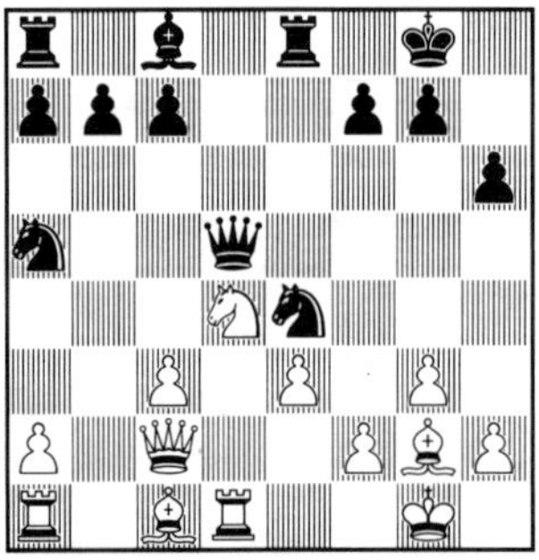

Analysediagramm

Und nun:

I) 14. ... Lf5? 15. c4! (Sc4:? 16. Sf5: Df5: 17. Dc4:);

II) 14. ... Sc4 15. Tb1! De5 16. Tb5 De7 17. Le4: De4: 18. De4: Te4: 19. Tc5 mit Vorteil;

III) 14. ... De5 15. Tb1! c5?! 16. Tb5! (16. ... b6 17. f3! nebst f4 und Weiß steht auf Gewinn);

IV) 14. ... Dh5!? 15. c4!

A) 15. ... Sf6 16. Ld2!;

B) 15. ... Ld7 16. Lb2;

C) 15. ... Sc4:? 16. Lf3 Dd5 17. Le4:! Te4: 18. Sb3 Df5 19. Td8+ Kh7 20. f3! Df3: 21. Sd4 und Weiß gewinnt;

D) 15. ... c5 16. Sb3! (aber nicht 16. Se2? Df5!) Sb3: 17. ab3: Lf5 18. Td5! und 18. ... Tad8? geht nicht wegen 19. g4!.

Nach 14. Td1! steht Weiß besser, aber ich brauchte „etwas" mehr Zeit, das festzustellen.

14. ... Sd6 15. e4 Dc5 16. Le3 Sdc4 17. Lf2 De7

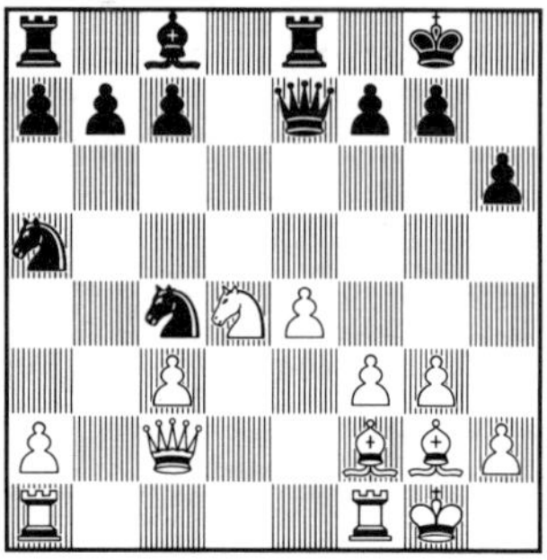

Weiß hat das Läuferpaar und die Möglichkeit, seine Bauern im Zentrum durch f3-f4, e4-e5 (f4-f5) zu aktivieren; Schwarz hat die Kontrolle über das Feld c4, sein Plan ist Ld7, Tad8 und in einem Moment c7-c5 mit Gegenspiel auszuführen.

Ich glaube, Schwarz hat etwas bessere Chancen, aber ...

18. Tad1

Möglich war 18. Tfe1!?, aber Kasparow will den Turm auf f1 behalten. Nach 18. f4?! könnte Schwarz mit 18. ... c5! 19. Sb3 (19. Se2 b6 und der Springer auf e2 steht schlecht) 19. ... b6 mit gutem Spiel fortsetzen.

18. ... Ld7

Nun ist 18. ... c5?! zu früh wegen 19. Se2 b6 20. Sf4.

19. f4

„Zu optimistisch. Kasparow sollte lieber 19. Tfe1 spielen und mit weiteren Aktionen abwarten" schrieb Pachmann.

19. ... Tad8

Karpow will noch mit c7-c5 abwarten, obwohl nach 19. ... c5 20. Sb3 b6 Schwarz etwas besser steht.

20. e5?!

Zeitverbrauch: Kasparow 1 Stunde 44 Minuten; Karpow 1 Stunde 25 Minuten.

Weiß könnte mit 20. h3!? den Zug Ld7-g4 verhindern, aber nach 20. ... c5 21. Sb3 b6 hätte Schwarz die besseren Chancen.

20. ... Lg4! 21. Sf5

Das passive 21. Sf3 wäre vorsichtiger, weil nun Schwarz die Kontrolle über die d-Linie übernimmt.

21. ... De6! 22. Td8: Td8: 23. Sd4 Dc8!
Sonst könnte Weiß mit h2-h3 fortsetzen.

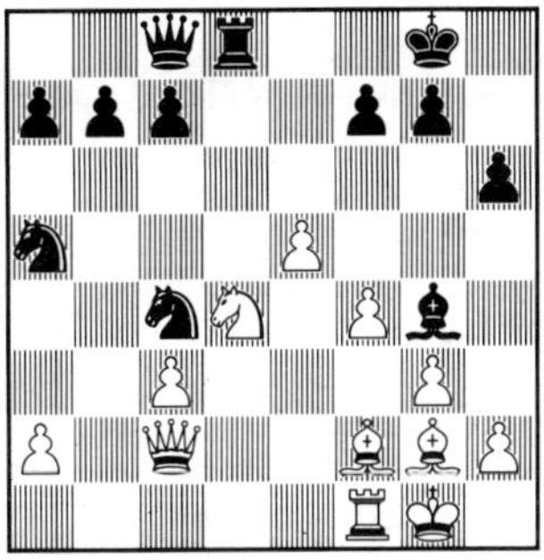

Positionell steht Weiß schlecht; es droht 24. ... c5 25. Sb3 Lf5 26. Dc1 Sb3: 27. ab3: Sd2 28. Td1 Sb3: mit Gewinnstellung für Schwarz. Welche Möglichkeiten hat Weiß?

I) 24. Te1 c5 25. Sb3 Sb3: 26. ab3: Sd2 27. Te3 Lf5! 28. Da2 c4 29. b4 Lh3! (auch 29. ... a6 sieht gut aus) mit Vorteil für Schwarz, Kindermann.
II) 24. Le4 c5 25. Lf5 (eine Idee von Hecht) Lf5: 26. Sf5: Kh8 27. Le3 b6 (Sa3 28. De4 Sb5 29. Da4!) 28. Lc1 Dd7 nebst Dd3, und die weiße Stellung ist kritisch.

In dieser unangenehmen Lage mußte Kasparow auf Angriff spielen.

24. f5! c5!
Aber nicht Se5:? 25. h3 c5 26. hg4: cd4: 27. De4! und Weiß steht besser.
25. De4!
Eine interessante Position ergibt sich nach 25. h3!? cd4: 26. Ld4:.

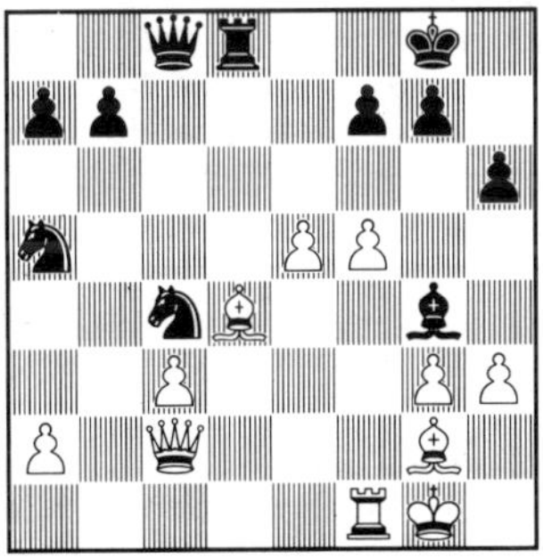

Analysediagramm

Es sieht gut für Weiß aus, aber es folgt 26. ... Sd2!! 27. Dd2: (27. hg4:? Td4: oder 27. Tf4 Sf3+ 28. Lf3: Lf3: 29. Tf3: Td4:) 27. ... Lf5: mit Vorteil für Schwarz.
25. ... cd4:!
Eine sichere Antwort, sonst könnte die weiße Initiative gefährlich werden, z.B.:

I) 25. ... Sd2 26. Dg4: Sf1: 27. e6! cd4: 28. Ld4: Td4: 29. Dd4: und Weiß steht auf Gewinn;
II) 25. ... h5 26. Df4! cd4: 27. Ld4: Sc6 28. f6 (aber nicht 28. Dg5? wegen Sd4: 29. cd4: Td4: 30. f6 g6 31. Dh6 Df8) 28. ... Sd4: 29. cd4: mit Angriff.

26. Dg4:
Nun geht nicht 26. Ld4:?! wegen Sc6! 27. Dg4: Sd4: 28. cd4: Se3 29. Df4 Sf1: 30. d5! Dc3! 31. Kf1: Te8 32. e6 fe6: 33. de6: Td8 und Schwarz gewinnt.
26. ... Se5:!

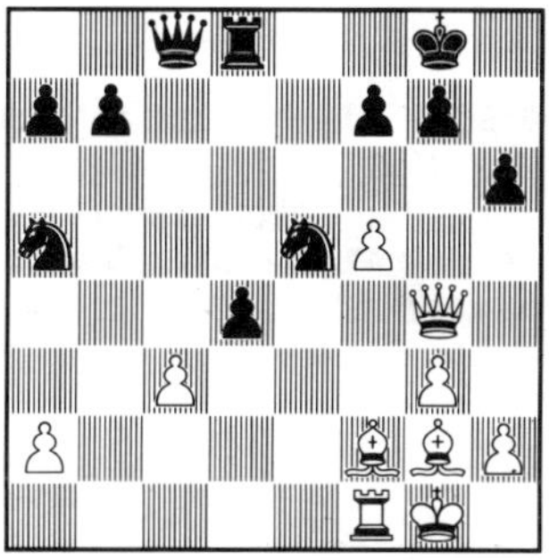

27. De2?
Keine Zeitnot; Kasparow hatte noch 25 Minuten, Karpow nur 15. Möglich, daß darum Kasparow nicht ins Endspiel gehen wollte nach 27. De4! Sec4 28. Ld4: Sd2 29. De5 Td4: 30. cd4: Sf1: 31. Lf1: (31. Da5: Se3) Sc6 32. Dc5, wo er gute Rettungschancen hatte, obwohl Schwarz besser steht – 32. ... Dd8! 33. d5 Se7 34. d6 Sc8 35. Dc7? Dc7: 36. dc7: Kf8 37. Lc4 Ke7 nebst Sd6 und Kd7-c7:.
27. ... Sec6 28. cd4: Sd4: 29. Ld4:
Ist erzwungen; nach 29. De1? folgt Sc4 mit der Drohung Sd2! (31. Dd2:? Sf3+).
29. ... Td4: 30. f6 De6!

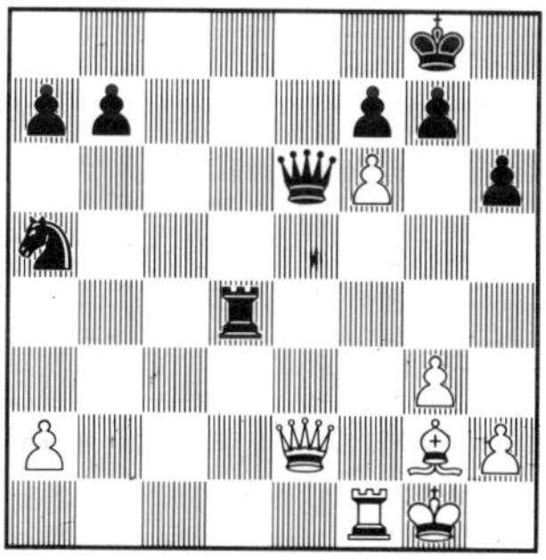

31. Db2?
Nach 14 Minuten entscheidet sich Kasparow wieder, nicht ins Endspiel zu gehen; nach 31. De6: fe6: 32. fg7: (32. Lh3 Te4 33. fg7: Kg7: sieht

schlechter aus) 32. ... Kg7: 33. Tc1 Td7 (Td2 34. Tc7+ Kf6 35. Th7) 34. Tc2 hatte er noch praktische Rettungschancen.

31. ... De3+! 32. Kh1 b6!

Die Damenflügelbauern müssen die Entscheidung bringen; nun kommt auch der schwarze Springer ins Spiel.

33. fg7: Sc4 34. Dc2 Kg7: 35. Ld5?!

Auch das Endspiel nach 35. Df5 De6 36. De6: fe6: sieht schlecht aus, aber nun kann man Kindermann zustimmen:

„Der Rest der Partie ist einfach, da mit Damen auf dem Brett der Springer viel stärker als der Läufer ist."

35. ... Sd6! 36. Db2 De5 37. Lb3 a5! 38. Df2 f5 39. Db2 b5 40. a3 Kg6

Hier wurde die Partie abgebrochen; der Abgabezug von Weiß war **41. Df2**. Ohne Wiederaufnahme **gab Kasparow auf**.

17. Partie

Kasparow in der Krise?! Seine letzte Auszeit zu nehmen, dafür ist es zu früh – also muß er gleich nach dem Rückschlag mit Schwarz wieder ans Brett. Karpow will kein Grünfeld-Indisch in der bisherigen Form mehr, wie die Zugfolge zeigt ... und der Weltmeister reagiert mit Königsindisch, einer „Jugendliebe", aber auf höchster Ebene als sehr riskant betrachtet! Hochkonjunktur für Hell- und Schwarzseher: „Königsindisch gegen Karpow – das ist sein Ende!" meint einer. Ein anderer zitiert Petrosjan: „Was bin ich in schlechter Form – mein Gegner hat Königsindisch gespielt, und ich habe nicht gewonnen!"

Es wird nichts so heiß gegessen, wie es gekocht wird. Karpow scheint diesmal wirklich in punkto Eröffnungswahl etwas überrascht und reagiert vorsichtig. Aus dem langwierigen Stellungskrieg holt er nur einen akademischen Vorteil heraus. Die Hängepartie, obwohl augenscheinlich Remis, sorgt noch ein wenig für Aufsehen: Kasparow erscheint 14 Minuten zu spät – und analysiert nach dem kurzen Schluß erstmals seit urdenklichen Zeiten mit seinem Gegner! Er habe sich nicht beherrschen können, sagt der Weltmeister hinterher; er habe kurz vor Abfahrt zur Hängepartie noch eine tückische Idee für Karpow entdeckt und nun unbedingt wissen wollen, ob dieser sie auch gesehen habe ...

17. Partie: 25.11.1987

Karpow - Kasparow
Königsindisch

1. Sf3

Nach 2 Minuten; Karpow will kein Grünfeld mehr?!

1. ... Sf6

7 Minuten – warum denn 1. Sf3?

2. c4 g6 3. Sc3 Lg7

Schwarz will Königsindisch spielen!

In der Partie Kortschnoi - Kasparow, Brüssel 1987, folgte 3. ... d5 4. cd5: Sd5: 5. Da4+ Ld7 6. Dh4 Lc6 7. g3?! Lg7 8. Lg2 Sd7 9. Sd4 Ld4:! 10. Sd5: Lg7 11. 0–0 e6 mit gutem Spiel für Schwarz, aber ich glaube, nach 7. Dd4! f6 8. e4! Sc3: 9. bc3: Sd7 (Dd4: 10. Sd4: Le4:? 11. Se6) 10. De3 steht Weiß etwas besser.

4. e4 d6 5. d4 0–0 6. Le2 e5 7. 0–0 Sc6 8. d5 Se7

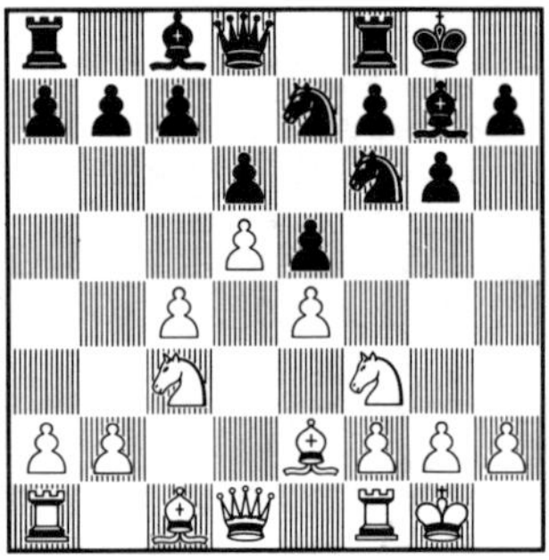

Das klassische System.

„Die Eröffnungswahl muß für Karpow eine Riesenüberraschung gewesen sein, denn die Königsindische Verteidigung hat auf höchster Ebene einen äußerst schlechten Ruf (was könnte Dr. Nunn dazu sagen?) und wird von vielen Experten geradezu als inkorrekt betrachtet. Kasparow pflegte diese Eröffnung in seiner Jugendzeit ...

Kasparow hatte sich wohl auf den Überraschungseffekt und den Umstand verlassen, daß Karpow bisher fast immer auf ein ganz neues Eröffnungssystem unsicher reagiert hat" schrieb Kindermann.

9. Sd2

Nach 12 Minuten.

Diese Idee von Taimanow ist in letzter Zeit populär – mit diesem Springerzug will Weiß das aktive Spiel am Damenflügel durch b2-b4, Sd2-b3 und c4-c5 vorbereiten und die Komplikationen (Sf6-h5!? usw.) vermeiden.

9. ... a5

1 Minute. Kasparow wählt eine moderne Verteidigungsmethode: er will versuchen, ohne c7-c5 auszukommen.

10. b3!?

A tempo. So spielte mit Erfolg Lputjan gegen Dorfman, einen von Kasparows Sekundanten in Sevilla.
Dieser Zug sieht nach 10. ... c5 11. a3 Se8 12. Tb1 f5 13. b4 wie ein Tempoverlust aus, aber Karpow will Schwarz „zwingen", c7-c5 zu spielen, um mehr Einbruchsfelder am Damenflügel und die „Schwäche" auf d6 zu bekommen.

Was könnte nach „normalen" Zügen wie 10. a3 nebst Tb1 und b2-b4 oder 10. Tb1 passieren?
I) 10. a3 Ld7!? – eine Idee von Geller.

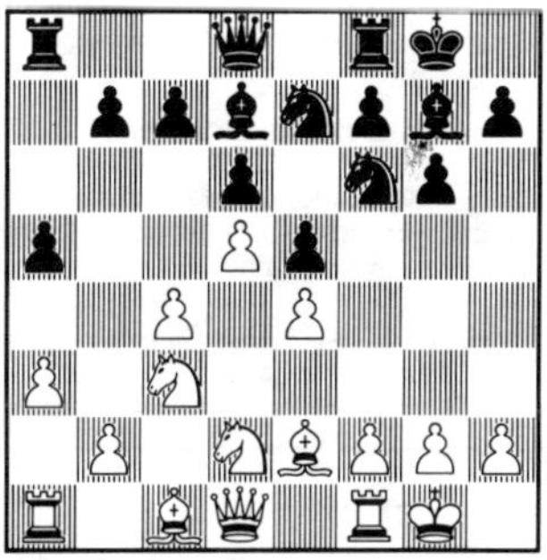

Analysediagramm

Und nun:
A) 11. b3 Sc8! 12. Tb1 Sb6 13. b4 ab4: 14. ab4: Sa4! 15. Dc2 (15. Sa4:? La4: 16. De1 Lc2) 15. ... Sc3: 16. Dc3: Lh6, Langeweg - Geller, Amsterdam 1974;
B) 11. Tb1 a4 12. b4 ab3: 13. Db3: Lc8 14. a4 Sd7 15. La3 b6 16. Lb4 f5;
C) 11. Ta2!? Se8 12. b4 ab4: 13. ab4: Ta2: 14. Sa2: f5 15. c5 Lh6, Lputjan - Lanka, UdSSR 1986, mit gutem Gegenspiel für Schwarz.
II) 10. Tb1 Sd7 11. a3 f5 12. b4 b6

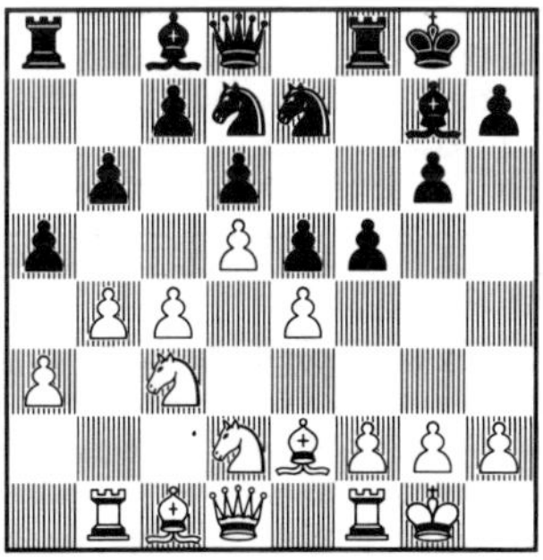

Analysediagramm

und nun:
A) 13. f3 Lh6!? 14. Sb3 Lc1: 15. Dc1: ab4: 16. ab4: Sf6 17. Ta1 Ta1: 18. Da1: Sh5 mit genügend Gegenspiel, Mortensen;
B) 13. Lb2 Sf6 14. Dc2 Lh6 15. Tbd1 Ld7 16. ef5: Sf5: 17. Sb5 Tf7 mit kompliziertem Spiel; Magerramow - Kengis, Riga 1980;
C) 13. Sb3 ab4: 14. ab4: Sf6 15. f3 Kh8 16. c5 bc5: 17. bc5: Sh5 18. g3 Sg8 19. Ld2 Shf6 mit etwa gleichen Chancen, Kristiansen - Mortensen, Esbjerg 1984.

10. ... c5

3 Minuten.
In der Partie Lputjan - Dorfman, UdSSR 1986, folgte 10. ... Sd7 11. La3! f5 (nach 11. ... Sc5 12. b4 ab4: 13. Lb4: Sa6! (b6 14. a4!) 14. La3 b6 15. Sb3 f5 16. Lc1! Sc5 17. Sc5: bc5: 18. a4 Kh8 19. Ld2 steht Weiß mit seinem a-Freibauern besser; Michaltshischin - Braga, Mexiko 1977) 12. b4 ab4: 13. Lb4: Kh8 14. a4 Sg8 15. Sb3! b6 (Sdf6 16. ef5: gf5: 17. c5) 16. a5 Sc5 17. Ta3! Ld7 18. Lc5:! bc5: 19. a6 Sf6 20. a7 mit klarem Vorteil für Weiß.

11. a3 Se8

Sicher nicht Sd7?! wegen 12. Sb5! (Schwäche auf d6!).

12. Tb1 f5 13. b4 ab4: 14. ab4: b6 15. Db3?!

6 Minuten; die kritische Position ergibt sich nach 15. bc5: bc5: 16. Sb3.

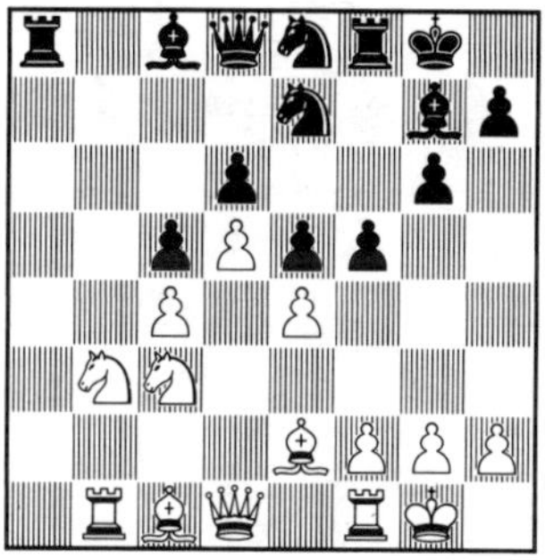

Analysediagramm

Diese Stellung ist nicht neu, aber im Vergleich zu gespielten Partien hat Schwarz ein Tempo mehr. Meiner Meinung nach steht trotzdem Weiß besser.
I) 16. ... Sf6 17. Lg5! h6 (Se4:? 18. Se4: fe4: 19. Sc5: dc5: 20. d6) 18. Lf6: Tf6: (Lf6: 19. Sc5: dc5: 20. d6) 19. Ta1 mit Vorteil für Weiß;
II) 16. ... Kh8 17. Lg5! (17. Ld2 Sg8 18. Ta1 Ta1: 19. Da1: Lh6!) Lf6 18. Ld2 Ld7 19. Ta1 Ta1: 20. Da1: Sc8 21. Sa5 Lg5 22. Sc6! (Lc6: 23. Lg5: Dg5: 24. dc6:) und Weiß steht besser;
III) 16. ... h6!? 17. Ld2 Sf6 18. f3 Sh5 19. Ta1! Ta1: 20. Da1: Sf4 21. Da5! Da5: 22. Sa5: fe4: 23. fe4: Se2:+ 24. Se2: Tf1:+ 25. Kf1: La6 26. Sc3 Sc8 27. Sb5 Sb6 28. Sd6: Lf8 29. Sdb7 und das Endspiel ist günstiger für Weiß (eine Analyse von Sznapik ohne den Bauer auf h6).

15. ... Sf6!
10 Minuten. 15. ... Lh6?! wäre zu früh wegen 16. bc5: bc5: 17. Db6 Db6: 18. Tb6: Ta6 19. Ta6: La6: 20. Sf3! Lc1: 21. Tc1: und Weiß steht besser.
16. Ld3
8 Minuten; nun bringt 16. bc5: bc5: 17. Db6 Db6: 18. Tb6: Ta6 nichts.

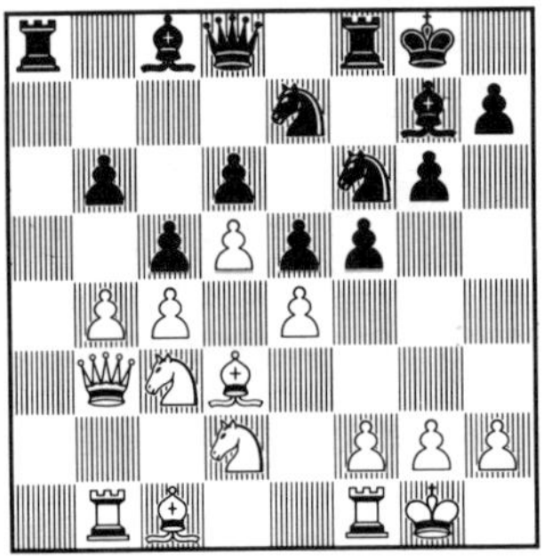

16. ... Lh6!
Nach 10 Minuten kommt Kasparow zu der richtigen Entscheidung! Schwächer wäre 16. ... Sh5 17. Te1 Sf4 18. Lf1 fe4:

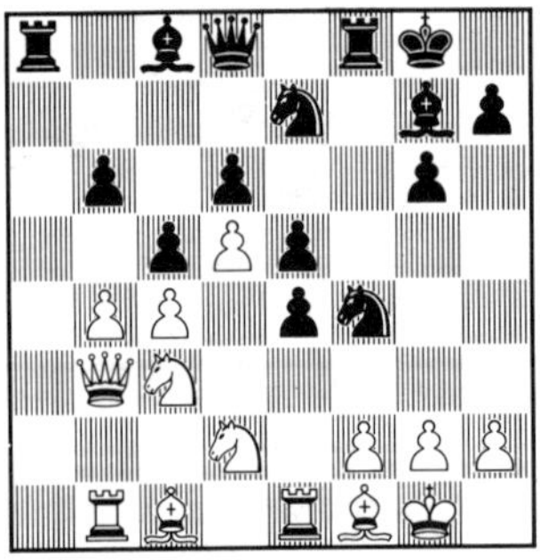

Analysediagramm

Und nun:
I) 19. Sde4: Sf5 20. bc5: bc5: 21. Db6 Dh4! 22. g3 Sh3+ 23. Kg2 De7! mit schwarzer Initiative, laut Kindermann;
II) 19. bc5:! bc5: 20. Db6! Dd7 21. Sde4: Ta6 (oder Sf5 22. Sb5) 22. Db5 mit besseren Aussichten für Weiß.
17. Tb2
10 Minuten; nach 17. Sf3 Lc1: 18. Tfc1: fe4: 19. Se4: Se4: 20. Le4: Sf5 steht Schwarz gut.
Karpow will abwarten; möglich, daß Kasparow „zu aktiv" wird.
17. ... Ta1!
Nach 43 Minuten!
Kasparow wartet auch; er will nur dann auf e4 abtauschen, wenn der weiße Springer d2 nicht wiederschlagen kann.
Schwächer wäre 17. ... fe4:?! wegen 18. Sde4: Lc1: 19. Sf6:+ Tf6: 20. Tc1: Sf5 21. Se4 Tf8 22. bc5: bc5: 23. Db6 und Weiß steht etwas besser.
18. Dc2
21 Minuten. Interessant war 18. Ta2!? (18. bc5: bc5: 19. Ta2 Ta2: 20. Da2: Db6) 18. ... Ta2: 19. Da2:, um die a-Linie zu erobern, aber nach 19. ... cb4: 20. Sb5 Ld2:! 21. Ld2: Se4:! 22. Le4: fe4: 23. Lb4: Sf5 kann Schwarz zufrieden sein.

18. ... Lf4! 19. Sf3
Nach 10 Minuten entscheidet sich Karpow, zu probieren, im Endspiel einen kleinen Vorteil zu bekommen.
Nichts bringt 19. bc5: bc5: 20. Sb3 Lc1: 21. Tc1: Tc1: 22. Dc1: fe4: 23. Se4: Se4: 24. Le4: Sf5.
19. ... fe4: 20. Se4: Se4: 21. Le4: Tc1: 22. Tc1: Lc1: 23. Dc1: Sf5 24. Dg5!?

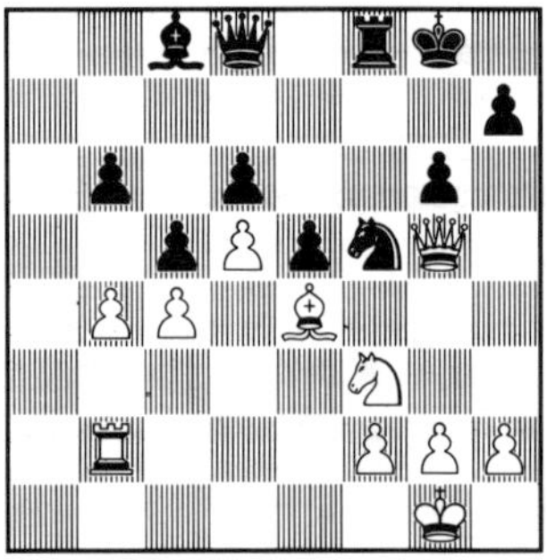

24. ... Sd4
In dieser Stellung kann Karpow nicht die Schwäche auf d6 ausnutzen; beide Rivalen hatten auch keine Zeitprobleme: Karpow besaß noch 39, Kasparow noch 25 Minuten.
25. Dd8: Sf3:+ 26. Lf3: Td8: 27. bc5: bc5: 28. Tb8 Tf8 29. Tb6 Tf6 30. Tb8
Sieht mehr wie ein „Prestigespiel" von Karpow aus.
30. ... Tf8 31. Tb6 Tf6 32. Le4 Lf5 33. Lf5: Tf5:
Das ist eine „Geschmackssache"; mir gefällt 33. ...

gf5:! (34. f4 e4) mehr.

34. g3

Nichts bringt 34. Td6: Tf4.

34. ... Tf6 35. h4 h6 36. Kg2 Kg7 37. f3 Kg8 38. Kf2 g5 39. hg5: hg5: 40. Ke3 Kg7 41. Tb8 Kh7 42. Td8

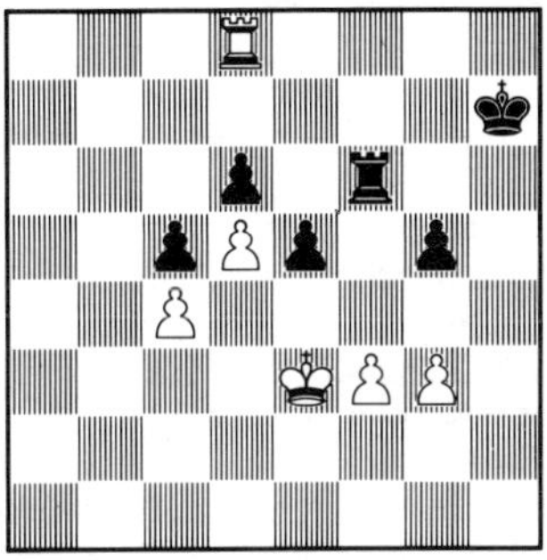

Die Partie wurde in dieser Stellung abgebrochen. Weiß steht dank der aktiveren Turmstellung etwas besser, aber das ist mehr ein symbolischer Vorteil. Aber Kasparow hatte eine andere Meinung: „Meine Stellung war tatsächlich sehr gefährdet" sagte er nach der Partie.

42. ... Kg7

Das war der Abgabezug.

43. Ta8 Kf7 44. Ke4 Kg7 45. Ta7+ Kg6 46. Te7

Die letzte Aufgabe. Schlecht wäre nun 46. .. Kh6? wegen 47. Te6 Kg6 48. Tf6:+ Kf6: 49. g4! Kg6 50. Kd3 Kf6 51. Kc3!.

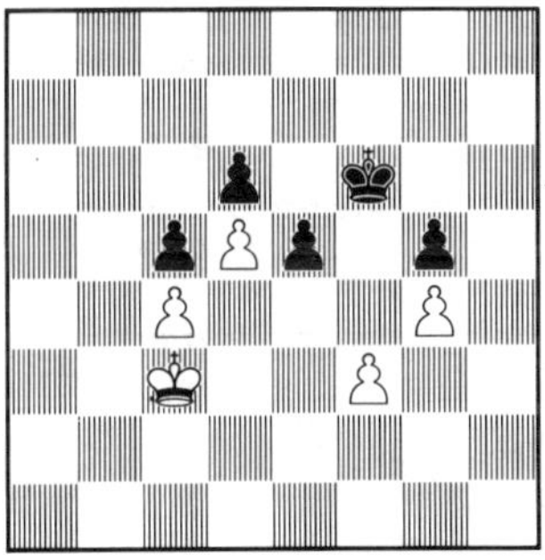

Nach 51. ... e4 52. fe4: Ke5 53. Kb3 Ke4: (oder Kd4 54. e5!) 54. Ka4 Kf4 55. Kb5 Kg4: 56. Kc6 Kf5 57. Kd6: g4 58. Kc6 g3 59. d6 g2 60. d7 g1D 61. d8D muß Schwarz sich auf eine langfristige Verteidigung im Endspiel Dame gegen Dame und c-Bauer vorbereiten. Diese Möglichkeit „hatte Kasparow in aller Eile selbst auf Kosten von 14 Minuten Verspätung noch analysiert" schrieb Dr. Pfleger.

46. ... g4! und Karpow bot **Remis** an.

Nach 47. fg4: Kg5 48. Te6 Kg6 hat Weiß keine Chancen.

18. Partie

Die Vorsicht wird wieder Trumpf (und wenn man Kasparows Äußerung nach der 11. Partie glauben darf, nimmt auch die Erschöpfung zu): Für Karpow bedeutet ein Verlust in dieser Phase bei diesem Stand sehr wahrscheinlich das Aus; aber auch der Weltmeister, der ja bei Gleichstand noch die Nase vorn hat, will natürlich die Gefahr einer Niederlage so gut es geht ausschalten. Es gibt wieder Damengambit – mit leichten Vorteilen für Kasparow, der hie und da wahrscheinlich seine Stellung verstärken konnte; aber eine wirklich klare Gewinnchance ist auch nicht zu entdecken. Während das Interesse und die Spannung allmählich auf den Siedepunkt steigt, beginnt das Geschehen am Brett eher zu verflachen.

18. Partie: 30.11.1987
Kasparow - Karpow
Damengambit

1. c4 e6 2. Sc3 d5 3. d4 Le7 4. Sf3 Sf6 5. Lg5 h6 6. Lh4

Im Revanchekampf London/Leningrad 1986 spielte Kasparow 6. Lf6:.

6. ... 0–0 7. e3 b6 8. Le2

Das theoretische Duell wird nun in der „Orthodox-Tartakower-Variante" fortgesetzt.

8. ... Lb7 9. Lf6: Lf6: 10. cd5: ed5: 11. b4

In der 19. Partie spielt Karpow 11. 0–0.

11. ... c5!

Zu passiv ist hier 11. ... c6. In der Partie Estevez - Karpow, Interzonenturnier Leningrad 1973, stand Weiß nach 12. 0–0 a5 13. a3! Dd6 14. Db3 ab4: 15. ab4: Sd7 16. Tfd1 etwas besser.

12. bc5: bc5: 13. Tb1 Lc6!

Nach 2 Minuten. In der 40. Partie der 1. Weltmeisterschaft, Moskau 1985, folgte 13. ... Da5?! 14. Dd2 cd4: 15. Sd4: Ld4: 16. ed4: Lc6 17. Sb5! Dd8 18. 0–0 a6? (Laut Geller war 18. ... Sd7 19. Tfc1

Lb5:! 20. Tb5: Sf6 noch möglich) 19. Sa3! Te8 20. Sc2 mit Druckspiel für Weiß.

Meiner Meinung nach wäre interessanter, 14. 0—0! (eine Idee von Speelman) zu spielen, z.B. 14. ... Dc3: 15. Tb7: cd4: 16. Tb3 Da5 17. Sd4: Da2: 18. Lf3 Sa6 19. Ld5: Tad8 20. Sc6.

14. 0—0 Sd7 15. Lb5 Dc7

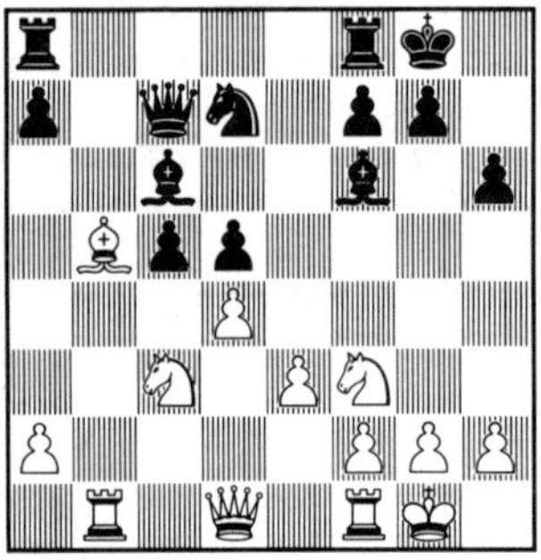

Diese kritische Position, von der die Beurteilung der gesamten Variante abhängt, wurde zwischen beiden Rivalen wiederholt erprobt. In der 12. Partie, 1. Weltmeisterschaft, Moskau 1984, spielte Weiß 16. Dd2; in der 38., 39. und 42. 16. Dc2; in der 8. Partie des zweiten Titelkampfs, Moskau 1985, wählte Weiß 16. Dd3.

All diese Partien gingen mit Remis aus!

16. Dd3!

Kasparow entscheidet sich für die letzte Möglichkeit. Zeitverbrauch: Weiß 11 Minuten, Schwarz 25 Minuten.

16. ... Tfc8!?

Nach 42 Minuten; was hat Kasparow vor?

Bis jetzt wurde in der Praxis über die Stellung nach 16. ... Tfd8 diskutiert.

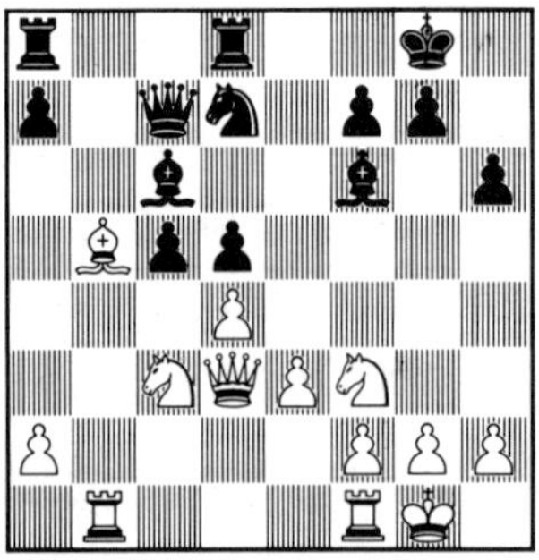

Analysediagramm

Nach 17. Df5?! cd4: 18. ed4: (18. Sd4: Ld4: 19. ed4: Sf6) g6! 19. Dh3 (nichts bringt 19. Sd5: Ld5: 20. Dd5: wegen 20. ... Se5!) 19. ... Lb5: 20. Sb5: Df4! (aber nicht 20. ... Da5?! 21. Dh6: Tab8 22. Sd6 Da6 23. Df4) steht Schwarz nicht schlechter, Didischko - Wladimirow, UdSSR 1983.

In der 8. Partie, 2. Weltmeisterschaft Moskau 1985 (Karpow mit Weiß!) folgte 17. Tfd1! Tab8 (c4 18. Df5 Sb6 19. Se5 ist günstig für Weiß) 18. Lc6: Dc6: (Kasparow gibt 18. ... Tb1:?! 19. Db1: Dc6: 20. Db5 Sb8 21. Da5! Db6 22. Db6: ab6: 23. Tb1 mit kleinem Vorteil für Weiß an) 19. Tb8:?! Tb8: 20. dc5: Lc3: 21. Dc3: Dc5: 22. Dc5: Sc5: 23. h3 (nun ist der Bauer d5 „tabu") 23. ... Se4! 24. Td5: Tb1+ 25. Kh2 Sf2: 26. Td8+ Kh7 27. Td7 a5 28. Tf7: Tb2 29. a4 Sd1 mit Gleichgewicht.

Aber laut Taimanow und Awerbach sollte Weiß, bevor er aktive Operationen einleitet, um die Schwäche des Bauern d5 auszunutzen, 19. h3! spielen mit besseren Aussichten.

17. Tfc1 Tab8

5 Minuten; nach 17. ... Lb5:?! kann Weiß 18. Db5: spielen – das ist einer der Vorteile von 16. Dd3.

18. h3!

13 Minuten; ein günstiger Zug, was aus obigen Anmerkungen hervorgeht.

18. ... g6

9 Minuten. Schwarz muß gute „Wartezüge" machen.

19. Lc6:!

41 Minuten. Weiß kann keine günstigen Züge einschalten.

19. ... Tb1:

Sicher nicht 19. ... Dc6:? 20. Tb8: Tb8: 21. dc5: und Schwarz verliert einen Bauern.

20. Db1: Dc6: 21. dc5:

Nun geht 21. Db5? nicht wegen cd4:; dank 16. ... Tfc8! ist die schwarze Dame gedeckt.

21. ... Dc5:

8 Minuten. Nach 21. ... Sc5: wäre der gleiche Rückzug des Springers noch stärker.

22. Se2 Df8

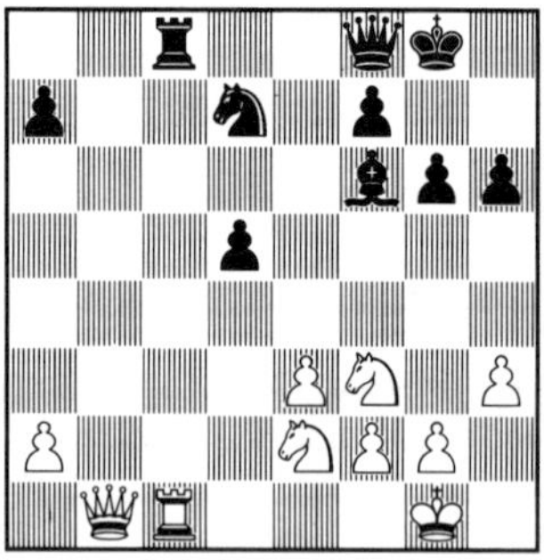

Weiß steht etwas besser; nun muß er den richtigen Plan finden.

23. h4?!

22 Minuten. Laut Larsen ist dieser Zug immer gut,

aber logischer sieht 23. Sf4! mit der Idee 23. ... Sb6 24. h4! aus.

23. ... Se5!

Weniger Figuren – weniger Probleme.

24. Se5: Le5: 25. Td1?!

A tempo gespielt; meiner Meinung nach verspricht 25. h5! mehr, weil im folgenden Endspiel Kasparow keine Chancen hat.

25. ... Dc5! 26. h5 Dc2 27. Dc2: Tc2: 28. Td5: Te2: 29. Te5: Ta2: 30. hg6: fg6: 31. Te7

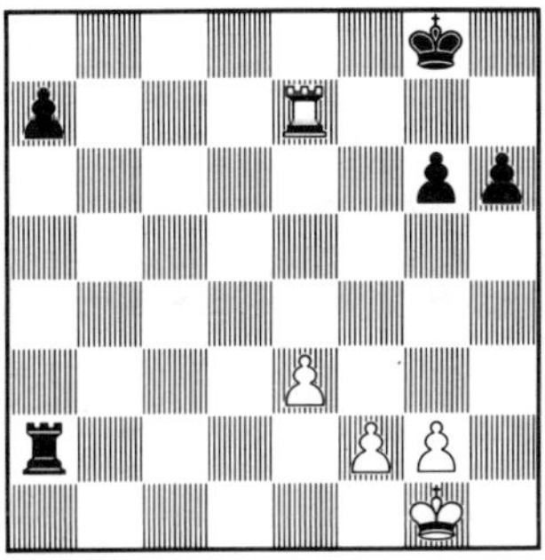

Wenn Kasparow seine Bauern auf e5 und f4 und den König ins Zentrum bringen könnte, hätte er Chancen auf Gewinn, aber das erlaubt ihm Karpow sicher nicht. Der Rest ist einfach ...

31. ... a5 32. Ta7 a4 33. g3 h5 34. Kg2 a3 35. e4 g5! 36. Kf3 g4+ 37. Ke3 Ta1 38. Kf4 Tf1 39. Kg5 Tf2: 40. Kh5: Te2 und Kasparow bot **Remis** an.

19. Partie

Hat Karpow diesmal eine Chance? Immerhin gewinnt der Herausforderer nach einer Verbesserung in einer Variante „mit vertauschten Farben“ (gegenüber der 18. Partie) bald einen Bauern. Doch wie die Analysen erkennen lassen, scheint Schwarz zumindest so viel Gegenspiel zu haben, daß die Remisbreite zu keiner Zeit überschritten wird. Zwar ein inhaltsreiches Unentschieden – doch die Schachfans, die auf eine Entscheidung warten, werden weiter auf die Folter gespannt ...

19. Partie: 2.12.1987

Karpow - Kasparow
Damengambit
1. Sf3 d5 2. d4 Sf6 3. c4 e6 4. Sc3 Le7 5. Lg5 0–0 6. e3 h6 7. Lh4 b6 8. Le2 Lb7 9. Lf6: Lf6: 10. cd5: ed5: 11. 0–0

Kasparow spielte in der 18. Partie 11. b4; Karpow zieht 11. 0–0 vor.

11. ... Sd7

1 Minute; eine der besten Möglichkeiten, welche beide Rivalen bevorzugen.

12. b4 c5 13. bc5: bc5: 14. Db3!?

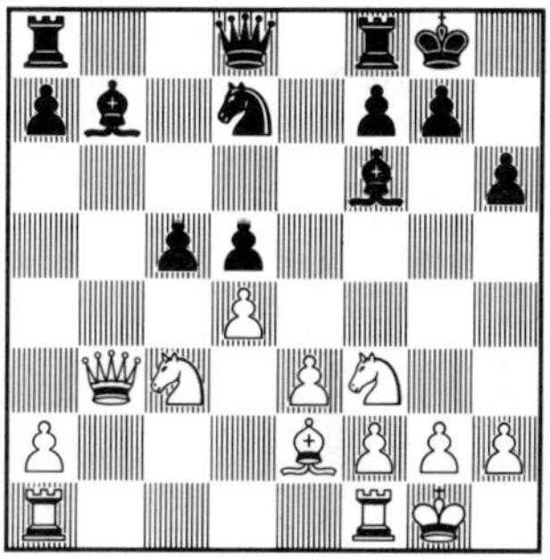

Schwer zu glauben, aber dieser logische Zug ist eine Neuerung, was diese Partie theoretisch wichtig macht.

Zeitverbrauch: Weiß 15, Schwarz 9 Minuten.

14. ... cd4:

20 Minuten; er muß den richtigen Verteidigungsplan finden.

15. Sd4:

15. ed4:? hat nach Sb6 16. a4 Tb8 17. a5 Sc4 keinen Sinn.

15. ... Ld4:

2 Minuten; schlecht wäre 15. ... Sc5?! wegen 16. Db4 (Tc8 17. Lg4).

16. ed4: Sb6

Nach 16. ... Db6?! gibt Kindermann 17. Tab1! Db3: (Lc6 18. Sd5:!) 18. Tb3: Lc6 19. Lb5 Lb5: 20. Tb5: an; Weiß gewinnt den d5-Bauern.

17. a4

5 Minuten; das scheint die einzige Möglichkeit zu sein, auf Vorteil zu spielen.

17. ... Tb8

13 Minuten; laut Kindermann „wesentlich besser sieht 17. ... Dd7!? aus."

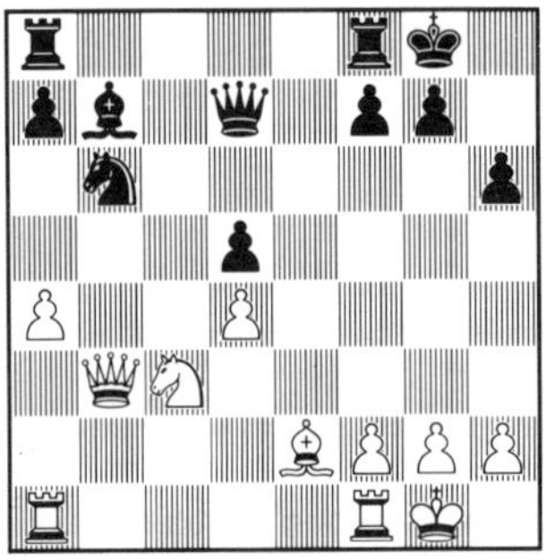

Analysediagramm

Und nun:

I) 18. a5 Sc4 19. Lc4: dc4: 20. Dc4: Lg2:! – das ist die Hauptidee – 21. Kg2: Dg4+ 22. Kh1 Df3+ „und Schwarz hat mindestens Remis, kann aber mit 23. Kg1 Tac8!? sogar auf mehr hoffen" schrieb Kindermann.

II) 18. Lb5 Lc6 und Weiß hat nichts erreicht.

Meiner Meinung nach richtig wäre:

III) 18. Tab1! Lc6 19. a5 Sc4 20. Da2! mit der Idee 21. Lc4: dc4: 22. d5; nach 20. ... Tfd8 folgt 21. Tfd1 und Weiß behält die etwas besseren Aussichten.

18. a5 Sc4!

23 Minuten. Kasparow entscheidet sich, den d-Bauern zu opfern, um aktives Spiel zu bekommen. Sehr passiv wäre 18. ... Sa8?! (Sc8?? 19. a6). Pachmann gibt 19. Db5! Sc7 (Dc8 20. Tfc1) 20. Dc5 an.

19. Lc4:

Nach 20(!) Minuten; nichts bringt 19. Da2?! wegen Dg5 20. Tfd1 Tfc8.

19. ... dc4: 20. Dc4:

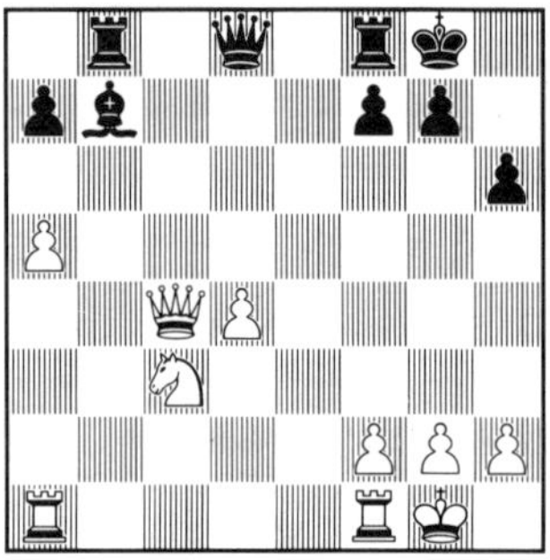

Eine kritische Position; hat Schwarz genügend Kompensation für den Bauern oder nicht?

Zeitverbrauch: Weiß 52 Minuten, Schwarz 67 Minuten.

20. ... Dd6!

Nach 25 Minuten; schwächer wäre 20. ... Dg5 wegen 21. d5 Tfc8 22. Dd4.

Dieser Zug ist der beste, wie auch von Kortschnoi angegeben; nun droht 21. ... La6, und nach 21. a6? folgt Lg2:! 22. Kg2: Dg6+ 23. Kh1 Tfc8 24. Sd5!? Tc4: 25. Se7+ Kh7 26. Sg6: Kg6: mit besserem Endspiel für Schwarz.

21. Dc5

23 Minuten. Karpow will Vereinfachung erzwingen, mit der Weiß auf etwas Vorteil hoffen kann. Nichts bringt 21. Tfc1 (aber nicht 21. Tfd1? Tfc8 22. Dd3 Dc6) wegen 21. ... Tfd8 22. Dc5 (22. Tab1? Dg6 23. d5 Ld5:!) Dd4: 23. Dd4: Td4: mit Ausgleich.

21. ... Dc5:

15 Minuten; nach 21. ... Dg6?! 22. d5 hat Schwarz keine Kompensation für den Bauern.

22. dc5: Tbc8!

Schlecht wäre Tfc8? wegen 23. Tfb1! Tc5: 24. Se4 nebst Sd6.

23. a6 La8

Sicher nicht Tc5:? 24. Sa4.

24. Sb5!?

Nach 11 Minuten entscheidet Karpow, den Bauern c5 nicht zu verteidigen; er will den a7-Bauern gewinnen und seinen a-Freibauern ausnutzen.
24. Ta5?! Te8 25. f4 (es drohte Te5) Tc7 26. Tc1 Tb8 gibt keine Chancen für Weiß.
24. ... Tc5: 25. Sa7:

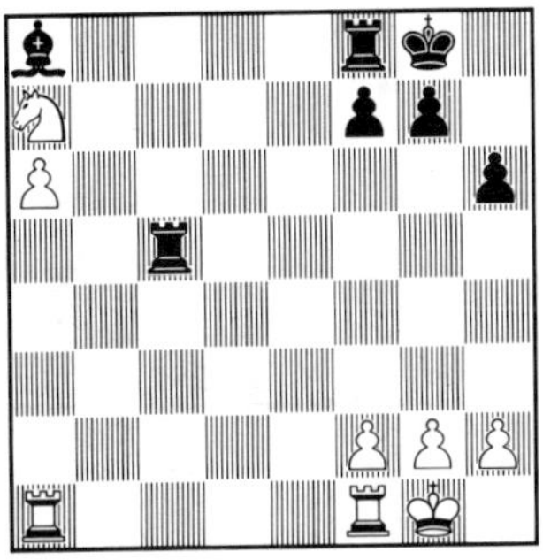

25. ... Le4!
4 Minuten; gut gespielt! Schwarz nimmt die b-Linie unter Kontrolle; nach 25. ... Lg2:? 26. Kg2: Ta8 27. Tfb1 Ta7: 28. Tb7 Ta8 29. a7 Tcc8 30. Kf3 gewinnt der a-Freibauer die Partie.
26. f3!?
7 Minuten. Nach 26. Te1 Te8! (aber nicht Ld3?! 27. f3! Ta8 28. Te7 Kf8 29. Td7 Lf5 30. Tb7 Ld3 31. Ta3 Lc4 32. Kf2) 27. Te4: Ta7: 28. Kf1 Tc6 29. Tea4 Te6 kann Weiß nicht gewinnen.
26. ... Ta8! 27. fe4: Ta7:

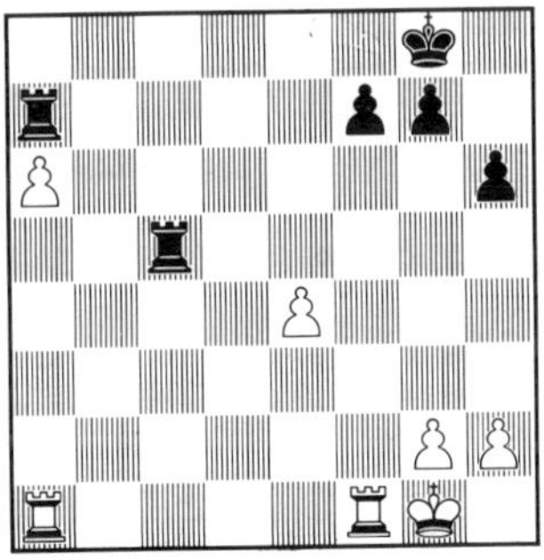

„Das Doppelturmendspiel ist wohl ziemlich klar Remis ... Ein schwarzer Turm blockiert den Bauern zuverlässig und der andere verhindert, daß der weiße König seinen Bauern zu Hilfe eilen kann. Bemerkenswert ist, daß die Position klar gewonnen wäre, gelänge es Weiß, ein Turmpaar zu tauschen" schrieb Kindermann.
28. Ta4 Tc6 29. Tfa1 Kf8 30. Kf2 Ke7 31. Ke3 Ke6 32. Ta5 Td6 33. T1a2 Tc6 34. h4 Td6 35. Kf4 Tb6 36. T2a3
Karpow will in der Hausanalyse probieren, Chancen auf Gewinn zu finden.
36. ... Tc6 37. Te5+ Kf6 38. Tf5+ Ke6 39. Tfa5 Tb6 40. Te5+ Kf6

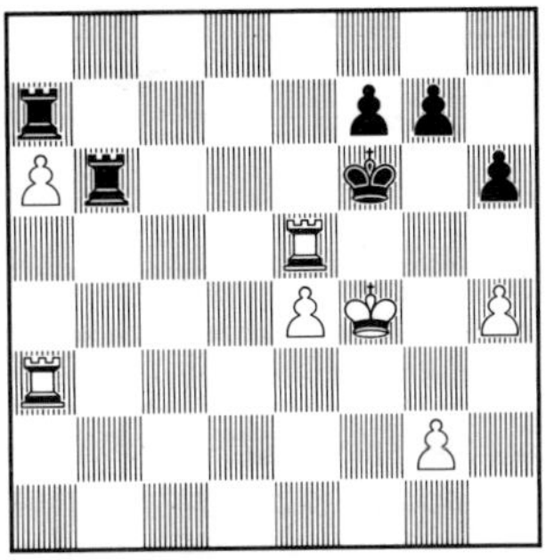

In dieser Stellung wurde die Partie abgebrochen.
41. Tea5
Das war der Abgabezug.
41. ... Ke6 42. Ta1 Tc6 43. Te5+ Kf6 44. Tf5+ Ke6 45. Te5+ Kf6 46. Tea5 Ke6 47. T1a2 Tb6 48. g4!
Einzige Chance.
48. ... f6!
Kindermann gibt folgende Varianten an: 48. ... Tc6? 49. g5 hg5: 50. hg5: und nun:
I) 50. ... g6 51. Te5+ Kd7 52. Td2+ Td6 53. Td6:+ Kd6: 54. Ta5;
II) 50. ... Tb6 51. Te5+ Kd6 52. g6! fg6: (Tba6: 53. Ta6:+ Ta6: 54. gf7: Ta8 55. Te8) 53. Td2+ Kc6 54. Te6+ und Weiß gewinnt.
49. h5 Tc6 50. Tb2
Wieder die einzige Möglichkeit, um weiterzukommen.

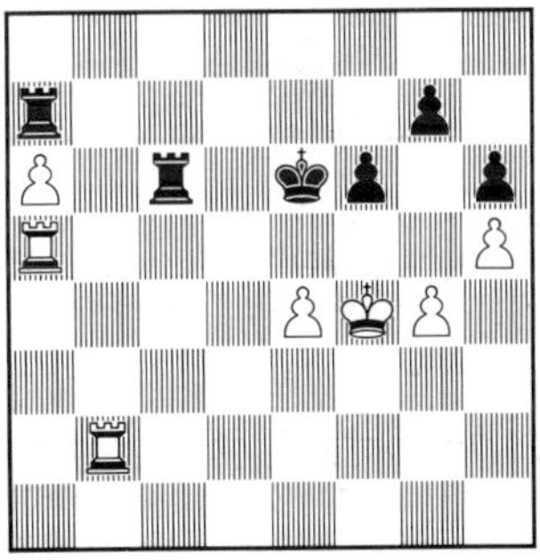

50. ... Tca6: 51. Tb6+ Tb6: 52. Ta7: Tb1 53. Tg7: Tf1+ 54. Ke3
Die nach 54. Kg3 Te1 55. Tg6 Te4: 56. Th6: Kf7 57. Th7+ Kg8 58. Ta7 Te1 folgende Remisposition steht im Buch.
54. ... Te1+ 55. Kf3 Tf1+ 56. Ke2 Tf4 57. Ke3 Ke5!

Diese Möglichkeit ergibt sich, weil das Bauernendspiel nach 58. Te7+ Kd6 59. Kf4: Ke7: trotz Mehrbauer für Weiß Remis ist.

58. Te7+ Kd6 59. Th7 Ke5 60. Te7+ Kd6 61. Te6+ Ke6: 62. Kf4: Ke7

Auf Vorschlag von Karpow **Remis**.

20. Partie

Vom Verlauf her ähnelt das Ganze ein wenig der 18. Partie: Kasparow bekommt in einem Damengambit aus der Eröffnung die Initiative; doch er kann sie nicht festhalten, als er ein originelles Verteidigungsmanöver von Karpow (mit Sa7) unterschätzt. Danach ist nicht mehr viel los.

20. Partie: 4.12.1987

Kasparow - Karpow
Damengambit
1. c4 e6 2. Sc3 d5 3. d4 Le7 4. Sf3 Sf6 5. Dc2!?

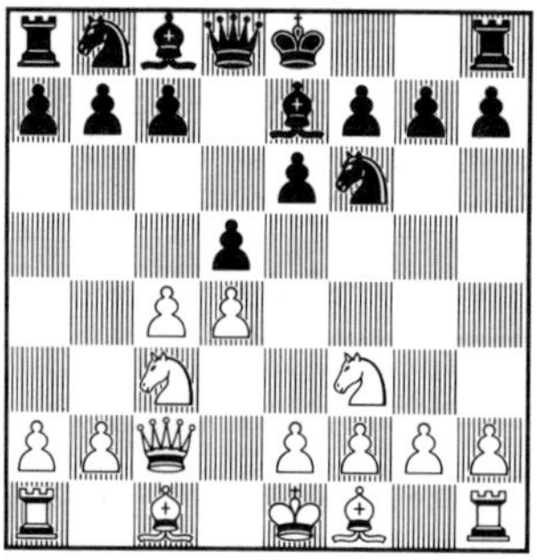

Eine kleine Überraschung! Durch diese Zugfolge (eine Idee von Eingorn) will Kasparow zu einem seiner Lieblingssysteme im Damengambit übergehen.

5. ... 0–0

Karpow probiert nicht, Eingorns Idee zu „widerlegen". In der Partie Eingorn - Beljawsky, UdSSR-Meisterschaft 1987, folgte 5. ... c5 6. dc5: d4 7. Sb5! (nach 7. Sa4?! Sc6 8. a3 e5 9. e4 Se4:! 10. De4: Da5+ 11. b4 Da4: 12. Ld3 f5! übernahm Schwarz die Initiative, Miles - van der Sterren, Wijk aan Zee 1987) 7. ... Lc5: 8. Lf4 Da5+ 9. Ld2 Db6 10. b4 Le7 11. a3 e5 (Sc6 12. Lf4) 12. Se5: g6 13. c5!? (13. e4! de3: 14. Le3: mit Vorteil für Weiß war noch besser) 13. ... Dd8 und nun gibt laut Beljawsky 14. e4! Vorteil für Weiß.

6. Lg5

In anderer Zugfolge zum ersten Mal 1948 von Pachmann gespielt.

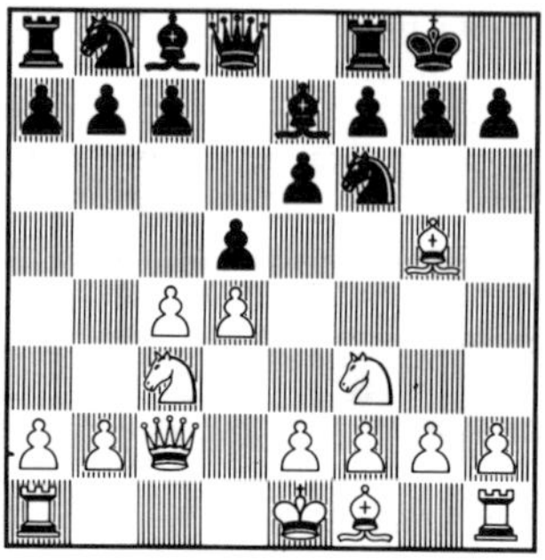

In dieser Stellung hat Schwarz mehrere Möglichkeiten, z.B.:

I) 6. ... Se4 7. Le7: De7: 8. e3 (8. cd5:! Sc3: 9. Dc3: ed5: 10. e3 ist günstig für Weiß) Sc3: 9. Dc3: b6 (9. ... c6) 10. cd5: ed5: 11. b4 c6 12. Tc1 Lb7 13. Ld3 und Weiß steht etwas besser, Kasparow - Hübner, 2. Wettkampfpartie Hamburg 1985.

II) 6. ... Sbd7 7. e3 h6 8. cd5:!
Ein sehr interessantes Figurenopfer! Und nun:
A) 8. ... hg5: 9. de6: fe6: 10. h4! g4 11. Sg5 Sb6 12. h5! mit Angriff;
B) 8. ... ed5: 9. Lf4! c5 10. Le2 b6 11. 0–0 Lb7 12. Tfd1 Te8 13. dc5: bc5: 14. a4! Da5 15. Sh4! Ted8 16. Sf5 mit Vorteil für Weiß, Kasparow - Portisch, Brüssel 1986;

III) 6. ... h6 7. Lf6: Lf6: 8. e3 und nun:
A) 8. ... c5 9. dc5: dc4:! 10. Lc4: Da5 11. 0–0 Lc3: 12. Dc3: Dc3: 13. bc3: Sd7 14. c6 bc6: 15. Tab1 mit besseren Aussichten für Weiß, Karpow(!) - Kasparow, 27. Partie 1. WM Moskau 1984;
B) 8. ... Sa6!? 9. Td1?! c5 10. dc5: Da5 11. cd5: Sc5: 12. Dd2 Td8 13. Sd4 ed5: 14. Le2 Db6 15. 0–0 Se4 16. Dc2 Sc3: mit etwa gleichen Chancen, Karpow - Kasparow, 4. Partie 2. WM Moskau 1985; aber Weiß kann 9. Dd2!? c5 10. cd5: cd4: 11. Sd4: ed5: 12. La6: ba6: 13. 0–0 Le6 14. Sa4 mit Vorteil, Chernin - Kortin, UdSSR 1985, oder 9. a3!? dc4: 10. Lc4: c5 11. Td1 cd4: 12. Sd4: Ld7 13. La2!, Ribli - Beljawsky, Reggio Emilia 1986/87, spielen.
Kasparow hätte diese Stellung gerade gegen Karpow mit Vergnügen gespielt.

6. ... c5!?

Karpow will nicht „gegen sich" spielen; er wählt eine „alte" Verteidigungsmethode – was hat hier Kasparow vor?

7. dc5:

Laut Pachmann steht Schwarz nach 7. cd5: cd4:! 8. Sd4: Sd5: 9. Le7: Se7: 10. 0–0–0 Da5 nicht schlechter.

7. ... dc4:

Nach 5 Minuten; die Experten in Sevilla hatten 7. ... Sc6, eine Idee von Geller, erwartet.

In der Partie Lerner - Geller, Moskau 1986, folgte 8. e3 (auch nach 8. cd5: ed5: 9. e3 h6 10. Lh4 Da5 11. Le2 Dc5: 12. 0–0 d4 13. ed4: Sd4: 14. Sd4: Dd4: 15. Lg3 steht Weiß etwas besser; Borissenko - Bondarewsky, UdSSR-Meisterschaft 1950, aber womöglich ist das ein symbolischer Vorteil) 8. ... h6 9. Lh4 Da5! (schwächer wäre 9. ... dc4: 10. Lc4: Da5 wegen 11. a3 Dc5: 12. Ld3) 10. a3 Ld7 (10. ... Dc5: 11. b4 Db6 12. Td1 Ld7 13. Le2 und Weiß steht etwas besser) 11. Td1 Dc5: 12. Le2!? Tfc8 13. Db1 Le8 14. cd5: Sd5: 15. Sd5: ed5: 16. Le7: Se7: 17. 0–0 mit besseren Aussichten für Weiß.

8. e4!

Nach 8. e3 Da5 9. Lc4: Dc5: 10. Ld3, Tukmakow - Tal, Jurmala 1985, gibt Tukmakow 10. ... h6 11. Lh4 b6! 12. 0–0 Lb7 mit Ausgleich an.

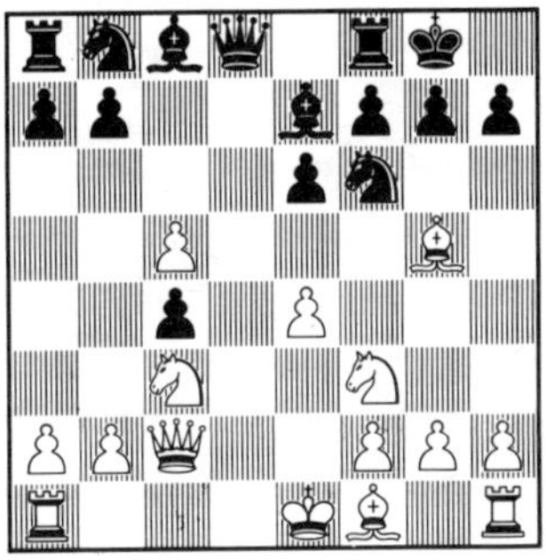

8. ... Da5!

Diesen Zug hat Pachmann empfohlen.

In der Partie Pachmann - Trifunovic, CSSR-Jugoslawien 1948 (die Premiere der Variante mit Dc2!) folgte 8. ... h6? 9. Lf4! Lc5: 10. Lc4: Sc6 11. 0–0 Sh5 12. Tad1 Df6 13. Lc1 Sf4 14. e5! Dg6 (oder Se5: 15. Se5: De5: 16. Tfe1 Db8 17. Te4) 15. Dg6: Sg6: 16. Tfe1 mit Vorteil für Weiß.

9. e5 Sd5 10. Lc4:!

A tempo gespielt! Eine interessante Neuerung; Pachmann gibt 10. Le7: Se7: 11. Lc4: Dc5: 12. Ld3 Sg6! 13. Lg6: hg6: 14. De4 Ld7! mit gutem Spiel für Schwarz an.

10. ... Sc3: 11. 0–0!

Die schwarze Stellung sieht gefährdet aus, z.B.:

I) 11. ... Sd5?! 12. Ld5: Dc5: 13. Dc5: Lc5: 14. Le4 mit klarem Vorteil für Weiß;

II) 11. ... Sc6?! 12. Le7: Se7: 13. Dc3: Dc3: 14. bc3: Ld7 15. Tab1 Tab8 (Lc6 16. Sd4) 16. Lb5, und Schwarz hat nicht genügend Kompensation für den Bauer.

11. ... Dc5:!?

Nach 21 Minuten findet Karpow die dritte Möglichkeit.

12. Dc3:

Nach 19 Minuten; „vielleicht war damit seine Vorbereitung zu Ende“ schrieb Kindermann.

Nichts bringt 12. Le7: wegen Dc4:! 13. Tfe1 (13. Lf8:?? Se2+) 13. ... Te8 (Se2+ 14. Te2: Dc2: 15. Tc2: Te8 16. Sd4 Ld7 mit Ausgleich) und nach 14. Sg5? ist 14. ... Dh4! stark.

12. ... Sc6 13. Le7: De7:

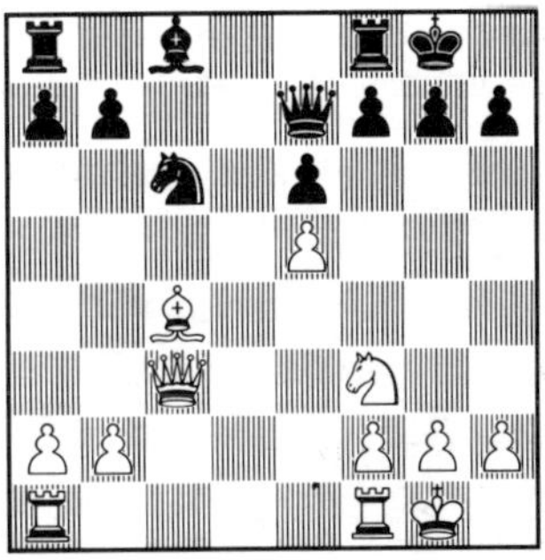

Weiß steht besser, aber mit präzisem Spiel kann Karpow noch auf eine erfolgreiche Verteidigung hoffen.

14. a3

10 Minuten; der weiße Plan ist, b2-b4 und Tac1 zu spielen.

14. ... Ld7 15. Tac1 Tfd8 16. b4

36 Minuten überlegte Kasparow, diesen Zug zu spielen oder nicht. Ich glaube, nach 16. De3! Le8 17. Ld3 a6 18. Tfd1 hätte Schwarz größere Probleme, z.B. 18. ... Sa7 19. De4 g6 20. De3 Kg7 21. Sg5.

16. ... a6 17. De3 Le8 18. Ld3

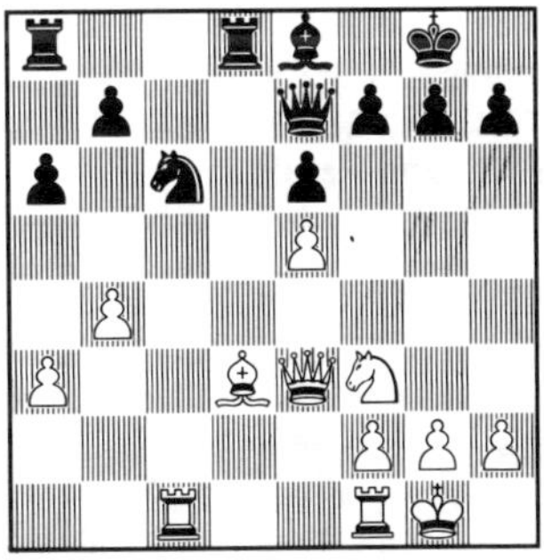

18. ... Sa7!

Nun kommt Schwarz gerade rechtzeitig. Es geht

nicht 19. Sg5? wegen Td3: 20. Dd3: Dg5:; nach 19. De4 kann Schwarz Td3:! 20. Dd3: Lb5 spielen. Trepp gibt weiter folgende Variante an: 21. Dd6 Dd6: 22. ed6: Lf1: 23. Kf1: Sc6 24. a4 Td8! 25. b5 ab5: 26. ab5: Sa7 27. b6 Sb5! (aber nicht Sc6? wegen 28. Tc6:! bc6: 29. b7 Ke7 30. Se5) nebst Ke7, und die vorgerückten Bauern bringen nur Sorgen für Weiß.

19. Lb1

Sicher will Kasparow diesen Läufer behalten.

19. ... Lc6 20. Sg5 h6 21. Se4 Sb5 22. Tc4!

Nun droht 23. Sf6+!, z.B. gf6:? 24. Dh6: f5 25. Tg4+ fg4: 26. Dh7+ mit Matt.

22. ... Le4:! 23. Le4: Tac8 24. Tc8:

Lobron gibt 24. T4c1 an, um die c-Linie noch zu behalten, aber nach 24. ... Dd7 hat Schwarz keine Probleme.

24. ... Tc8: 25. Tc1 Tc1:+ 26. Dc1: Dd7 27. g3 b6!

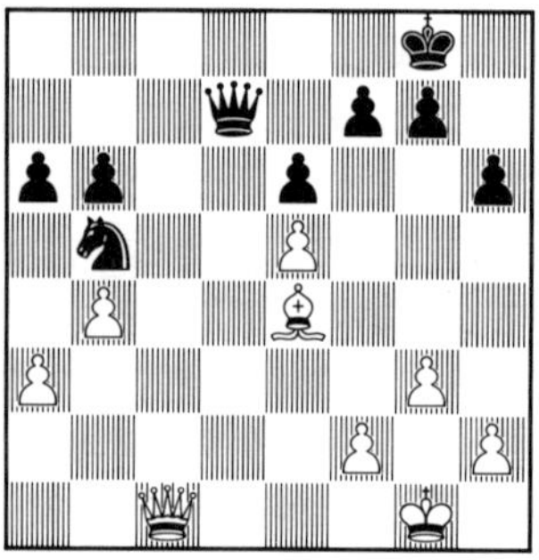

Weiß steht etwas besser; aber schwer zu glauben, daß Karpow ein solches Endspiel verlieren kann. Zuerst bringt er seine Damenflügelbauern auf schwarze Felder. Zeitverbrauch: Weiß hat noch 35, Schwarz noch 29 Minuten.

28. Kg2 Dd8 29. h4 a5 30. ba5: ba5: 31. Dc5 Sd4 32. h5 f5!

Nun sind die schwarzen Chancen nicht schlechter; die Partie geht schnell dem Remis zu.

33. Lb7

Sieht besser aus als 33. ef6: gf6:.

33. ... Kf7 34. Kh2 Db8 35. Dd4: Db7: 36. g4 Df3 37. Dd7+ Kf8 und Remis.

21. Partie

Zum vorletzten Mal Karpow mit Weiß – ungefähr 2000 Zuschauer (mehr als das Theater Lope de Vega faßt) warten offenbar schon in dieser Partie auf den großen Ansturm des Herausforderers ... Doch als der Kampf erst ein paar Züge im Gang ist (bis zum 14. spielt man die 15. Partie nach), sehen sie statt dessen einen groben Bock Karpows, der trotz langem Nachdenken total den Einstieg auf d3 übersehen haben muß; sonst hätte er bestimmt nicht den Springer noch quasi dorthin „getrieben"! Im Team des Herausforderers herrscht Weltuntergangsstimmung. Doch auch Kasparow scheint nicht mehr ganz Herr seiner Nerven und revanchiert sich mit dem impulsiven Zug f5, der „schön aktiv" aussieht, aber wie sich erweist, nur die Königsstellung schwächt. Danach zeigt sich der Weltmeister bereits mit Remis zufrieden.

21. Partie: 7.12.1987

Karpow - Kasparow
Grünfeld-Indisch

1. d4 Sf6 2. c4 g6 3. Sc3 d5 4. Sf3 Lg7 5. Db3 dc4: 6. Dc4: 0–0 7. e4 Sa6 8. Le2 c5 9. d5 e6 10. 0–0 ed5: 11. ed5: Lf5 12. Td1 Te8 13. d6 h6

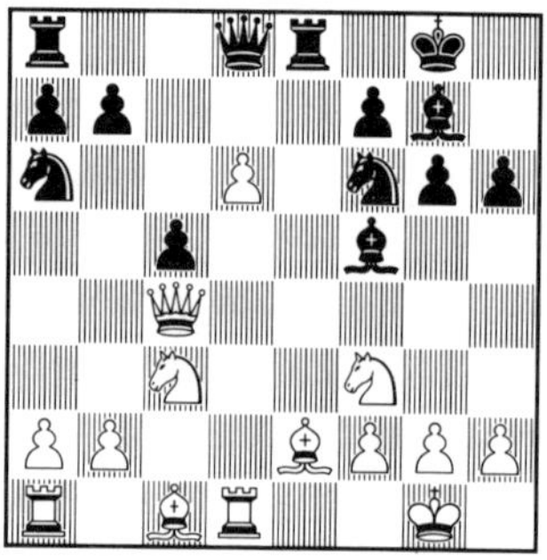

Bisher gleich wie in der 15. Partie, wo Karpow 14. h3?! spielte. Zeitverbrauch: Weiß 8 Minuten, Schwarz 9 Minuten.

14. Lf4!?

1 Minute. Karpow will nicht 14. a3!? spielen; er „glaubt mir nicht" (siehe 15. Partie)!

Nach 14. a3!? Sd7 15. Da2! ergibt sich eine kritische Position.

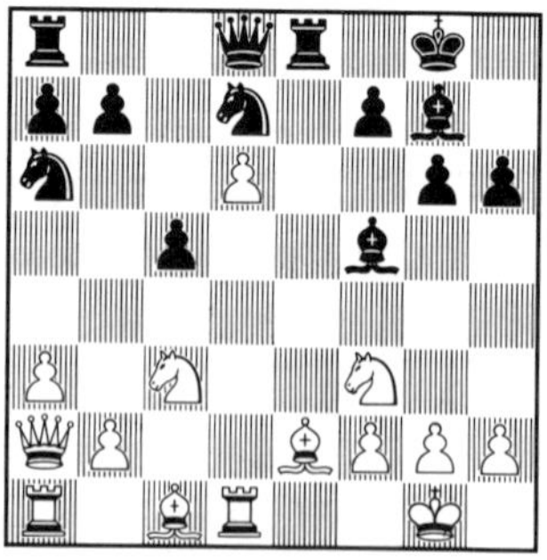

Analysediagramm

Nun ist nach 15. ... Lc3:? 16. bc3: der weiße Läufer durch die Dame gedeckt. Logisch sieht 15. ... Sb6 16. Le3! (16. Lf4?! wäre schwächer wegen Le6 17. Db1 Lf5 18. Ld3 Ld3: 19. Dd3: c4 nebst Sc5) 16. ... Le6 17. Db1 aus, und mir gefällt die weiße Stellung.

14. ... Sd7!

6 Minuten. GM Georgadse gibt 14. ... g5(?) 15. Lg3 Se4 an (mit der Folge 16. d7 Te7 17. Se4: Le4: 18. Ld6 Td7), aber nach 16. Ld3! Sc3: (oder Sg3: 17. hg3: Le6? 18. De4) 17. bc3: Ld3: 18. Td3: steht Weiß klar besser.

15. Td2

2 Minuten; nun wäre 15. a3? wegen 15. ... Le6 zu spät gewesen.

15. ... Sb4 16. Db3

Nun glaubt Karpow im Vergleich zur 15. Partie ein Tempo gewonnen zu haben (durch 16. h3 hätte er die gleiche Position wie dort erreicht).

16. ... Le6!

18 Minuten. Nun wäre 16. ... a6? schlecht wegen 17. Lc4 Le6 18. Le6: Te6: 19. a3; nach 16. ... Sb6 könnte Karpow 17. a3 (auch 17. Sb5!? ist gut) Le6 18. Dd1 Lc3: 19. bc3: S4d5 20. Lh6: Sc3: 21. Dc1 spielen und die Position des schwarzen Königs kann gefährlich werden.

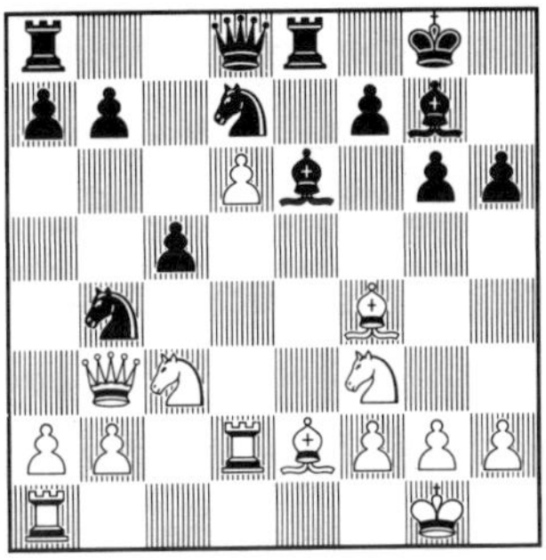

17. Lc4!?

Nur 5(!) Minuten. „Den Tausch der weißfeldrigen Läufer hat der Herausforderer sicherlich nur schweren Herzens angeboten, da es klar ist, daß ihm in der Folge die Schwäche der weißen Felder, insbesondere des lebenswichtigen Punktes d3, viel Kummer bereiten wird" schrieb Kindermann. Aber 17. Dd1 g5! (Lc3:? 18. bc3: Sd5 19. Lh6: Sc3: 20. Dc1 ist günstig für Weiß) 18. Lg3 Lc3: 19. bc3: Sd5 20. Dc2 Df6 21. Tc1 Sf4 gibt ein gutes Spiel für Schwarz.

17. ... Sb6!

28 Minuten. 17. ... Lc4: 18. Dc4: a6 19. a3 b5 gefällt Kasparow weniger wegen 20. Df1 Sc6 21. Sd5 und es droht 22. Sc7.

18. Le6:

19 Minuten. Beide haben viel Zeit verbraucht um die Frage: kann Weiß 18. d7?! spielen? – zu beantworten. Nach 18. ... Sc4:! (aber nicht Te7? 19. Le6: Te6: 20. Sb5) 19. de8:D+ De8: 20. Te2 Dc6! ist die weiße Stellung kritisch (21. Dd1? Sb2:!).

18. ... Te6: 19. a3?

25 Minuten, und ein schwerer Fehler.
Nach 19. Sb5? war Te4! 20. Lg3 Sc4 stark; richtig wäre 19. Lg3!.

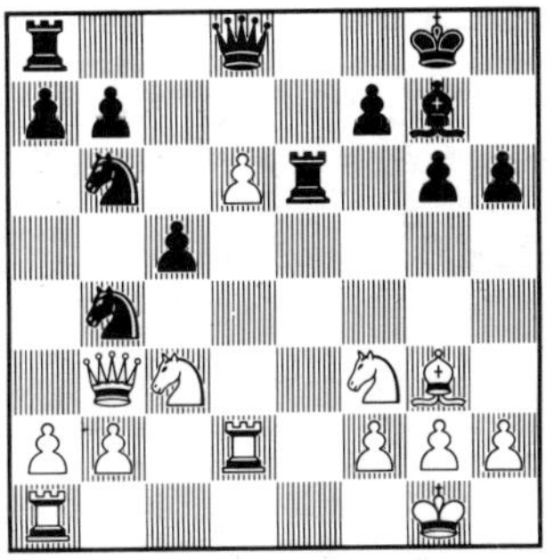

Und nun:

I) 19. ... Sd3 20. Sb5! c4 21. Da3 nebst Sc7;
II) 19. ... Dd7 20. a3 Sd3 21. Sd5 (c4 22. Sb6:!) mit etwa gleichen Chancen.

19. ... Sd3!

Hat Karpow diesen Zug übersehen?

20. Lg3

Die Qualität durch 20. Td3: c4 21. Dc2 cd3: 22. Dd3: zu opfern wäre noch zu früh, aber es ist abzusehen, daß Karpow bald gezwungen sein wird das zu tun, um etwas Gegenspiel zu bekommen.

20. ... c4 21. Dc2 Tc8 22. Tad1

10 Minuten. Karpow wartet auf den günstigsten Moment.

22. ... Dd7 23. h4

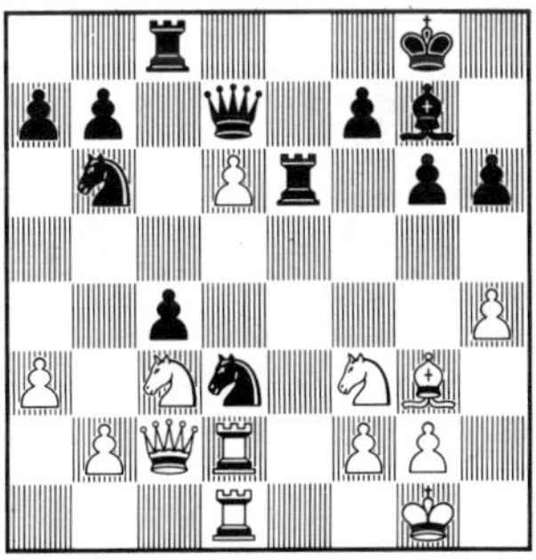

23. ... f5?

17 Minuten. Laut Smyslow steht Schwarz nach 23. ... Kh8! und erst später f7-f5 auf Gewinn.

Nun nutzt Karpow seine Chance; dank der geschwächten schwarzen Königsstellung gewinnt das Opfer an Kraft.

24. Td3:!

Nach 16 Minuten.

24. ... cd3: 25. Dd3: Sc4

19 Minuten. Kasparow entscheidet sich, auf Remis zu spielen.

26. Dd5 Sb6

Nach 26. ... Sb2:? 27. Te1 T8e8 28. Te6: Te6: (De6:? 29. d7) 29. Sb5 nebst Sc7 könnte die schwarze Stellung kritisch werden.

27. Dd3

11 Minuten; auch Weiß hat keinen Grund, auf Gewinn zu spielen; z.B. 27. Db3 Kh7 28. Sb5 Tc5 29. Sc7 Te4.

27. ... Sc4 28. Dd5 Sb6 Remis.

22. Partie

Eine der inhaltlosesten des Matchs. Nicht nur wird schnell eine Menge Material abgeholzt; Kasparow macht danach nicht einmal mehr den Versuch, den Gegner etwas zu „massieren", obwohl dieser (siehe unten) wahrscheinlich noch ein paar exakte Züge hätte finden müssen. Die Zuschauer, die, wie es heißt, wieder in Massen zum Spielsaal geströmt sind, sehen nicht viel für ihr Geld.

22. Partie: 11.12.1987

Kasparow - Karpow
Damengambit

1. c4 e6 2. Sc3 d5 3. d4 Le7 4. Sf3 Sf6 5. Lf4

Wieder eine kleine Überraschung. Erstmals in seiner Spielpraxis wählt Kasparow diese Zugfolge.

5. ... 0–0 6. e3 c5 7. dc5: Lc5: 8. Tc1

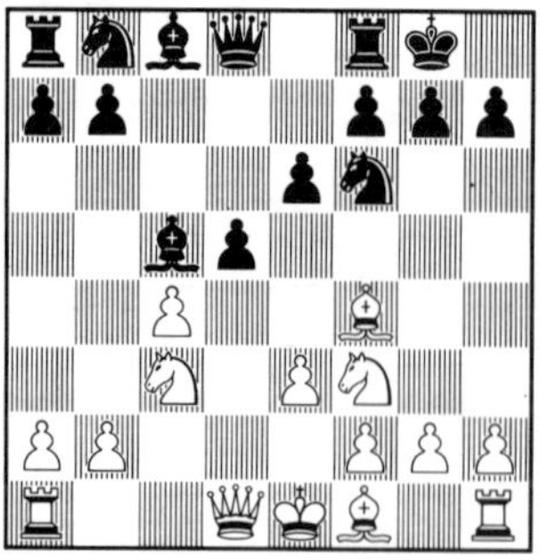

Weniger angewandt als 8. Dc2, 8. a3 oder 8. cd5:. Kasparow will eine seiner Analysen prüfen.

8. ... Sc6

Die Enzyklopädie (diesen Teil schrieb Karpow!) gibt 8. ... dc4: 9. Dd8: Td8: 10. Lc4: a6 11. 0–0 b5 12. Lb3 Sbd7 13. Se5 Lb7, Ree - Enklaan, Wijk aan Zee 1974, an mit Ausgleich (Remis/18).

9. cd5: ed5: 10. Le2

Laut Kasparow hat Schwarz nach 10. Sd5:?! Sd5: 11. Tc5: Sf4: 12. Dd8: Td8: 13. ef4: Lg4 14. Le2 Te8 mehr als genügend Kompensation für den Bauern.

10. ... d4!?

Über diese Möglichkeit schrieb Kasparow in seinen Kommentaren zu der Partie Kortschnoi - Kasparow, Brüssel 1986, wo er 10. ... Le6 11. 0–0 Tc8 als Schwarzer spielte.

Obwohl Schwarz für den isolierten d-Bauer eine aktive Figurenstellung hat, ist die weiße Stellung bequemer zu spielen. Karpow zieht es vor, ohne „Isolani" zu sein.

11. ed4: Sd4: 12. Sd4: Dd4: 13. Dd4: Ld4: 14. Sb5

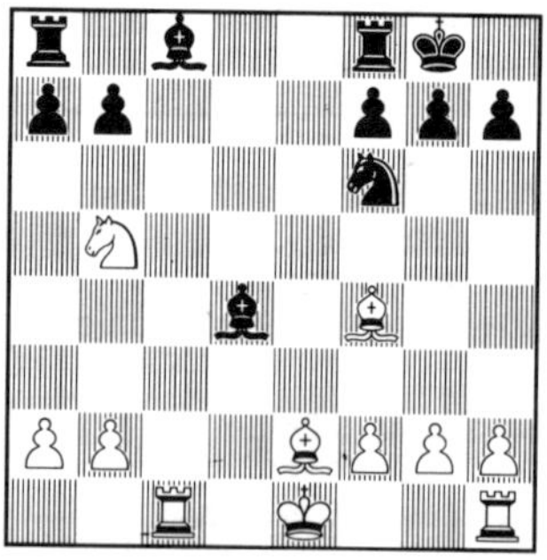

14. ... Lb6!

Kasparow gibt 14. ... Lb2:? 15. Tc2 La1 16. 0–0 Lf5 17. Tc5 und Weiß gewinnt eine Figur.
Steht Weiß nun noch besser?

15. 0–0

15. Sc7? Lc7: (oder La5+!? 16. b4 Lc7:) 16. Lc7: Te8 sieht gut für Schwarz aus.

15. ... Le6 16. a3 Tfd8! 17. Sd6
Sicher nicht 17. Sc7? wegen Lc7: 18. Lc7: (18. Tc7: Sd5) Td2.
17. ... Td7 18. Lb5 Te7 19. Tfe1!

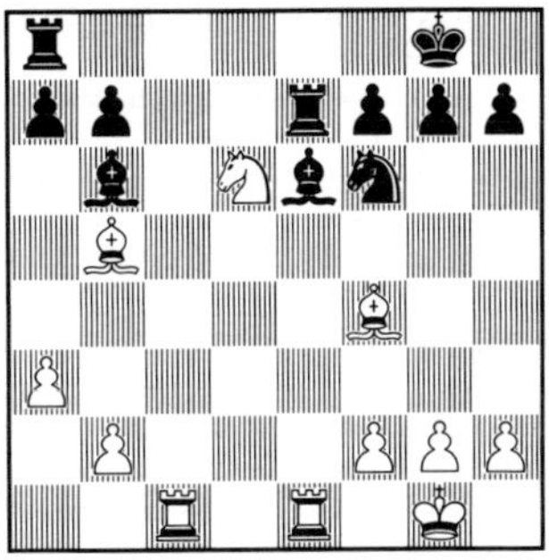

Mit diesem Zug bot Kasparow **Remis** an.
Etwas überraschend; Weiß steht bequemer, z.B. droht 20. Sc8!. Wie soll Schwarz fortsetzen?
Meiner Meinung nach muß Schwarz nach 19. ... Kf8 (Sd5 20. Lg3) 20. Lc4! (nichts bringt 20. Lg5 wegen Ld4 21. Tc2 h6 22. Lh4 g5 23. Lg3 Sh5) 20. ... Lc4: 21. Te7: Ke7: 22. Sc4: Sd5 23. Lg3 noch bestimmte Probleme lösen.

23. Partie

Das Geschehen spricht für sich selbst – Karpows praktisch letzte Chance, denn daß er die letzte Partie mit Schwarz gewinnen könnte, daran glaubt ernstlich wohl kaum jemand!
Es gehen sogar Gerüchte um, daß Karpow mit einem 12:12 zufrieden sein und deswegen gar nicht mehr alles auf eine Karte setzen könnte. Gerüchte ... Interessant: In ähnlicher Lage, um jeden Preis „kommen“ zu müssen, war Karpow schon früher – da scheiterte er jedesmal, nämlich 1985 in der 24. Partie (Verlust) und 1986 in der 23. Partie (farbloses Remis). Daß er es diesmal schafft, paßt zu seiner insgesamt guten Vorstellung in diesem Match. Doch es wird noch eine Partie geben...

23. Partie: 16.12.1987
Karpow – Kasparow
Englisch
1. c4
Nach 6 Minuten – die letzte weiße Partie für Karpow, praktisch die letzte Chance.
1. ... c5 2. Sf3 Sf6 3. Sc3 d5
Diese Zugfolge habe ich in Kasparows Praxis noch nicht gesehen.
4. cd5: Sd5: 5. d4
In letzter Zeit zieht Karpow diese Fortsetzung vor.
In einer Partie Karpow – Kortschnoi, Wettkampf Meran 1981, folgte 5. e3 Sc3: (auch 5. ... e6 6. d4 Le7 könnte man von Kasparow erwarten) 6. bc3: g6 7. Lb5+ Sd7 8. 0–0 Lg7 9. a4 0–0 10. d4 a6?! 11. Ld3 b6 12. Tb1 Le7 13. e4 mit besseren Aussichten für Weiß.
Aber Schwarz kann besser spielen; nach 10. ... Sf6! 11. Ld3 Lf5 12. Te1 (oder 12. Lf5: gf5: 13. Sd2 Tc8 14. La3 b6) 12. ... Ld3: 13. Dd3: Tc8 14. e4 e6 15. Lf4 Da5! 16. Db5 Db5: 17. ab5: cd4: 18. cd4: Ta8! nebst Tfc8 ergibt sich eine Stellung mit etwa gleichen Chancen; Spraggett – Schamkowitsch, New York 1983.
5. Sc3:
Nun kann Weiß nach 5. ... e6 auch 6. e4! spielen.
Ungenügend ist 5. ... cd4: 6. Dd4:! Sc3: 7. Dc3: Sc6 8. e4.

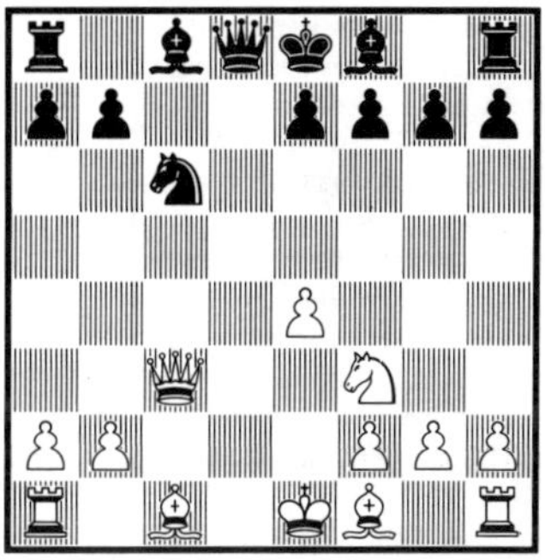

Analyse-Diagramm

Und nun:

I) 8. ... a6 9. Lc4 Da5 10. Ld2 Dc3: 11. Lc3: e6 12. 0–0 Tg8 13. Tfd1 b5 14. Ld3 f6 15. a4 b4 16. Ld4 Sd4: 17. Sd4: Lc5 18. Lc4 mit Vorteil für Weiß, Kortschnoi – Karpow, UdSSR-Meisterschaft 1970.

II) 8. ... Lg4 9. Lb5 Tc8 10. Le3! Lf3: 11. gf3: a6 12. Td1 Dc7 13. Lc6:+ Dc6: 14. Dd4 f6 15. 0–0 e5?! 16. Da7! Le7 17. Tc1 Dd7 18. Tc8:+ Dc8: 19. Tc1 Dd7 20. Da8+! und Weiß steht auf Gewinn, Portisch – Hübner, Montreal 1979.

III) 8. ... e6
Laut „Theorie“ die beste Antwort mit der Fortsetzung 9. Lb5 Db6! 10. a4 Dc5! 11. Ld2 Dc3: 12. Lc3: Ld7 13. 0–0 a6 14. Lc4 Tg8! mit Ausgleich, Michaltschi-

schin – Georgadze, Tbilissi, 1978 – im Vergleich zu der Partie Kortschnoi – Karpow hat Weiß nun die Schwäche auf b4. Aber meiner Meinung nach wäre richtig, 9. Ld2! Db6 10. Tc1! zu spielen, und Schwarz hat Schwierigkeiten.

6. bc3: g6 7. e3

Nun könnte Weiß mti 7. e4 zum Abtauschsystem des Grünfeld-Indisch übergehen, aber das hat Karpow in der 13. Partie versucht.

7. ... Lg7 8. Ld3

Hier steht der weiße Läufer am besten.

8. ... 0–0 9. 0–0 Dc7

7 Minuten; eine für diese Variante wichtige Stellung ergibt sich nach 9. ... Sc6 10. La3 b6 11. Le4 Lb7 12. dc5: Dc7 13. Dc2 Tfc8 14. Tab1 Sa5

Analyse-Diagramm

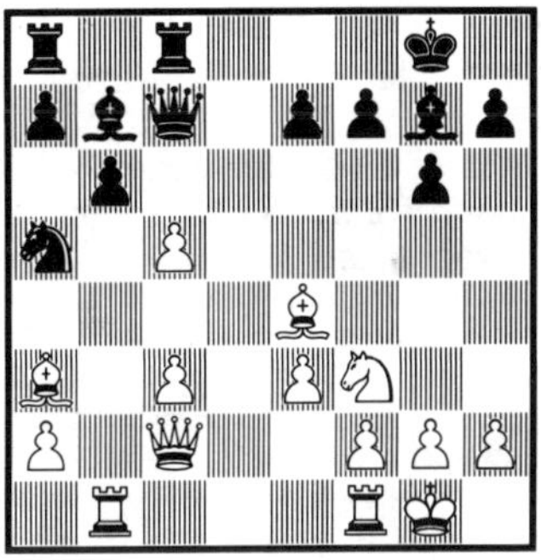

Hat Schwarz genügend Kompensation für den Bauern oder nicht?

Laut Miles – ja; in der Partie Tal – Miles, Bugojno 1978, folgte 15. c4 Tab8 16. Tfc1 bc5: 17. Sg5 e6 18. Lb7: Sb7: mit Ausgleich.

Aber laut Bagirow muß Schwarz nach 15. cb6:! ab6: 16. Lb7: Db7: 17. Lb4 Sc4 18. e4 e5 19. h3 h6 20. Tfd1 Dc6 21. Ta1, Spassow – Vadasz, Subotica 1978 „noch die Richtigkeit seines Bauernopfers beweisen."

10. Tb1!

3 Minuten; laut Tal ist dieser Zug genauer als die anderen Möglichkeiten.

I) 10. La3

Etwas zu früh; nun kann Schwarz den Bauern verteidigen oder opfern.

A) 10. ... Sd7 und nun:

A1) 11. e4 e5 12. Lb5 a6 13. Ld7: Ld7: 14. Lc5: Tfe8 15. Se5: Lb5 16. c4 Le5: 17. de5: Dc5: 18. cb5: mit Remis, Spassky – Karpow(!), Moskau 1973.

A2) 11. De2 b6 12. e4 Lb7 13. Tfd1 Tfd8 14. Tab1 Tac8 15. De3 Sf6 16. Lb2 e6 mit etwa gleichen Chancen, Portisch – Tal, Mailand 1975.

B) 10. ... b6!? – mit dem Springer auf b8 gewinnt dieses Opfer an Kraft. In der Partie Furman – Timoschtschenko, UdSSR 1977, folgte 11. dc5: Lb7 12. cb6: ab6: 13. Lb2 Sd7! 14. Sd4 (Pachmann gibt 14. Lb5 Sc5 15. a4 Se4 16. Tc1 Sd6 an) e5 15. Sb3 e4 16. Lb5? (laut Pachmann wäre besser 16. Le2 Se5 17. Sd4 La6!) Se5 17. Sd4 Tfd8 18. De2 Td5! 19. Tfc1? Sf3+! 20. gf3: Tg5+ 21. Kf1 Dh2: 22. Ke1 ef3: 23. Sf3: Dh1+ mit Vorteil für Schwarz.

II) 10. De2 Sc6! 11. Tb1 (nach 11. La3 ist Da5! 12. Lc5: b6 gut) Td8 12. Le4!?

Analyse-Diagramm

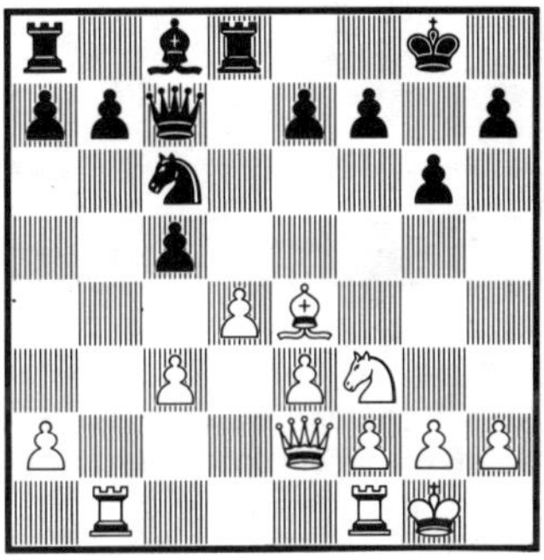

„Dieses Manöver verdient mehr Aufmerksamkeit als die Standardfortsetzung La3. Durch die Drohung d4–d5–d6 verhindert Weiß die Entwicklung b7–b6 nebst Lb7" schrieb Bagirow.

Und nun:

A) 12. ... e5 13. dc5:! (Bagirow gibt 13. d5 Se7 14. c4 f5 15. Lc2 e4 16. Sd2 Ld7 17. f3 an, aber ich glaube, Schwarz kann 14. ... Lg4! mit der Idee Se7–c8(f5)–d6 spielen) 13. ... h6 14. c4 Le6 15. La3 Sa5 16. Lb4 Sc4: 17. Tfc1 f5 18. Lc2 e4, Tal – Waganjan, Leningrad 1977, und nach 19. Sd4! Ld4: 20. Lb3! Df7 21. Tc4:! Lg7 22. c6 steht Weiß besser.

B) 12. ... Sa5! 13. La3 Le6! 14. Sd2 Tac8 15. Lc5: b6 16. Lb4 La2: 17. Ta1 Lc4 mit gutem Spiel für Schwarz.

10. ... b6!?

Nur 1 Minute! Nun ist 10. ... Sc6 schwächer wegen 11. La3! b6 12. dc5: Td8 13. De2 bc5: 14. Le4 Tb8 15. Dc4 Se5 (Waganjan – Zilberstein, UdSSR 1979) 16. Se5:! Le5: 17. Dc5: mit Vorteil für Weiß.

In der Partie Karpow – Timman, Amsterdam (OHRA) 1985, folgte 10. ... Sd7 11. e4 e5 12. La3 Td8 13. Db3! ed4: 14. cd4: cd4: 15. Tfc1 Df4 16. Lc4 mit Initiative für Weiß, aber – das war die letzte Runde, und Karpow genügte ein Remis zum 1. Platz; darum Remis!?

11. De2

5 Minuten; nichts bringt 11. Le4 wegen Lb7 12. Lb7: Db7: 13. dc5: Dc6 14. cb6: ab6: und Schwarz gewinnt den Bauern zurück.

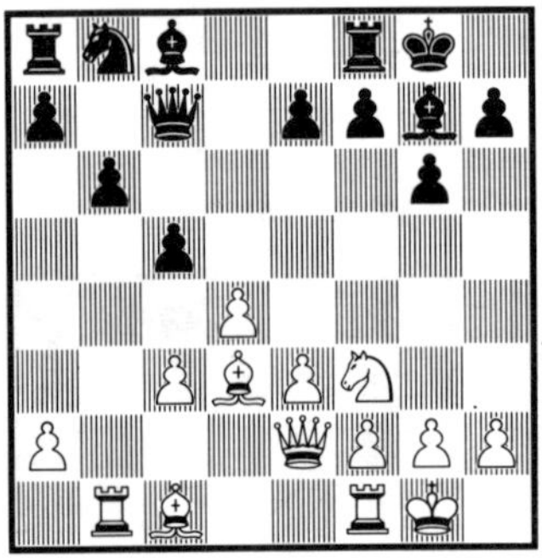

11. ... Td8!?

12 Minuten. Schwarz will die Bildung eines starken weißen Zentrums verhindern, und 11. ... Sc6 gefällt Kasparow nicht wegen 12. Le4! Tb8 13. La3.

Nach 11. ... Lb7 war 12. e4! stark, zum Beispiel 12. ... e6 13. Lg5!? (auch 13. Tfd1 Sc6 14. Le3 Tfd8 15. Tbc1 De7 16. Lg5 sieht nicht schlecht aus) 13. ... Sc6 14. Tbc1 h6 15. Le3 De7 16. d5 ed5: 17. ed5: Se5 18. Se5: De5: 19. c4 mit weißer Initiative.

12. Le4!

18 Minuten. In der Partie Bagirow – Tal, Tbilissi 1978, folgte (durch Zugumstellung) 12. Td1 Sc6 (Lb7 13. e4!) 13. La3 Lb7 14. dc5: bc5: 15. La6 (15. Lc5: Se5!) La6: 16. Da6: Se5! 17. Se5 Le5: 18. g3 Td1:+ 19. Td1: Lc3: 20. Dc4 mit Remis.

12. ... La6

27 Minuten! Nach 12. ... Lb7 13. Lb7: Db7: 14. dc5: Dc6 15. cb6: ab6: 16. c4 hat Schwarz bestimmte Kompensation für den Bauern, aber gegen Karpow mit einem Minusbauern zu spielen, das macht keinen Spaß.

13. c4 Sc6 14. d5

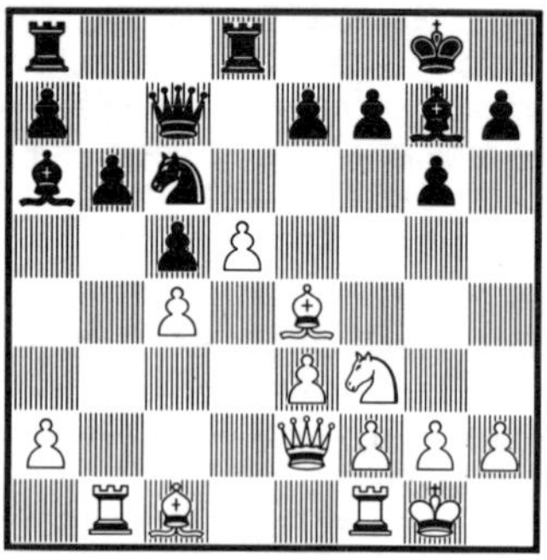

14. ... f5?!

Zu früh, und à tempo gespielt!

Meiner Meinung nach war richtig 14. ... Sa5 15. Ld3 e5! 16. e4 Sb7 17. Lb2 Tf8 18. Sd2 Tae8 19. a4 Sd6 20. Lc3 f5 und mit einem „idealen" Blockadespringer auf d6 hat Schwarz genügend Gegenspiel.

15. Ld3

Nach 19(!) Minuten – Was hat Kasparow vor?

15. ... e5

Nur 2 Minuten. Eine interessante Stellung ergibt sich nach 15. ... Sb4 16. e4! (nichts bringt 16. Sg5?! wegen Lc8) 16. ... e6

Analyse-Diagramm

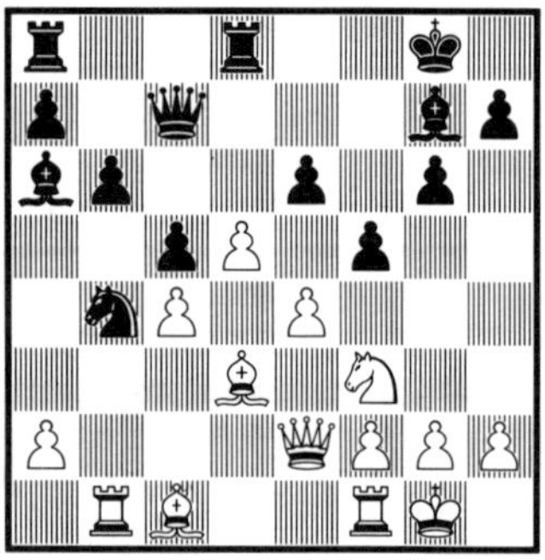

Nun ist 17. Lg5? (oder 17. ef5:? Sd3:) Te8! sehr gut für Schwarz, aber nach 17. Sg5! Lc8 18. ef5: ef5: 19. a3 Sd3: 20. Dd3: steht Weiß klar besser.

16. e4

14 Minuten; es gibt nichts besseres.

16. ... Sd4 17. Sd4: cd4: 18. Lg5

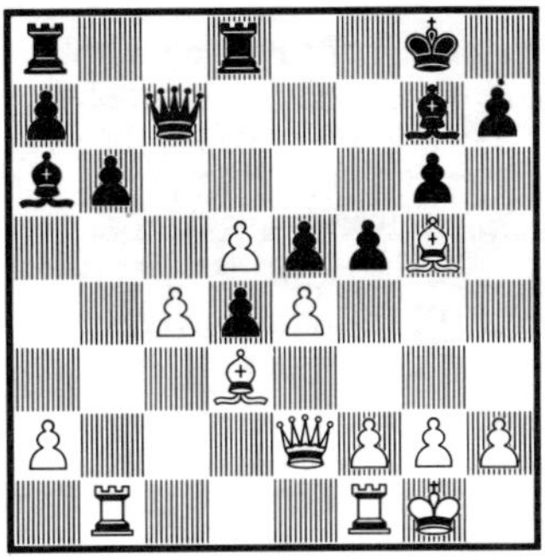

Diese Stellung hat Kasparow überschätzt, als er 14. ... f5?! spielte. Nun mußte er feststellen, daß Schwarz kein Gegenspiel am Königsflügel hat, der weiße Lg5 viel aktiver als der schwarze Lg7 ist und Weiß einen guten Plan hat, am Damenflügel mit a2–a4–a5 zu spielen.

18. ... Tf8 19. Tfc1

11 Minuten; nach 19. Ld2? könnte Schwarz fe4: 20. De4: Lc4: 21. d6 Df7 spielen, nun droht 20. c5 Ld3: 21. Dd3: bc5: 22. Dc4.

19. ... Tac8?!

15 Minuten; 19. ... Tf7!? sieht besser aus, zum Beispiel 20. Ld2 fe4: 21. De4: Te8 22. f3 Lc8 23. De2 Lf5 24. Le4 Lf8 25. Dd3 Dd7 und im Vergleich zur Partie steht der weiße Bauer noch auf a2.

20. Ld2 Tf7 21. a4 fe4:

20 Minuten. Kasparow kommt zu diesem Plan – das ist die einzige Möglichkeit für etwas Gegenspiel.

22. De4: Tcf8?!

22. ... Te8 23. f3 Lc8 24. De2 Lf5 25. Le4 Lf8 26. Dd3 Lc5 war genauer.

23. f3 Lc8 24. a5

7 Minuten. Karpow führt seinen Plan aus.

24. ... Lf5 25. De2 Te8 26. Le4 Lf8 27. Dd3 Lc5 28. Ta1

In einem günstigenm Moment droht ab6:. Weiß braucht offene Linien, um ins schwarze Lager einzudringen.

28. ... Dd7

6 Minuten; Schwarz muß warten.

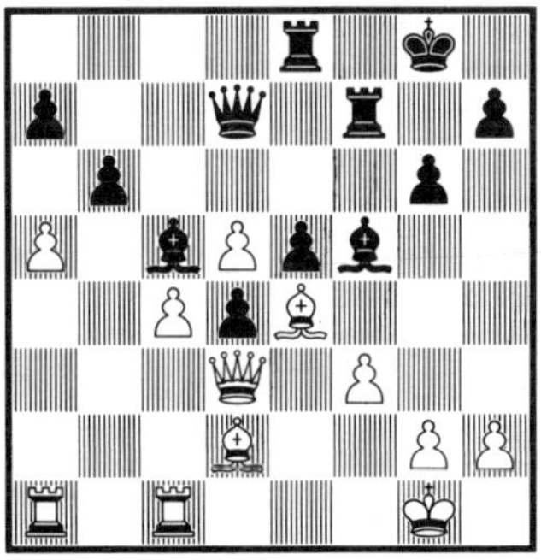

Zeitverbrauch:
Weiß: 2 Stunden 4 Minuten;
Schwarz: 1 Stunde 53 Minuten.

29. Te1

In dieser für ihn so wichtigen Partie will Karpow kein Risiko; er versteht, daß es das Beste wäre, diese Stellung „nach Hause" zu bringen, um den richtigen Plan zu finden. Womöglich verliert Kasparow die Nerven?

29. ... Dc8 30. Kh1 Tc7 31. Tab1 Kg7 32. Tec1 Le4:?

Das war nicht nötig.

33. fe4: Tf7 34. Dg3 ba5:?

Nun wird die schwarze Lage kritisch; wie will Kasparow gegen die weißen c4/d5-Freibauern kämpfen? Möglich war 34. ... Dc7.

35. La5: Tf4 36. Te1 Da6 37. Ld2 Tf7 38. Dd3

Was hat Schwarz mit dem Schlagen auf a5 erreicht?

38. ... Tef8 39. h3 Tf2 40. Ta1 Df6

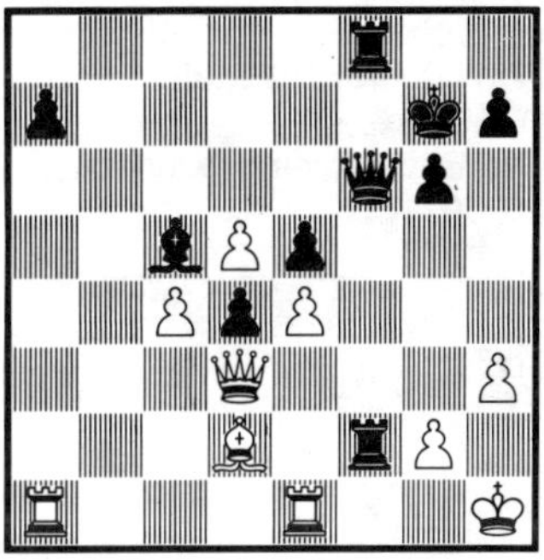

In dieser Stellung wurde die Partie abgebrochen. Nun hat Schwarz eine Drohung: Dh4 und T8f3.

41. Tg1!

7 Minuten; Karpows Abgabezug. Nun geht 41. ... Dh4? wegen 42. Le1 nicht.

41. ... h5 42. Ta5 De7 43. Tb1! h4 44. Ta6

10 Minuten; ein weißer Turm dringt ein.

44. ... T8f7 45. Tc6

8 Minuten; nach 45. Te6 Df8 46. Te5:? wäre T7f3! 47. gf3: Tf3: 48. De2 Th3:+ 49. Kg2 Tg3+ 50. Kh2 Ld6 stark.

45. ... Df8

Nach 22 Minuten. 45. ... Dd7? mit der Idee 46. Tc5:? T7f3! wäre schlecht wegen 46. Te6!

46. Tg1!

Es drohte Tf1+! 47. Tf1: Tf1:+ 48. Kh2 Df2 mit Matt auf g1.

46. ... Le7!

21 Minuten; Kasparow hat noch 16 Minuten für 10 Züge.

Jetzt bringt 46. ... Tf1 nichts, weil nach 47. ... Tg1:+ 48. Kg1: Schwarz keine Drohungen mehr hat. Weiß kann einfach 47. Lg5! spielen (47. ... T7f3? 48. gf3: Tf3: 49. Tg6:+!)

47. Te6

20 Minuten; Karpow hat noch 17. Er kann sich nicht entscheiden; meiner Meinung nach war 47. Lc1! mit der Idee 48. Dd1 richtig, z.B. 47. ... Tf1 48. De2 T7f2 49. Dg4.

47. ... Kh7 48. Le1

8 Minuten; sicher nicht 48. Te5:?? Ld6 49. Te6 wegen T7f3 50. gf3: Th2 Matt.

48. ... Tf1 49. Ld2

Karpow will Bedenkzeit gewinnen.

49. ... Lc5 50. Tc6!

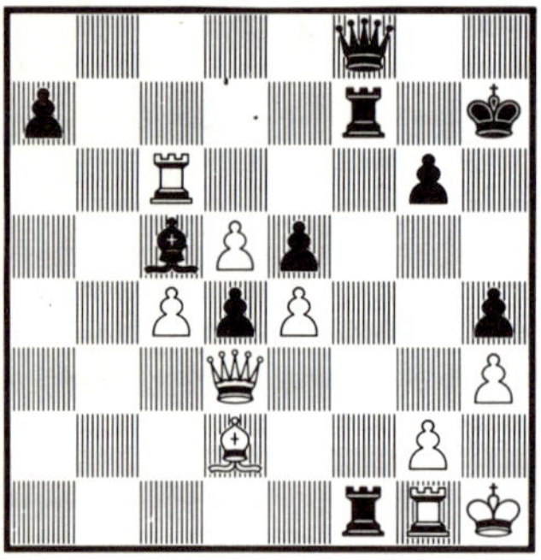

Bedenkzeit:
Weiß hat noch 7, Schwarz noch 6 Minuten!

50. ... T7f3?

Nach 2 Minuten.

„Im 50. Zug reißen dem Weltmeister die Nerven; er erliegt einer Halluzination und glaubt, die Partie mit einem einzigen taktischen Schlag für sich entscheiden zu können, übersieht aber bei seinem Turmopfer die teuflische Entgegnung Karpows im 53. Zug" schrieb Kindermann.

Nach 50. ... Le7 (T1f2 51. Lg5!) war richtig 51. De2!, z.B. T1f2 (T7f2 52. Tf1:! Tf1:+ 53. Kh2) 52. Dg4 Td2:? 53. Tg6:! Tg7 54. Dh5+ Kg8 55. Th6 und Weiß gewinnt.

51. gf3: Tf3: 52. Tc7+ Kh8 53. Lh6!

Diesen Zug hat Kasparow übersehen.

53. ... Td3: 54. Lf8: Th3:+ 55. Kg2 Tg3+ 56. Kh2 Tg1: 57. Lc5: d3 und nach kurzem Nachdenken **gab Kasparow auf.**

Nach 58. Le3 Te1 59. d6 d2 60. Ld2: Te2+ 61. Kh3 Td2: 62. d7 hat Schwarz keine Verteidigung gegen 63. Tc8+ und 64. d8D.

24. Partie

Sevilla im Schachfieber: Wie in einer Stierkampfarena, so haben Augenzeugen den Eindruck, geht es an diesem Tag zu. Weit mehr Fans sind angerückt, als der Saal faßt; trotz Polizeieskorte mit Blaulicht bleiben die Wagen der Spieler fast in der Menge stecken. Doch war erwartet hat, Kasparow würde drauflos stürmen, sieht sich getäuscht: Der Weltmeister operiert betont positionell; beide verbrauchen eine Unmenge Zeit. Erst in der Schlußphase fliegen die Fetzen; vor allem Karpow schafft in rasendem Tempo mit hängendem Blättchen gerade noch den 40. Zug. Die Hängestellung wird heiß diskutiert; doch allmählich setzt sich die Meinung durch, daß Kasaprow wohl auf Gewinn steht (Dorfman nach den Analysen: „zu 90%"). Tatsächlich läßt sich der Weltmeister diesen vielleicht wichtigsten Punkt seiner Laufbahn nicht mehr nehmen. Noch eine angenehme Überraschung zum Schluß: Vor laufenden Kameras analysieren beide längere Zeit die letzten Züge – wenigstens äußerlich also doch wieder eine Art Waffenstillstand, nachdem man zeitweise das Schlimmste befürchtet hatte!

24. Partie: 18. 12. 1987
Kasparow – Karpow
Réti-System
1. c4

Nun überlegte auch Kasparow seinen 1. Zug 5 Minuten.

1. ... e6 2. Sf3 Sf6 3. g3

Kein Damengambit ...

3. ... d5 4. b3

... und kein Katalanisch; wir spielen eine lange Partie!

4. ... Le7 5. Lg2 0–0 6. 0–0

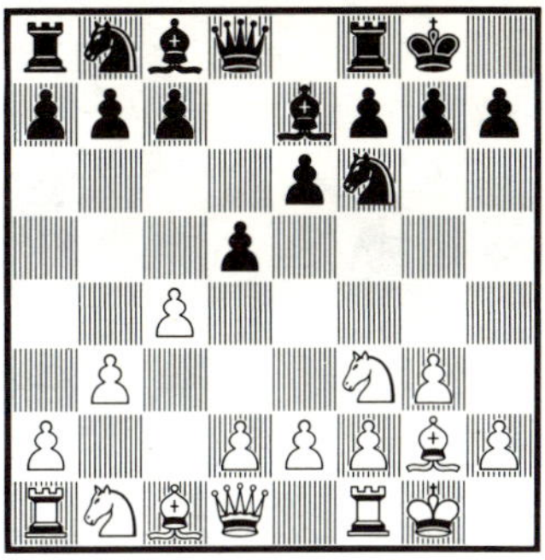

Diese Variante spielte Exweltmeister M. Botwinnik oft und mit Erfolg; womöglich war das ein Rat von ihm?

6. ... b6

6 Minuten; Karpow will die Vorbereitung vermeiden.

Üblicherweise spielte er 6. ... c5, zum Beispiel in der Partie Waganjan – Karpow, UdSSR 1971, folgte 7. Lb2 Sc6 8. e3 b6 9. De2 Lb7 10. Td1 Dc7 11. Sc3 Tad8 12. cd5: Sd5: 13. Sd5: Td5: 14. d4 cd4: 15. Sd4: Sd4: 16. Ld4: Td6?! (Td7) 17. Tdc1! Dd7 18. Le5 mit besserem Spiel für Weiß.

Auch nach 11. ... dc4: 12. bc4: a6 13. Tab1 Tab8 14. La1 Tfd8 15. d3 Sa7 hatte Schwarz in letzter Zeit Probleme wegen 16. d4! cd4: 17. ed4: b5 18. d5! ed5: 19. cd5: Sd5: 20. Sd5: Td5: 21. Te1 Lf8 22. Le5 – eine Idee von A. Sokolow.

7. Lb2 Lb7 8. e3

In der Partie Botwinnik – Donner, Amsterdam 1963, geschah 8. cd5: Sd5: 9. d4 c5 10. dc5: Lc5: 11. Sbd2 Sbd7 12. a3 S5f6?! 13. b4 Le7 14. Sd4! Lg2: 15. Kg2: Dc7 16. Db3 und Weiß steht besser (das Feld c6!), aber laut Botwinnik wäre 9. ... Sd7 besser.

8. ... Sbd7

15 Minuten; noch möglich war 8. ... c5 nebst Sc6.

9. Sc3

Wenn Weiß die folgende Antwort von Schwarz vermeiden will, kann er auch 9. d3 spielen, nach Angaben von Botwinnik.

In seiner Partie gegen Stahlberg, Moskau 1956, folgte 9. De2!? a5 10. Sc3 Se4 (nach 10. ... a4?! gibt Botwinnik 11. Sa4: dc4: 12. Dc4: La6 13. Dc6 Lf1: 14. Kf1: an) 11. Tfd1 Lf6 12. d4 Sc3: 13. Lc3: Dc8 14. Tac1 dc4:?! (das Zentrum mußte man noch nicht aufgeben) 15. bc4: Le4 16. Lh3! Da6 17. Sd2 Lb7 18. Lg2 Lg2: 19. Kg2: Tfd8 20. Se4 Le7 21. Lb2 Sf6 22. Sg5! h6 23. Sh3 Db7 24. f3 a4 25. e4 mit Vorteil für Weiß.

9. ... Se4

11 Minuten; laut „Theorie" die beste Antwort.

10. Se2

Nach 16 Minuten; logischer sieht 10. cd5: aus, zum Beispiel Sc3: 11. Lc3: Ld5: 12. De2 Sf6 13. Tfd1 Dc8 14. Tac1 a5 15. d3 c5 16. e4 Lb7 17. Se5 a4 18. b4 De8 19. bc5: und Weiß steht besser; Geller – Cholmow, UdSSR-Meisterschaft 1969.

10. ... a5 11. d3 Lf6 12. Dc2

9 Minuten; sicher könnte Kasparow 12. Lf6: S4f6: 13. Dc2 spielen, aber er zieht es vor, den schwarzen Springer auf d6 zu sehen.

12. ... Lb2: 13. Db2: Sd6

2 Minuten; meiner Meinung nach wäre besser 13. ... S4f6 (Df6?! 14. Dc2), obwohl auch dann Weiß etwas mehr vom Spiel hat.

14. cd5: Ld5:

5 Minuten; ist der Läufer auf b7 so schlecht nach 14. ... ed5:!?.

15. d4!

Nach 37 Minuten. Kein e3–e4; der weiße Plan ist, „solid" Tfd1 und Sf4 zu spielen.

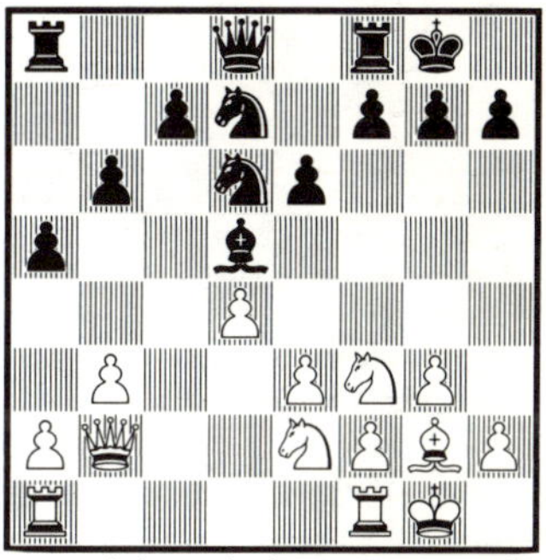

Um Gegenspiel zu bekommen, muß Karpow c7–c5 spielen; aber dann können die schwarzen Damenflügelbauern (besonders b6) schwach werden. Schwarz hat die Eröffnungsprobleme nicht gelöst.

15. ... c5

Nach 17 Minuten.

16. Tfd1 Tc8 17. Sf4 Lf3: 18. Lf3: De7 19. Tac1 Tfd8

Zeitverbrauch:
Weiß: 2 Stunden 4 Minuten (!)
Schwarz 1 Stunde 54 Minuten.
Beide haben ungefähr eine halbe Stunde für 21 Züge – das kann spannend werden!

20. dc5:

1 Minute; Kasparow beginnt aktives Spiel am Damenflügel.
Sein Ziel: die Schwäche auf b6.

20. ... Sc5: 21. b4!

1 Minute

21. ... ab4:

Nach 14 Minuten; es gibt nicht besseres.

22. Db4: Da7 23. a3 Sf5

5 Minuten; es drohte 24. Tb1 Tb8 25. Se2 (mit der Idee Sd4–c6).

24. Tb1! Td1:+ 25. Td1: Dc7

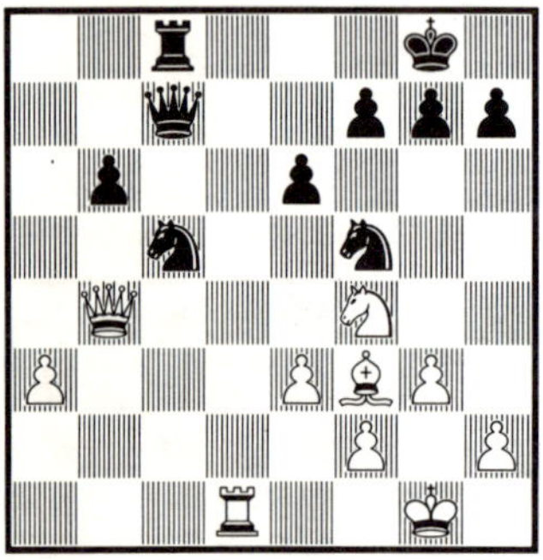

Zeitverbrauch:
Weiß hat noch 20 Minuten
Schwarz hat noch 11 Minuten!

26. Sd3!

4 Minuten; die einzige „gute" schwarze Figur muß abgetauscht werden.

26. ... h6?!

3 Minuten. Schwarz muß ein „Luftloch" für seinen König machen, aber laut Kortschnoi wäre 26. ... g6! besser.

27. Tc1

3 Minuten

27. ... Se7 28. Db5

2 Minuten; es drohte Sd3: 29. Tc7: Sb4: 30. Tc8:+ Sc8: 31. ab4: Kf8 mit Remis.

28. ... Sf5

2 Minuten. Das Endspiel nach Dd6 29. Sc5: bc5: (Tc5: 30. De8+ – auch darum war 26. ... g6 besser!) 30. a4 Sd5 31. a5 gefällt Karpow nicht – der a-Freibauer ist dank des Läufers f3 zu stark.

29. a4

1 Minute; nichts bringt 29. Sc5:?! bc5: 30. a4 Sd6.

29. ... Sd6 30. Db1 Da7 31. Se5!

Kasparow opfert seinen a-Bauern, um Angriff gegen den schwarzen König zu bekommen.

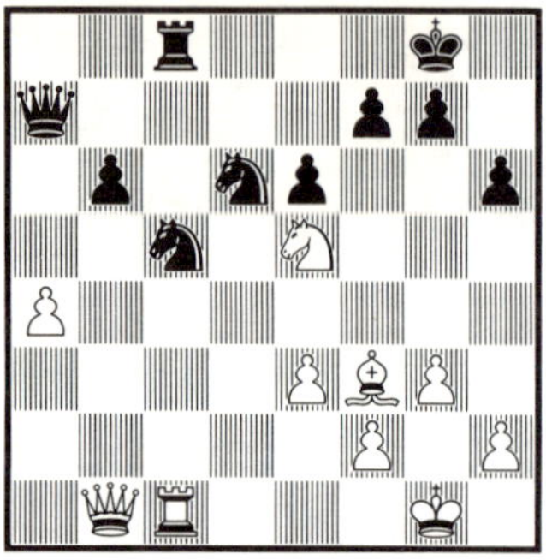

Zeitverbrauch:
Weiß hat noch 9 Minuten;
Schwarz hat noch 3 Minuten!

31. ... Sa4:?

Es drohte 32. Sc6, aber der Ba4 war tabu.

32. Tc8:+ Sc8: 33. Dd1

Droht 34. Dd8+ und Dc7+? 34. Da4: De5: 35. De8+ verliert sofort. Aber richtig war 33. Db5! und die weiße Initiative entscheidet laut Kasparow (Sd6 34. Dc6).

33. ... Se7?

Nach 33. ... Sc5! war das Schlimmste für Schwarz vorbei (34. Dd8+ Kh7 35. Dc8: Da1+ 36. Kg2 De5:.

34. Dd8+ Kh7

Die schwarze Stellung ist kritisch, und Karpow hat nur noch 1 Minute (gegen 8 bei Kasparow). Nun konnte Weiß laut Kasparow sofort gewinnen mit 35. Lh5! mit der Idee g6 36. De8!.

35. Sf7:? Sg6 36. De8 De7!

Sicher nicht Sc5? 37. Lh5.

37. Da4: Df7: 38. Le4 Kg8

Schwarz hat keine Zeit, den b-Bauern zu verteidigen. Karpow findet noch die einzige Möglichkeit, auf Remis zu spielen.

39. Db5 Sf8 40. Db6: Df6 41. Db5 De7

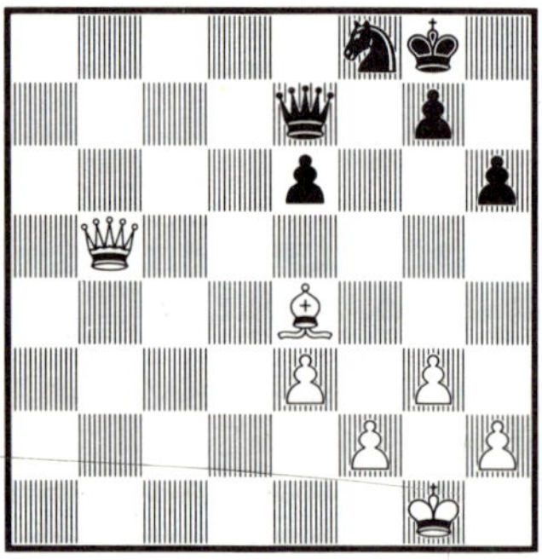

In dieser Stellung wurde die Partie abgebrochen. Laut Dorfman, Sekundant von Kasparow, und laut Speelman mußte Weiß gewinnen.

42. Kg2

10 Minuten; das war der Abgabezug von Kasparow.

42. ... g6

1 Minute

43. Da5 Dg7 44. Dc5! Df7 45. h4 h5

Nun ist das Endspiel ohne Damen für Schwarz verloren.

46. Dc6 De7 47. Ld3 Df7 48. Dd6 Kg7 49. e4 Kg8 50. Lc4 Kg7 51. De5+ Kg8 52. Dd6

Kasparow hat noch 9 Minuten; er wollte Zeit gewinnen.

52. ... Kg7 53. Lb5 Kg8 54. Lc6 Da7 55. Db4 Dc7 56. Db7!

Kasparow hat die 7. Reihe für seine Dame gewonnen; nun kommt schnell die Entscheidung.

56. ... Dd8 57. e5 Da5 58. Le8 Dc5 59. Df7+ Kh8 60. La4 Dd5+ 61. Kh2 Dc5 62. Lb3 Dc8 63. Ld1 Dc5 64. Kg2 und Karpow gab auf.

12:12, und Kasparow bleibt Weltmeister!

Das war eine sehr interessante Weltmeisterschaft, und es hat mir viel Freude gemacht, für Sie diese Partien zu analysieren.

Nach dem Match

Kasparow bleibt Weltmeister – das ist sicherlich gut für das Schach. Aber die Frage, wer nun der beste Spieler der Welt ist, blieb in Sevilla offen – und auch das dürfte gut für das Schach sein. Die nächsten Turniere behalten ähnliche Spannung wie die WM selbst, denn zweifellos werden beide alles daran setzen zu beweisen, daß sie der „wahre" Champion sind.

Vor allem Kasparow, der hoffentlich wieder auf dem Boden der Realität gelandet ist, nachdem viele schon die Befürchtung hatten, er werde mit seinen übersteigerten Prognosen und seiner „Politischen Partie" einiges von dem Kredit verspielen, den er bisher überall in der Schachwelt genossen hat. Man wünscht sich schließlich einen Weltmeister, der durch schöne Partien und wirksame Schachveranstaltungen Werbung betreibt – und an diesem Stil, der ihn so populär gemacht und auch dem Schachsport an sich ungeahnten Erfolg gebracht hat, sollte Kasparow auch in Zukunft festhalten!

Weltmeisterschaft 1987: Kasparow - Karpow

Nr.	Datum	Züge	Eröffnung	Kasparow			Karpow		Stand
1	12.10.87	30	Grünfeld-Indisch	■	½	–	□	½	0,5 : 0,5
2	14.10.87	32	Englisch	□	0	–	■	1	0,5 : 1,5
3	16.10.87	29	Grünfeld-Indisch	■	½	–	□	½	1 : 2
4	19.10.87	40	Englisch	□	1	–	■	0	2 : 2
5	23.10.87	38	Grünfeld-Indisch	■	0	–	□	1	2 : 3
6	26.10.87	28	Englisch	□	½	–	■	½	2,5 : 3,5
7	30.10.87	79	Grünfeld-Indisch	■	½	–	■	½	3 : 4
8	2.11.87	50	Englisch	□	1	–	■	0	4 : 4
9	4.11.87	70	Grünfeld-Indisch	■	½	–	□	½	4,5 : 4,5
10	6.11.87	20	Caro-Kann	□	½	–	■	½	5 : 5
11	9.11.87	50	Grünfeld-Indisch	■	1	–	□	0	6 : 5
12	11.11.87	21	Caro-Kann	□	½	–	■	½	6,5 : 5,5
13	13.11.87	36	Grünfeld-Indisch	■	½	–	□	½	7 : 6
14	16.11.87	21	Caro-Kann	□	½	–	■	½	7,5 : 6,5
15	20.11.87	42	Grünfeld-Indisch	■	½	–	□	½	8 : 7
16	23.11.87	40	Englisch	□	0	–	■	1	8 : 8
17	25.11.87	46	Königsindisch	■	½	–	□	½	8,5 : 8,5
18	30.11.87	40	Damengambit	□	½	–	■	½	9 : 9
19	2.12.87	62	Damengambit	■	½	–	□	½	9,5 : 9,5
20	4.12.87	37	Damengambit	□	½	–	■	½	10 : 10
21	[redacted]								10,5 : 10,5
22									11 : 11
23									11 : 12
24									12 : 12

□ we [redacted]

Inhaltsverzeichnis

Von Leningrad bis Sevilla

Der Wettkampf in Sevilla